凤凰文库
PHOENIX LIBRARY

凤凰出版传媒集团
PHOENIX PUBLISHING & MEDIA GROUP

凤凰文库·智库系列

项目总监　徐　海
项目执行　卞清波

察哈尔外交与国际关系丛书　　韩方明◎主编

智库是怎样炼成的？
国外智库国际化案例研究

柯银斌　吕晓莉　主编

江苏人民出版社

图书在版编目(CIP)数据

智库是怎样炼成的？——国外智库国际化案例研究/柯银斌,吕晓莉主编.--南京:江苏人民出版社,2016.10
（凤凰文库·智库系列）
ISBN 978-7-214-19655-2

Ⅰ.①智… Ⅱ.①柯… ②吕… Ⅲ.①咨询机构-研究 Ⅳ.①C932.82

中国版本图书馆CIP数据核字(2016)第239593号

书　　　名	智库是怎样炼成的？——国外智库国际化案例研究
主　　　编	柯银斌　吕晓莉
责 任 编 辑	徐　海　卞清波
责 任 校 对	史雪莲
装 帧 设 计	刘葶葶
出 版 发 行	凤凰出版传媒股份有限公司 江苏人民出版社
出版社地址	南京市湖南路1号A楼,邮编:210009
出版社网址	http://www.jspph.com
经　　　销	凤凰出版传媒股份有限公司
照　　　排	江苏凤凰制版有限公司
印　　　刷	江苏凤凰通达印刷有限公司
开　　　本	718毫米×1000毫米　1/16
印　　　张	15　插页4
字　　　数	220千字
版　　　次	2016年11月第1版　2016年11月第1次印刷
标 准 书 号	ISBN 978-7-214-19655-2
定　　　价	39.00元

（江苏人民出版社图书凡印装错误可向承印厂调换）

出版说明

要支撑起一个强大的现代化国家,除了经济、政治、社会、制度等力量之外,还需要先进的、强有力的文化力量。凤凰文库的出版宗旨是:忠实记载当代国内外尤其是中国改革开放以来的学术、思想和理论成果,促进中外文化的交流,为推动我国先进文化建设和中国特色社会主义建设,提供丰富的实践总结、珍贵的价值理念、有益的学术参考和创新的思想理论资源。

凤凰文库将致力于人类文化的高端和前沿,放眼世界,具有全球胸怀和国际视野。经济全球化的背后是不同文化的冲撞与交融,是不同思想的激荡与扬弃,是不同文明的竞争和共存。从历史进化的角度来看,交融、扬弃、共存是大趋势,一个民族、一个国家总是在坚持自我特质的同时,向其他民族、其他国家吸取异质文化的养分,从而与时俱进,发展壮大。文库将积极采撷当今世界优秀文化成果,成为中外文化交流的桥梁。

凤凰文库将致力于中国特色社会主义和现代化的建设,面向全国,具有时代精神和中国气派。中国工业化、城市化、市场化、国际化的背后是国民素质的现代化,是现代文明的培育,是先进文化的发展。在建设中国特色社会主义的伟大进程中,中华民族必将展示新的实践,产生新的经验,形成新的学术、思想和理论成果。文库将展现中国现代化的新实践和新总结，成为中国学术界、思想界和理论界创新平台。

凤凰文库的基本特征是：围绕建设中国特色社会主义，实现社会主义现代化这个中心，立足传播新知识，介绍新思潮，树立新观念，建设新学科，着力出版当代国内外社会科学、人文学科的最新成果，同时也注重推出以新的形式、新的观念呈现我国传统思想文化和历史的优秀作品，从而把引进吸收和自主创新结合起来，并促进传统优秀文化的现代转型。

凤凰文库努力实现知识学术传播和思想理论创新的融合，以若干主题系列的形式呈现，并且是一个开放式的结构。它将围绕马克思主义研究及其中国化、政治学、哲学、宗教、人文与社会、海外中国研究、当代思想前沿、教育理论、艺术理论等领域设计规划主题系列，并不断在内容上加以充实；同时，文库还将围绕社会科学、人文学科、科学文化领域的新问题、新动向，分批设计规划出新的主题系列，增强文库思想的活力和学术的丰富性。

从中国由农业文明向工业文明转型、由传统社会走向现代社会这样一个大视角出发，从中国现代化在世界现代化浪潮中的独特性出发，中国已经并将更加鲜明地表现自己特有的实践、经验和路径，形成独特的学术和创新的思想、理论，这是我们出版凤凰文库的信心之所在。因此，我们相信，在全国学术界、思想界、理论界的支持和参与下，在广大读者的帮助和关心下，凤凰文库一定会成为深为社会各界欢迎的大型丛书，在中国经济建设、政治建设、文化建设、社会建设中，实现凤凰出版人的历史责任和使命。

目录
contents

001〉 总论　国外智库成功的"3+5"法则

017〉 第一章　思想的力量：布鲁金斯学会

035〉 第二章　人文精神的传播者：阿斯彭学会

058〉 第三章　全球安全评估的权威：斯德哥尔摩国际和平研究所

077〉 第四章　企业化智库的典范：野村综合研究所

100〉 第五章　从社区到国际："更安全世界"的"天生"国际化之路

122〉 第六章　"没有围墙的研究所"：全美亚洲研究所的战略实践

145〉 第七章　学术与官方身份并行：挪威人权研究中心

161〉 第八章　立足双边　放眼世界：印度—中国研究所

185〉 第九章　专业的影响力：欧洲对外关系委员会

215〉 第十章　助力韩国外交：峨山政策研究院

232〉 后记

总论　国外智库成功的"3+5"法则

建设"中国特色新型智库"是新时期中国智库的目标与任务。美国宾夕法尼亚大学智库与公民社会项目（TTCSP）发布的《2015全球智库年度报告》显示，世界前175家的智库中，中国只有9家智库入榜，具有全球影响力的中国高端智库比较缺乏。从世界历史发展经验看，智库对一个国家的发展具有重大推进作用，特别是在国家发展的关键历史时期，尤为明显。因此，在中国处于关键的转型期的当今，研究不同类型与发展阶段的国外智库的发展经验，助力中国智库发展就具有了非常重要的实际意义。

本书基于以上的需求，选取国际上不同发展阶段、不同成长模式的10家智库进行深度个案研究，力图挖掘出国外智库获得高度国际影响力的经验，为中国智库的发展提供经验借鉴参考。这10家智库包括：成立于1927年，数年排居世界各大智库排行榜榜首的美国老牌智库布鲁金斯学会（Brookings Institution）；成立于1950年，以"阿斯彭思想节"闻名于世的美国精英智库阿斯彭学会（Aspen Institute）；成立于1965年的日本老牌企业型智库野村综合研究所（野村総合研究所，Nomura Research Institute）；成立于1966年，以对全球安全问题的独立性评估而享誉世界的瑞典斯德哥尔摩国际和平研究所（Stockholm International Peace Research Institute，简称SIPRI）；成立于1989年，主要从事减少武器使用、减少暴力冲突、促进安全合作等领域研究的英国"更安全世界"（Safer World）；成立于1989年，定位于连接学界、商界和政界"桥梁"的全美亚洲研究所（The National Bureau of Asian Research，简称NBR）；成立于2002年的学术与官方身份并行的智库挪威人权研究中心（The Norwegian Centre for Human Rights，简称

NCHR);成立于2005年的美国学院型智库印度—中国研究所(The India China Institute,简称ICI);成立于2007年的泛欧洲性的智库欧洲对外关系委员会(The European Council on Foreign Relations,简称ECFR);成立于2008年的新兴智库韩国峨山政策研究院(The Asan Institute for Policy Studies)。

10家不同类型、处于不同发展阶段的智库的发展路径与模式虽然各有特色,但总体来看,一家智库要想获得国际性影响力,在全球众多智库中脱颖而出,需要具备以下几个重要的条件。

一、三条必要的智库成功法则

(一)拥有独具特色的发展战略与发展模式

一家智库的发展首要的关键是独特的发展战略与适合自身的发展模式,简单来讲,体现在以下几个方面:

1. 具有全球化的视野与关怀

不同的智库都有着自己对于不同领域的关注,但在全球化的时代,具有全球化的视野和关怀是智库获得成功的重要前提。智库的全球化视野与关怀主要体现在主要研究领域的设定与研究机构的全球分布两个层面上。

以布鲁金斯学会为例,即将在2016年迎来其100周年诞辰的布鲁金斯学会在长达100年的时间里一直经久不衰秘密在于它紧跟时代潮流,与时俱进。在其2015年公布的其2014年度的支出中我们可以看出学会的全球化的视野:原本一家主要关注美国本土的研究机构如今占最大比重的支出是其外交政策方面(31%),随后才是经济研究(23%)、都市政策研究(16%)、全球经济研究(14%)和治理研究(9%)。过去十多年中,布鲁金斯学会先后成立了东亚政策研究中心(1998),萨班中东政策中心(2002),美国与欧洲中心(2004),约翰·桑顿中国中心(2006),和布鲁金斯多哈中心(2007)等多个政策研究中心,并于2013年10月建立李光耀东南亚研究中心(下挂在东亚政策研究中心),致力于加大各大区域研究以及美国同其他大国关系政策研究。2006年布鲁金斯清华中心和2007年布鲁金斯多哈中心这两个海外运营中心的相继成立,实现了布鲁金斯学会海外分支实体运作,迈出了布鲁金斯学会全球化坚实的一步。

新兴的韩国峨山政策研究院虽由企业出资创办,但是其不像企业类智库止步于企业利益,而是以长远和战略性的眼光着眼于国家和全球利益。正如峨山政策研究院主席李仁浩(Lee In-ho)所言,"峨山政策研究不仅致力于研究影响韩国和地区的问题,例如和平、安全和国家统一问题,同时也关注人类安全问题,例如环境、人权,自然资源和文化多样性等。"其所独特的全球视野和思维,使其能抓住全球势态发展的动脉,在瞬息万变的国际环境中相继成立适应全球治理需要并符合韩国、地区和全球利益的研究中心,召开并邀请知名学者参与全球热点问题的相关会议和研讨会。也正是这一点推动了峨山政策研究院的国际影响力不断凸显。

与之相仿,日本的野村综合研究所创立之初就确定要向海外发展,并且十分注意培养员工的全球化视野。通过在世界发达国家地区、有发展潜力的地区设立分支机构,积极搜集政治、经济、军事、文化等各方面的信息,为自己的业务开展提供强大的支持。从野村综合研究所的全球分公司选址上看,它在亚洲的中国大陆、台湾、香港、印度、印尼、泰国、菲律宾等国和地区,欧洲的俄罗斯、卢森堡、英国等国均有分支机构,此外,野村综合研究所的海外调查研究机构还具有很强的针对性,其很大的目的是及时掌握海外市场动向,为日本对外贸易服务。例如野村综合研究所纽约办事处的主要工作是调查研究世界首强美国的经济、军事、政治等;伦敦办事处利用伦敦世界金融中心和情报中心的地位,收集欧洲和中东的政治、能源信息;野村综合研究所新加坡、香港、北京办事处的设立,反映了日本对东南亚地区、中国崛起的关注;野村综合研究所莫斯科办事处的设立,则是针对日本参与俄罗斯能源开发而设立的。

2. 别具一格的组织文化与运作、研究方式

如果说,具有全球性的战略眼光决定了一家智库发展的高度,那么,别具一格的组织文化与运作、研究模式是决定一家智库发展可持续性的重要因素。

核心文化是智库的灵魂,是决定一家智库具有内部向心力和外部感召

力的重要因素。以全美亚洲研究所为例,在致力于实现自身使命的同时,其人员也十分关心如何实现自己的人生使命。全美亚洲研究所的人员经常被告知,全美亚洲研究所不仅需要巨大的才干和效率,也需要拥有幽默感的、真诚的心,这就是全美亚洲研究所的核心文化。全美亚洲研究所努力营造可与国会办公室相匹敌的环境——一群已取得成就的富有经验者和大量年轻人相结合,共同抱以激情和活力去处理问题,并避开那些烦腻且消极的问题。此外,全美亚洲研究所还致力于捕捉这些人一贯拥有的真诚和幽默。全美亚洲研究所的核心文化成功塑造和影响了人员的品质。反过来,这样积极乐观、注重自我修养和提升的团队一同保证了全美亚洲研究所战略的顺利实践。正是在他们的领导下,全美亚洲研究所才会在众多智库存在的今天继续保持良好的发展。

另外,在运作方式上,不论是全美亚洲研究所创立的特色项目、研究议程和中心,还是它在这些框架下开展的会议和论坛,我们都不难发现全美亚洲研究所有其独树一帜的运作模式。这一模式被称为"没有围墙的研究所",同时是对其"桥梁"作用的概括。简而言之,全美亚洲研究所模式就是善于发现需要美国政策制定者关注的问题,接触优秀的人才并创建专家网络,开展将他们汇聚一堂的会议和项目,进行相关的研究,注重广泛和频繁的交流,以促成可行政策建议的产生。随后,它将这些观点通过不同的渠道向国际社会展示,包括研讨会和会议、出版物、时评、企业和政策简报,以此将政策建议有效地传达给政策制定者。"没有围墙的研究所"模式发挥了深远的影响,全美亚洲研究所的荣誉主席乔治·罗素这样评价全美亚洲研究所模式,其"是一个作用巨大的方法,低成本、却能对公共利益问题提供最优生产的分析"。这一模式帮助全美亚洲研究所吸引了最全面的知识和建议,并在全国和全世界实施了最佳的影响。

另外,坚守自己独特的研究视角,也是智库运作中的点睛之笔。阿斯彭学会是美国人文社会科学研究中的重要力量。它对现实社会非常关注,善于发现社会中的新问题并且加以研究,在研究过程中,它们往往会创造一些新方法来解决问题,然后,再把这些方法引入学科中,拓展学科领域。学会所提出的一些新观点一方面对社会变革有作用,另一方面充实了理论研究,为人文社会学科的研究提供新动力。对一个研究机构来说,能够重视人文因素在现代社会发展和解决若干问题中的意义,是非常独特的。这不仅吸引了大批杰出的文人名士加入学会,还使得阿斯彭一开始就具有了与众不同的特点。与同时期发展的兰德公司、美国对外关系委员会、布鲁金斯学会等政治色彩比较浓厚的智库比较,阿斯彭学会堪称人文社会科学领域里的"智囊团"典范,它对教育学、国际交流、决策学、比较文学、管理学等均起到了一定的作用。再加上阿斯彭学会所选择的研究课题,都是关于人以及社会发展的根本问题,这使得它的研究带有一种终极价值,更受人们的尊重。

(二)聚集高水平的专业研究人才

对于一个智库来说,没有什么比实力更重要的。一个研究机构的总体水平,主要依靠研究人员的知识、技能和智力,高素质的人才对研究机构的发展起着决定性的作用,具有国际高知名度的智库往往起到了高级人才蓄水池的作用。

老牌智库布鲁金斯学会吸引和聘请了美国乃至世界一流的专业人士从事研究,他们中的许多人都非常受人尊重,有的则誉满全球。目前,学会总人数近300人,包括专家和行政人员两类。学会共有专家200多名,从事近85个项目,其中高级研究员95人。而这些专家来自各行各业,不仅包括驻会专家也包括非驻会专家和访问专家。这些专家都有极强的学术背景,观点和文章在学术界都非常有影响力。使学会享有"没有学生的大学"之美誉。还有不少学者曾服务于政府部门和私人企业,被称为"学术实践者"。这些专家的研究能力和国际声望保证了学会研究成果的高质量、权威性和持续性。

欧洲对外关系委员会独特的人员构成,也是其成功的关键。欧洲对外关系委员会中,50%以上的成员具有政府或政府间国际组织的背景,并且绝大多数都是来自欧洲各国政府以及欧盟各机构高级别的现任或前任官员。这些具有显赫官方背景的成员,大多数都是欧洲各国对外政策的制定者(或者参与制定),这为欧洲对外关系委员会创造了得天独厚的社会和政治资源,为其提升社会影响力创设了普通国际智库所无法比拟的先天条件。同时,欧洲对外关系委员会还积聚了一批在对外政策研究领域内世界首屈一指的研究人员从事各项目的研究,这保证了欧洲对外关系委员会学术成果的高水准与高质量,为欧洲对外关系委员会提升自身的影响力打下了坚实的学术基础。另外,欧洲对外关系委员会中还有相当多曾经担任或现在仍然担任其他基金会或国际组织的高级成员,这些成员具有极其丰富的智库或基金会工作经验,为欧洲对外关系委员会的高效运作奠定了基础。

另外,除了直接引进优秀人才加入研究团队,自己培养人才也是众多智库的人才聚集模式。峨山政策研究院的峨山书院以培养韩国未来的领袖级人才为目标,每学期通过择优选取的方式,将优秀的大学生引入峨山书院。由峨山书院首先对其进行长达15周的高强度培训,其将涉及"韩国历史、东西方哲学、政治学、国际政治、国际政治经济、经济学、英语等学科内容"。课程之外,峨山书院的学生还将被派往国外著名智库和非政府组织进行3个月的实习培训。峨山书院以理论加实践的方式,培养青年人才,这些举措不仅为峨山政策研究的长远发展注力"新鲜血液",而且也在为韩国政府、学校等培养后备力量中发挥着重要作用。除了峨山书院项目之外,峨山政策研究院还通过"实习生计划",为其未来的发展储备力量。该计划一年举办三次,每批实习生要实习满16周,并根据相关表现决定是否留用。峨山政策研究院的实习生一方面通过计划,组织和主持峨山研究院例如,圆桌讨论、会议和论坛等活动提升能力,另一方面,其还可能参与到峨山政策研究院的相关研究之中,参与研究资料的翻译、编写等,并对峨山的相关出版物和研究报告进行网络宣传等。同时,依托峨山政策研究院这一平台,实习生还将接受相关领导力培训,并与顶级智库和国际组织的著名学者、政策专家等进行讨论。一切活动将有助于实习生切实从实践中提升能力,这也是培养后备人才的重要途径,为峨山政策研究院持续影响奠定了人力基础。

(三)产出具有国际影响力的高端研究成果或品牌项目

好的研究机构,必须能够产出高质量的研究成果,或者拥有自身的特色品牌项目,才能够获得大众的信服和欢迎,使得机构本身具有权威性和独特性。其专业形象才能被广泛认可,影响力才会不断提高,生存空间也会更广阔。

在长达40多年的时间中,瑞典斯德哥尔摩国际和平研究所凭借其坚持对全球安全问题的独立性评估而享誉世界。自1969起，斯德哥尔摩国际和平研究所每年出版一部年鉴，对上一年度全球的重大武装冲突、多边和平行动、各国军费支出、军火生产与销售、核武器与生化武器状况及其控制、常规武器控制等问题做出评估，是目前涵盖国际和地区安全与冲突、维和行动、军费开支、军工生产、武器转让、大规模杀伤性武器、军备控制、裁军和不扩散等领域的最具广度和深度的单一出版物。其成果已经成为国际政治界以及研究人员、新闻记者和学者经常使用的权威性资料来源。独特的研究领域使得研究所在军控方面领域的研究影响力遍布全球，几乎可以说"无人能及"。另外，研究所完全开放的数据库资料也是全球政治界以及研究人员、新闻媒体从业者、学者经常使用的最权威最综合的公开资料来源。

从品牌项目来看，"阿斯彭思想节"是阿斯彭学会的品牌项目，兼具全球性、权威性、创新性的特征。思想节的主题包括全球政治和经济、美国政策、环境、技术、科学、健康、教育、艺术和经济问题。它被业界誉为美国的达沃斯论坛，是全球各行各业顶尖精英人物的聚会，其目的是探讨和推广具有前瞻性的理念和创意。每年的阿斯彭思想节，都有很多各界名流出席，他们的演讲也成为思想节上不断闪耀的明珠。演讲者一般拥有广泛的背景，包括政治家、外交官、总统、法官、科学家、音乐家、企业家、艺术家、设计师和改革者。这个项目的目的是分享演讲者在与他们专业技能有关的话题、兴趣领域内的经验知识。

"欧洲对外政策计分卡"（European Foreign Policy Scorecard）项目是欧洲对外关系委员会最具特色的创新性研究项目。"计分卡"项目通过对欧盟各机构以及欧盟各成员国每年在对外政策中的6大主题及其之下近80个政策领域问题的表现，进行系统的量化评估，并以相应的分数予以表征，最后以年度报告的形式对外发布。"计分卡"年度报告以不同的等级分数清晰地反映了在过去的每一年里，欧盟在处理这6大主题之下近80个政策领域问题的表现状况，为欧盟各机构及其成员国政府以及研究欧盟问题亦或对欧盟问题感兴趣的读者提供了非常客观、便利、有效的视角。"欧洲对外政策计分卡"项目为欧洲对外关系委员会赢得了社会各界的赞誉，显著提高了欧洲对外关系委员会的社会影响力与知名度。

而作为一个学院型的研究智库,印度中国奖学金项目是印度—中国研究所的核心项目,旨在建立一个由专家学者组成的团队,利用严谨的和多学科的方法探究再次登上世界舞台的印度和中国。自2006年以来,共有三期项目三组人员参与其中,去解决具有挑战性的问题。这一计划目前共有三个主题,第一个是城市化和全球化,第二是繁荣和不平等,第三是环境可持续发展的社会创新。这也是印度—中国研究所项目关注的重点问题。印度—中国研究所的这一项目被认为是促进新学院大学、印度和中国学者进行研究、交流与合作的基石。

二、五条可选的成功法则

战略、人才和产品是智库成功的必要因素,但影响一家智库的成功因素还有很多,以下几个方面的因素也许不是完全必要,不同智库可选择不同因素来促进自身的影响力。

(一)核心领袖的独特魅力与作用

对于一家智库,其创始者或者说董事会主席和总裁是最核心的领导者,他们个人的视野和影响力在很大程度上决定了一家智库的发展方向和影响力范围。全美亚洲研究所的创始起于美国参议员亨利·杰克逊审时度势的关注与思考。观其一生,杰克逊总共在议会中与九任总统(从小罗斯福到里根)共事,这一时间跨度超越了美利坚合众国建立以来五分之一的时长。作为团结美国坚持到底以取得冷战胜利的关键人物,杰克逊将被永远铭记。正是他对加强亚洲研究以实现更加有效的外交政策这一信念的坚定,才有了后来全美亚洲研究所的成立。

野村综合研究所前身是野村证券公司的调查部,成立时资产约为5亿日元,雇员130人,号称为日本第一个现代"智库"。野村证券公司的创始人野村德七是一位非常有远见的企业家,他提出的口号是"调查是繁荣企业、向海外进军的保证",野村综合研究所最初成立时,野村德七就定下三个信条:与委托者共同发展;向海外发展;重视与前两条有关的调查研究。这三条成为野村综合研究所发展的社训。野村综合研究所提出总的口号是"未来创发",即野村综合研究所集团要不断产生崭新的商业模式,对于看不清楚、不可预知的未来,要大胆地去做。

阿斯彭从建立、发展到走上国际化的道路,与其历任会长所作的贡献是分不开的。佩普基作为第一任会长,不仅在资金、人员以及基础设施等硬件方面投入了很大精力,而且确立了学会的宗旨和发展目标以及人文研究的大方向,为学会的成长铺平了道路。学会成立后,佩普基极力招揽各界人才,这使得学会初步具有全球精英俱乐部的特征。斯莱托是阿斯彭学会的又一举足轻重的人物,无论是在研究领域的拓展还是在国际分支的建立上,斯莱托都相当具有远见卓识,在他的带领下学会正式迈向国际化道路。同时,斯莱托丰富的人生经历所帮他积攒下的人脉也极大地促进了学会的发展。在他执掌阿斯彭时期,学会人员无论是从数量还是质量上都得到了质的飞跃。

(二)保持和政府良好沟通与独立性研究的并行不悖

一家成功的智库要立足现实议题,依托理论基础,发掘政策缺陷,提出切实可行的解决方案,进而通过种种传播渠道,影响精英决策或者社会舆论,从而建构社会影响力。要实现以上的目标,独立性的研究和通畅的政治沟通渠道,保持和政府的良好关系都是必要的条件。

老牌布鲁金斯学会的持久不衰和其一直恪守无党派的中立立场密切相关,这就免于使学会沦为某个党派的代言人,造就了学会的研究成果公正性和客观性。纽约市市长洪·迈克尔·布鲁伯格(Hon. Michael Bloomberg)曾在 2007 年说道:"正是因为布鲁金斯学会能够超越政党局限,它才在华府赢得特殊级别的尊重,而在华盛顿这个建立在政党博弈的舞台上,要保持这种无党派性并非易事。"所以说,虽然布鲁金斯学会与民主党有着更加亲密的关系,但从总体来说它仍是一个恪守中立、无党派、包容并蓄的智库,它相对中立的态度得到了两党的尊重和信任,吸纳了不同政党、不同信仰的人才,也使学会的研究成果更加客观和公正。这种难能可贵的特质对于学会的发展,对于学会良好信誉的确立至关重要。

但同时,得益于"旋转门"机制,布鲁金斯学会对历届政府都有着重要的影响力。布鲁金斯学会这个与政府一直保持密切联系的传统老牌智库一直以来都不缺少在历届政府中担任要职的学者。现任学会主席斯特罗布·塔尔伯特（Strobe Talbott）曾担任过克林顿时期的常务副国务卿；学会2001—2005年的副主席詹姆士·斯坦博格曾先后担任过老布什时期的国务院特别顾问，克林顿时期的副国务卿、总统国家安全事务副助理、国务院政策规划司司长。

挪威人权研究中心成为人权领域具有较大影响力的国际研究机构除了与其将机构设在奥斯陆大学，以大学为依托，具备深厚的研究实力和研究功底相关外，同它的国家机构身份也是密不可分的。作为挪威的人权国家机构，挪威人权研究中心依照国际条约和国际惯例，代表挪威参加一系列国际活动，与很多的国际组织、国际机构、国家代表有着良好的沟通、互动和合作，成为国际间国家机构网络的不可或缺的一部分。同时作为一个国家人权机构，挪威人权研究中心还负责监测和提高挪威的国家人权状况，使其具有了官方色彩，具备了某种权威性，而挪威出色的人权状况也为挪威人权研究中心的研究和工作加分。当然，作为国家机构，挪威人权研究中心每年还能从挪威政府拨款中获得大量的研究经费和研究课题。因此，挪威人权研究中心研究机构和官方机构的两重身份使其具备了成为一个国际领先人权研究机构的得天独厚的优势。

（三）高效与全方位的传播方式

影响力的大小和传播的成效直接相关，没有高效与全方位的传播方式，就没有智库舆论影响力的最大化。

阿斯彭学会是一个精英型的智库，学会在积极开展国内活动的同时，极力提高国际知名度，利用自己的期刊、丛书、媒体、网络推广自己。同时，还善于借助知名的国际组织特别是联合国，包括为其提供会议准备、政策建议来宣传自己，这在很大程度上确立了阿斯彭独特的国际地位。

斯德哥尔摩国际和平研究所的成果享誉世界也和其宣传途径密不可分。研究所将其出版物分送各国政府、联合国代表团、非政府组织、决策者、专家以及新闻机构，并与多国图书馆签有交流协议，将研究所的出版物免费送给世界各国的图书馆。其《斯德哥尔摩国际和平研究所军备、裁军与国际安全年鉴》也翻译成多国文字出版。

近些年来,网络媒介以其信息传播的快捷、互动、全球化成为布鲁金斯学会全球传播战略中的重要一环。学会投入巨资用于网络的设计、维护和更新。在网络上,受众既可以阅读学会的政策报告、购买书籍,也可以收听、收看学会举办的会议以及学者在各大电子媒体上接受访问的录音或者录像。受众只要注册为会员,就可以定时收到学会发送给他们的免费最新政策信息和会议举办的邀请信息。这些网站同时允许访问者免费下载所有的研究资料。除此之外,学会网站上公布管理层的成员名单和所有学者的名单及其联系方式,受众可以非常方便地与这些学者进行直接沟通。2009年布鲁金斯学会中文网正式推出,其主要目的是提升布鲁金斯学会在中国地区的品牌知名度和政策影响力。布鲁金斯学会的网站上不但有邮件信息订阅服务,还有多媒体和博客等,可以说是一站式服务的媒体超市。

欧洲对外关系委员会对网络以及社交媒体的高效运用,使得其智库品牌得以迅速传播推广,其播客与博客的订阅者数量数以万计,而在推特等国外十分流行的社交网络上,欧洲对外关系委员会获得数以万计的全球网友关注。欧洲对外关系委员会通过对现代网络的充分、高效、多样化的运用,使欧洲对外关系委员会被广泛关注,从而确立了欧洲对外关系委员会在研究欧洲对外政策领略的地位和影响力。

(四)充足的研究经费

作为一个非盈利机构,经费的充足与否密切关系着机构自身能否良好运转,甚至经费的来源会直接与研究人员的能力大小、研究产品产出的质量高低与研究进程中的独立与否密切相关。

"更安全世界"除了受到英国本国资助外,还拥有更为广泛的资金链,包括:加拿大、丹麦、欧盟、德国、荷兰、挪威、瑞典等政府的拨款,欧洲委员会、信托以及个人的资助,欧洲委员会、联合国开发计划署等机构的捐款等。这些资金的投入则为机构的建设、资金的流转、和平建设等发挥了重要的作用,同时也活跃了"更安全世界"与当地活动国家的进一步合作关系。

全美亚洲研究所的科研以及项目的成功实施有赖于外界对其长期而稳定的资金支持。全美亚洲研究所的研究基金来源非常广泛,其中包括基金会(如布兰德利基金会、亨利·杰克逊基金会、亨利鲁斯基金会等)、公司(如通用电气、微软公司和康菲石油国际公司等)、政府机构(如日本贸易振兴机构)、其他机构(如驻美台北经济文化代表处)和个人群体等等。广泛的资金来源一直帮助全美亚洲研究所针对美国在亚太区域的政策和利益等问题产出高质量的研究成果,助其汇集全世界政界、商界和学界的重要人士。据统计,在全美亚洲研究所2012年的总支出中,慈善捐款占11%,运作费用占15%,而75%的花销用在了项目研究上。这一必要的物质保障为全美亚洲研究所不断扩大国际影响力奠定了基础。

欧洲对外关系委员会的资金来源稳定,趋向多元化,不同机构的捐款流向不同的项目与课题。这些主要捐款来源有基金会类、政府机构和个人。以2013年欧洲对外关系委员会资金收支情况为例,2013年,欧洲对外关系委员会共计收到各类捐款总额为540万英镑,其中,基金会的捐款占捐款总数的51%,政府机构等捐款占总数的21%,公司捐款占总数的7%,个人捐款占总数的4%,实物捐助占总数的17%。基金会捐款是欧洲对外关系委员会的主要资金来源。

(五)多元化的合作伙伴

合作与协同创新是这个时代的热词,作为需要广泛传播思想理念、扩大影响力的智库在实现这一目标时,拥有多元化的合作伙伴成为重要的方式和渠道。

印度—中国研究所依托于美国新学院大学,是一个学术型的研究机构,非常重视与印中美三国大学的合作。与印中美三国的很多大学都有较为密切的联系,每次活动邀请的专家学者除了研究所研究人员外,很多是这三个国家知名大学的学者教授,因此使得印度—中国研究所的研究具有了很强的学术性和前瞻性。从成立开始,印度—中国研究所不断拓展合作伙伴的类型,合作伙伴逐渐多元化。除了与众多的大学以及最初的零点咨询集团合作外,还与环保方面的NGO展开了关于环境可持续发展的合作。与其他的一些机构,例如鲁宾艺术馆和摩天大楼博物馆以及独立的出版机构Anthem Press等进行合作。邀请做演讲、参与项目和活动的人员也不再局限于学者和学生,还有很多是来自这三个国家公司主席。

全美亚洲研究所也拥有浓厚的合作取向。具体来说,全美亚洲研究所的合作单位有基金会、大学、智库等。首先,全美亚洲研究所开展的项目合作十分广泛。从其研究所承担的项目来看,大部分为合作型项目,以此确保其能发挥更大的影响力。例如,全美亚洲研究所还与伍德罗威尔逊国际学者中心联合组织了"全美亚洲研究"项目,以重振和提高与当代亚洲政策相关的研究。在这一项目的框架下,全美亚洲研究所与伍德罗·威尔逊国际学者中心以研究水平为标准共同挑选两年一期的专家团队,联合举办年度亚洲政策集会、若干地区会议,并出版联合署名的研究成果。此外,全美亚洲研究所还经常与其他国家的研究机构合作开办研讨会。在此过程中,全美亚洲研究所与其他的研究机构、研究和教育协会进行了战略对话,建立了牢固的关系,并增强了它的国际影响力。

野村综合研究所在充分知己知彼的情况下,巧妙利用自己所掌握的资源,发现其所在地区潜在的发展趋势,以自己的优势为对方未来发展创造一个可操作的合作平台,并且把双方有关的企业、研究机构、甚至政府都联合起来。这样一方面有利于野村综合研究所开展业务,避开当地一些政策上的障碍,另一方面通过自己的优势,把开展项目所需要资源最大程度地调用出来。在中国,野村综合研究所把当地著名的高校(北京邮电大学、清华大学)、科研机构(中国科学院)、实力雄厚的大型企业(中国移动、中国联通等)都纳入到自己的业务活动中,成为自己的合作伙伴,而当地政府甚至整个社会都成为自己服务的对象,这样极大地提高了自己在当地的知名度和影响力。

三、对中国智库发展的启示

中国现代意义上的智库发展与改革开放进程同步。30多年来,中国基本形成了政府机构内部智库、社会科学院智库、高校智库和民间智库共同发展的局面。但从总体情况来看,中国智库发展仍处于起步阶段,大多数中国智库与国际一流智库相比尚存有较大差距。一方面,中国缺乏有全球影响力的高端智库;另一方面,中国的全球化发展迫切需要具有国际影响力的智库的有力支撑。在中国智库的自身建设与发展中,我们需要积极汲取国外成功智库的经验,但同时,也需要看到智库的成长离不开本土的政治与文化环境的制约与影响,一家智库获得高度国际影响力的成功并无放之四海而皆准的固定模式与单一的发展路径。只有从全球性的视野审视中国智库的差距,以批判性的理性思维梳理中国智库的现状与问题,才能进一步促进中国智库的发展。

一个成功的智库需要什么呢？布鲁金斯学会理事会主席约翰·桑顿认为:"能够成为顶级智库关键在于三个核心价值:质量、独立性和影响力。"在中国特色新型智库建设的战略性任务中,一方面,作为决策咨询产品的提供者,中国智库需要重建自己的社会担当;另一方面,作为主要管理者和主要需求者的政府,应该从国家战略的高度重视且积极推动中国现代智库战略力量的发展。具体来讲,加强中国特色新型智库的建设,需要从以下几个方面着力:

首先,把握机遇,进一步加强中国社会的"政智"结合程度。

客观地讲,中国尚未形成一个规模性的政策咨询市场,中国智库全面参与公共政策形成过程的体制机制尚未健全。因此,在这个意义上,中国智库锋芒的磨砺和破空而出,离不开国家决策部门建立在对其重视和信任基础上的强力支持和需求驱动。政策制定是一个系统工程,包括前端的调研、意见征集和方案设计,中期的实施效果测试、反馈,后期的评估完善以及社会舆论的应对等等。在中国,目前这些工作大多数都由各级政府部门承担。中国智库的成长环境应该讲和西方最大的不同是政策需求市场的不同。但从客观上讲,各级政府部门不可能做到面面俱到,做到事事详尽。因此,随着中国政府职能转型力度的加强,随着决策咨询制度的建立与健全,中国智库的成长空间也广泛存在并有着不断扩大的趋势。

2014年10月27日,中央全面深化改革领导小组第六次会议审议了《关于加强中国特色新型智库建设的意见》。习近平总书记强调,我们进行治国理政,必须善于集中各方面智慧、凝聚最广泛力量。要重点建设一批具有较大影响和国际影响力的高端智库,重视专业化智库建设。2015年1月,中共中央办公厅、国务院办公厅印发《关于加强中国特色新型智库建设的意见》,

表示:"必须从党和国家事业发展全局的战略高度,把中国特色新型智库建设作为一项重大而紧迫的任务,采取有力措施,切实抓紧抓好。"这既为中国智库的发展提出了挑战,也为各类智库发挥作用提供了广阔的空间,把握好这种成长空间,是中国智库快速成长的先决条件。另外,借鉴欧美等国做法,建立健全有关公共决策智库咨询的法律法规,把决策咨询纳入决策机制,使之制度化、法制化,是中国智库实现飞跃式发展的重要保障。

其次,明晰定位,改善中国智库目前存在的结构性问题。

"官方智库缺乏独立性、学院智库与社会脱离、民间智库身份尴尬"是对中国智库结构性问题的形象描述。注重影响政策,长于应用研究是智库的特色,研究机构不完全等于智库是一个非常重要的命题。智库的实质性作用是在明确的政策导向下,以严谨的学术素养来寻求解决现实问题的方案,从而实现影响决策、影响公众、影响媒体的目标。

另外,智库与政府之间的关系,并不是仅仅简单的"独立"或"附庸",而应是全面、多方位的互动。中国智库要在如何发挥智库对政府的影响力与保持智库研究的独立性之间寻找出最佳的平衡,而这个平衡点就是客观和实事求是。应当保持其在决策者和公众心目中的公信力,尤其要防止"附庸"政府与"迎合"民意两种极端倾向的出现。因此,在建设中国特色新型智库的大潮中,推进中国官方智库的"去行政化"、学院智库的"接地气化"、民间智库的"创新化"发展是必要的路径。

第三,高瞻远瞩,中国智库建设需要具有全球的高度和视野。

一方面,"立足国内,胸怀全球"应当是中国顶端智库的基本要求。在全球化的今天,国内政治国际化、国际政治国内化的趋势已经出现,仅仅专注于国内问题的研究恐怕无助于产出符合全球化时代需求的政策知识产品。开展国际交流合作,甚至在国际设立分支机构,获得来自不同国家和地区的真实信息,进行跨学科的比较研究,推动决策咨询的国际化发展都是现实所需。

另一方面,国际化的管理经验引入、国际化的人才吸纳、国际化的资源整合、具有国际影响力的品牌产品产出都应该是中国顶级智库的发展目标。中国特色新型智库建设,一定要有前瞻性,要适应国际国内政策消费市场的发展需求,既要积极拓展富有前瞻性的研究领域,也要产出具有前瞻性的思想产品,也只有这样智库的价值才能实现最大化。

第四,开放合作,信息化时代的中国智库需要具备全面的传播技能和合作理念。

借助互联网技术,中国特色新型智库应以更加实时与互动的形式存在,不能低估信息化力量对新型智库从形态到内容的改造,"酒香不怕巷子深"式的闭门搞研究已经不再适用于这个高速信息化的时代。成熟的智库不仅要具有对政策决策者的影响力,也要具备要影响社会、培育成熟公众的能力,不仅要在国内相关领域具有专业引领能力,更要在国际上发声,突显中国话语权。要实现这样的影响力目标,多维度传播网络构建必不可少。新媒体时代,运用公共关系技巧,结合受众需求,不断调整传播媒介和传播方式。中国智库应当跟上和适应这些变化,而不是被互联网时代抛在后面,要充分借助新媒体、新技术、新业态来提升决策研究水平和公众影响力。需要建立完善、多层次的信息传播机制,更多地着力于开展能被决策者采纳、获得公众理解、赢得世界认可并且具有学术质量的研究,让智库的研究成果实现影响力的最大化。

另外,促进智库功能拓展,促进不同类型智库的协同创新,是中国特色新型智库发展的必由之路。当前,中国的智库已呈现出组织背景多元化的发展趋势。这个政策思想的舞台上,不同智库不仅是政策观点的竞争者,而且还是取长补短的合作者,良好的竞争合作氛围是优质中国智库成长的重要土壤。

第一章 思想的力量:布鲁金斯学会

■ 一、布鲁金斯学会简介

布鲁金斯学会(Brookings Institution)正式成立于1927年,由1916年成立的政治研究所、1922年成立的经济研究所和1924年成立的罗伯特·布鲁金斯经济政治研究学院合并而成,取名于学会成立时的理事会副主席、圣路易斯市企业家、华盛顿大学董事会主席罗伯特·布鲁金斯。

布鲁金斯学会总部在美国首都华盛顿,其宗旨是开展高质量的独立研究,并据此提出具有创新精神和实用性的政策建议,以达到三个目标,即:捍卫美国民主;确保所有美国人获得经济荣繁,加强社会保障,维护公共安全带来的机遇;推进一个更加开放、安全、繁荣和合作的国际社会。

布鲁金斯学会的研究领域范围很广泛。学会有三大研究领域:对外政策、经济研究及政府研究。其中包括外交政策、政府、社会政策、国际关系、国际经济学、经济发展和公共管理等众多研究领域,研究的对象细分为欧盟、人权、国际组织、全球环境、反恐、军控、生化武器、核武器等,还可以按国别分为阿富汗、非洲各国、巴尔干国家、俄罗斯、韩国、朝鲜、中国等。

布鲁金斯学会深厚的历史底蕴、严谨的研究作风、卓绝的研究功底、自由的思想学风、内外兼备的研究领域使其成为全球智库的典范,在评价智库影响力的重要指标媒体引用率上,根据 Fairness & Accuracy in Reporting 的调查,布鲁金斯学会自1995年以来一直高居榜首,2011年度的媒体引用数量高达2475,超出第二名近1/3强。在2009年,它被《外交政策》杂志评为世界30个最好的智库的第一名。在2012年宾夕法尼亚大学智库和公民社会研究项目发布的《2011年全球智库报告》中,布鲁金斯学会也排在首位,事实上它已经连续数年居于该榜首位。从各种评价体系的结果看,布鲁金斯学会都无愧其最有影响力、最值得借鉴和最受信任智库这一美誉。

二、布鲁金斯学会的发展历程

布鲁金斯学会早期的成长史其实就像是一个不断影响和加深对美国联邦政府政策影响的过程。这其实跟罗伯特·布鲁金斯本人被德罗·威尔逊总统任命为战时工业委员会中物价委员会主席有着息息相关的联系。因为这样一个与国家经济命脉息息相关的重要职位得以让布鲁金斯得以接触到当时美国政界和商界各行各业的巨头,积累广泛的人脉资源。后来随着它的研究领域的不断拓展,它开始在不同的领域影响更广泛的群体。其发展过程可以简要分为三个阶段。

(一)第一阶段:成长期(从成立至二战之前)

在这一个阶段布鲁金斯学会刚刚成立,从成立之初就立足影响政府的决策,与政府保持了密切的联系。此时学会研究的侧重点主要在国内,其研究成果在政治改革、经济政策方面对政府产生重大影响。

布鲁金斯学会一直以来都积极参与政府政策、公共政策等方面的研究,与政府有着非常亲密的联系,经常参与到政府改革措施、方案的讨论和研究中去。学会刚成立不久,布鲁金斯学会的经济学家们就积极参与到国会立法之中,它们在1921年成立美国预算局的法案(《美国预算和会计法》)中起到了至关重要的作用。成立预算局及通过成立预算局的法案曾被瓦伦·哈定总统称为"美利坚合众国成立以来最伟大的政府改革"。该法通过以后,美国总统每年都应向国会提交美国年度预算,为此成立美国预算局(设在财政部下)以协助其工作。预算局的成立对美国政治体制和机构设置的完善起到了一定作用。而布鲁金斯学会作为成立预算局的倡导者和拥护者以及当时最早一批智库的代表积极帮助联邦政府拟定预算草案,制订战争中的债务政策和改革税务制度方案等。这是布鲁金斯学会成立之后做的一件比较有影响力的事。

　　胡佛政府时期,政府曾经提出了建设圣劳伦斯航道的计划,由于该计划耗资巨大,布鲁金斯学会帮助政府取消了这个计划。建设圣劳伦斯航道的计划最初由法国修道士卡森在1680年发起,旨在建立一条连接圣劳伦斯与蒙特利尔的1英里长的运河。美国建设圣劳伦斯航道的计划也很早就开始酝酿了,1895年,美国和加拿大两国政府达成一项《深水航路协议》(论证通过后就是圣劳伦斯航道建设可行性研究报告)。两年之后,圣劳伦斯航道工程可行性报告通过。但是因为工程浩大、资金、勘探等方面有难度,几度搁浅。两国政府经过长达50年之久的争论磋商后,建设资金在1954年8月19日正式投入到航道设计工程,该计划才正式启动。航道全部工程建设经历了重重困难在整整4年后才得以完成,1959年4月25日,将五大湖区与世界相连的圣劳伦斯航道实现通航。历史的事实证明,,早在20几年前"大萧条"来袭、政府赤字不断扩大以及工程技术不成熟的背景下,布鲁金斯学会帮助胡佛政府做出这个决定的明智性。

　　在上个世纪30年代美国经济大萧条时期,布鲁金斯研究所的科研人员为恢复美国经济提出了许多真知灼见,当时鲁金斯学会受罗斯福总统委托,对经济萧条的根源进行了全面的分析,陆续参与了美国政府的一些重大决策,显示出了研究所深厚的实力,在美国学术界赢得了良好的声誉。尽管布鲁金斯学会一些研究得出的结论与罗斯福的"新政"政策背道而驰,但是他们的观点对于唤起美国人民的思考和促进当时思想理论的多元化也产生了作用重要作用。随着罗斯福新政的不断深入,学会对新政的负面批判声音也开始出现和增多,其中许多批评颇有影响,因此布鲁金斯学会也日渐成为当时反对新政的堡垒之一。

　　二战爆发以后,布鲁金斯学会转而研究战时动员政策,向罗斯福政府提供了一系列研究报告,对二战时罗斯福政府的政策选择也产生了一定的影响,同时学会也帮助政府建立和管理各种战时机构,实施价格控制。学会在二战期间日益走向成熟和兴盛。[①]

---

① 参见杨文静:《美国布鲁金斯学会》,国际资料信息,2002年第1期。

（二）第二阶段：发展期（二战后到20世纪末）

学会在二战后和平、优越的发展条件下，进入发展的黄金时期，走向兴盛、繁荣。学会自二战后开始关注国际问题，对联合国的产生、马歇尔计划的出台以及战后国际机制的确立都产生了重要作用，对政府的影响力进一步加深。

二战后布鲁金斯学会开始关注国际政治问题，积极参与战后国际秩序的重构当中去。当时布鲁金斯学会麾下的经济学家，国务卿助理里奥·帕斯沃斯基作为《联合国宪章》最初的起草人之一就积极参与到联合国的成立工作中去，为联合国框架、宗旨，二战后国际格局以及美国在这种格局中地位的确立起了重要作用。布鲁金斯学会在援助欧洲的"马歇尔计划"中的作用，更是不可小视。二战后，在欧洲复兴计划问题上（也称为马歇尔计划，帮助战争创伤国重建、提倡自由贸易、传播民主和扩大美国影响力的一个计划），美国民主党和共和党意见分歧。1947年底，时任美国参议院外交委员会主席的亚瑟·范登堡（Arthur Vandenberg）便联系到当时布鲁金斯学会的主席哈罗德（Harold G. Moulton），请求学会帮助，对马歇尔提出的欧洲援助计划进行起草并对其实施提出相应的政策建议。1948年1月22日，学会在不到4周的时间里就完成了一份20页的报告，对马歇尔计划的结构、重点以及操作程序提出了8项详细建议，其中包括设立专门机构管理该项目，在驻外使馆中任命公使级官员作为项目联络官等等。由学会起草的马歇尔计划建议，使两党意见得到统一，马歇尔计划在1948年4月国会通过。来亚瑟·范登堡（Arthur Vandenberg）在国会的演讲中特别提到了以布鲁金斯学会国际研究项目里奥·帕斯洛夫斯基（Leo Paslovsky）为首的研究员们以快速的反应力、高度的合作和奉献精神投入到这项研究中去，为这项计划的通过做出了巨大的贡献。

马歇尔计划实施以来，不到两年的时间，欧洲的经济水平就比战前提升了25%，短短的四年欧洲经济产量提升了200%。计划不仅促进了欧洲国家经济的发展，还深化了美国对欧洲的影响，防止了苏联对欧洲国家的渗透，同时促进了贸易自由化。布鲁金斯高级研究员、政府组织和运营方面的专家保罗·莱特（Paul C. Light）通过对450位历史学家和政治科学家的一个问卷调查得出了这样一个结论:马歇尔计划被一致认为是美利坚合众国自二战后到21世纪初的最大成果。① 马歇尔计划使得布鲁金斯学会的威望不断提高并得到稳固。

在1960年的总统大选中,布鲁金斯学会主席罗伯特·加尔金斯(Robert Calkins)组织了一个由14名前任总统顾问组成的顾问小组,以帮助艾森豪威尔卸任后无论是谁最终入主白宫,政权都能平稳过渡。艾森豪威尔总统、民主党候选人约翰·肯尼迪和共和党候选人理查德·尼克松都分别派顾问作为这个小组的成员,携手规划美国的未来。这在当今的高度政党化的美国政治中是难以想象的。虽然当时美国政党政治的相对弱化与冷战时"一致对外"的国家利益需要不无关系,布鲁金斯学会无疑为两党的平等对话与合作提供了双方都能接受的平台。肯尼迪总统特别顾问、演说撰稿人西奥多·索伦森(Theodore Sorensen)评价,"布鲁金斯学会在历史上最顺利的两党政权交接中起到了相当重要的作用"。

自20世纪60年代起,学会与政府的联系变得更加紧密。学会为每届新政府提供一份执政中面临主要问题的综合概述报告。肯尼迪入主白宫后,该学会研究人员参加了制订"新边疆"构想的特别工作小组,从空间研究计划到制订经济政策等向肯尼迪政府提供意见。约翰逊政府时期,学会协助政府拟订"伟大社会"计划的方案。1968年的总统大选中,学会向尼克松提供了一份由基辛格、舒尔茨、亨利·欧文和埃德温·莱肖尔等人撰写的备忘录,历数其面临的各种国内外问题,并就如何解决这些问题提出方案帮助尼克松击败休伯特·汉弗莱,实现了他由来已久的总统梦。当时美国内政外交可谓阴影重重:肯尼迪和马丁·路德·金遇刺的枪声还在美国人民脑海里徘徊,约翰逊总统的"伟大社会"计划前途未卜,50多万美国士兵身陷越战泥潭。布鲁金斯学会主席科密特·戈登(Kermit Gordon)召集18位学者,向白宫递交了一份名为"国家日程"的政策报告。撰写这份报告的专家包括了来自民主、共和两党的资深幕僚,如曾为肯尼迪和约翰逊总统效力的查尔斯·舒尔茨,以及后来担任尼克松、福特总统任内经济顾问委员会主席的赫伯

---

① 关于布鲁金斯学会对马歇尔计划的作用,本文主要参考布鲁金斯学会官网上的一些文章和数据。

特·斯坦(Herbert Stein)。1976年,刚刚在总统大选中获胜的吉米·卡特便以佐治亚州州长身份给前福特总统顾问、布鲁金斯学会专家史蒂芬·赫斯(Stephen Hess)联系,希望其对新政府组阁提供建议。1977年卡特入主白宫以后,更是任命数位布鲁金斯专家担任要职:亨利·阿伦(Henry Aaron)曾任卫生与公共服务部助理部长,查尔斯·舒尔茨与巴利·博斯沃斯(Barry Bosworth)则加入了卡特内阁的经济顾问委员会。上世纪80年代后的数届总统大选中,布鲁金斯学会及其专家都有着积极的参与,而学会与白宫的关系也更为紧密。现任学会主席斯特普·塔尔博特(Strobe Talbott)便曾担任克林顿政府的副国务卿。[①] 此外,该学会有不少经济专家都曾担任过政府财经税收政策方面的策划人。1946年根据《就业法案》成立总统经济顾问委员会,第一任主席就是该学会的埃德温·诺斯。六十年代,克米特·戈登、查尔斯·舒尔茨都曾任预算局局长,阿瑟·奥肯任总统的经济顾问委员会主席。1975年该学会的经济学家爱里斯·里夫林担任美国国会预算局局长。

总之,在上个世纪近80年中,布鲁金斯学会对美国众多的公共政策研究项目作出了巨大贡献,从二战时的价格控制,到后来的马歇尔计划、民用服务系统、社会安全保障,再到联邦政府预算程序、总统权力过渡,直至学校一体化、国务院印度事务局的建立、税收改革等重大问题,学会均发挥了极大的影响力。

(三)第三阶段:辉煌期(21世纪以来)

在全球化的浪潮下,布鲁金斯学会的实力和影响力的范围也在日趋扩大,学会开始致力于全球问题的解决,开始走出美国,迈出了智库国际化的步伐。

进入了本世纪,布鲁金斯学会与时俱进,一直保持和巩固着自己的影响力,以其大气、稳重、严谨、悠久的历史和高质量的研究成果屹立。学会与政府的关系依旧紧密。2008年奥巴马入主白宫以后,更是将两个重要职位委任给布鲁金斯学会专家:2002年加入布鲁金斯的苏珊·赖斯(Susan Rice)出

---

① 参见丁源远:《布鲁金斯学会:思想的力量》,《21世纪国际评论》,2010年第一辑。

任美国驻联合国大使;2005年开始主持布鲁金斯学会中国项目的杰弗里·贝德尔(Jeffery Bader)担任国家安全委员会亚洲事务高级主任;学会旗下经济学家、小布什任内的国会预算办公室主任彼得·奥斯泽格(Peter Orszag)则再次挑起政府预算大梁,担任奥巴马白宫管理和预算办公室主任。随着奥巴马连任成功,学会又发布了对奥巴马第二任期外交政策建议。这份外交建议报告的主要编者是曾出任克林顿政府时期助理国务卿的布鲁金斯学会副主席马丁·因迪克(Martin Indyk)。在这份报告中,学会将奥巴马所面临的外交问题分为两种类型——大赌注(Big Bets)和黑天鹅(Black Swans)。"大赌注"即那些需要奥巴马投入时间精力的问题,它们将对美国和世界产生转变性的影响,包括中美关系的改善,在美印关系上进行更多的投资,说服伊朗放弃核武计划等。"黑天鹅"指的是那些发生概率小但却影响深远的事件,需要奥巴马采取措施进行提前预防,包括欧元区危机、朝核问题、阿富汗安全局势的恶化等。

虽然布鲁金斯学会成立初期仅关注美国自身的政治和经济,但随着二战的爆发和美国孤立主义的结束,布鲁金斯的视野也愈发广阔。在如今全球化不断深化的背景下,布鲁金斯学会不再把眼光局限于国内,过去十多年中,布鲁金斯学会先后成立了东亚政策研究中心(1998)、萨班中东政策中心(2002)、美国与欧洲中心(2004)、约翰·桑顿中国中心(2006)和布鲁金斯多哈中心(2007)等多个政策研究中心,并于2013年10月25日宣布要建立李光耀东南亚研究中心(下挂在东亚政策研究中心下面),致力于加大各大区域研究以及美国同其他大国关系政策研究。2006年布鲁金斯清华中心和2007年布鲁金斯多哈中心这两个海外运营中心的相继成立,实现了学会海外分支实体运作,迈出了学会全球化坚实的一步。

在前面提到的几个政策研究中心里,约翰·桑顿中国中心已颇具名声与规模。桑顿本人对中国的强烈兴趣和他希望推动中美关系、推动世界发展的良好愿望,则直接促成了2006年布鲁金斯学会中国中心和其北京办公室的成立。约翰·桑顿中国中心的第一位主任是杰弗里·贝德尔(Jeffery Bader)。贝德尔在奥巴马上任之前,曾为五位总统效力,其经历大多集中在中国和东亚。他参与了很多美国对亚洲与中国重大政策的制定。贝德尔曾在上世纪90年代美国和中国重新建立友好关系方面发挥了重要作用,并在2001年参与了中国加入世界贸易组织的谈判。奥巴马当选总统之后,再次请贝德尔从布鲁金斯学会出山,让他担任国家安全委员会亚洲事务高级主任。贝德尔离开之后的中国中心,由曾在克林顿政府内担任亚洲事务顾问的李侃如(Kenneth Lieberthal)执掌。一直担任密歇根大学政治学教授的李侃如研究领域横跨中国内政外交,对中国问题可谓了如指掌。约翰·桑顿中国中心的另外一位核心人物是其研究主任李成。作为一名对中国高层精英政治颇有研究的政治学家,李成的身影也经常出现在国会的各种与中国有关的听证会上。李成还是2008年希拉里·克林顿竞选顾问团队的一员。

学会2006年成立的清华中心和2007年成立的多哈中心是为了适应国际化进程、加快全球化步伐而设立的海外运营中心。其中清华中心是约翰·桑顿中国中心的北京办事处,是为了在中美关系研究和中国发展问题研究领域提供高质量、有影响力的研究成果而由布鲁金斯学会与清华大学公共管理学院合作设立的。当然布鲁金斯学会清华中心的设立也与约翰·桑顿对中国的感情以及他在清华任教的经历有分不开的关系。清华中心致力于为经济高速发展的中国提供能源问题、环境问题、城乡差距及贫富分化等问题的研究报告和解决方案,同时也致力于为中国建构起健全的宏观经济政策和金融机制、健全的法律机制和现代化的医疗和社会福利政策提供咨询和建议。①

而2007年成立的多哈中心则是为了提升对中东高质量、独立的政策分析和研究。多哈中心在社会经济学以及大中东地缘问题(包括中东同美国关系)方面的政策影响力、前沿和分领域研究方面享有很高的声誉。② 多哈中心的国际顾问委员会由卡塔尔的前首相和外交部长 H. E. Sheikh Hamad bin Jassim bin Jabr Al-Thani 和布鲁金斯学会学会主席 Strobe Talbott 共同执掌,并且多哈中心是由卡塔尔政府资助的。近些年来多哈中心将自己的

---

① About the Brookings-Tsinghua Center for Public Policy,http://www.brookings.edu/about/centers/brookings-tsinghua/about.
② About Us-Brookings Doha Center,http://www.brookings.edu/about/centers/doha/about.

研究重点放在了民主化、政治改革、公共政策,中东同不断崛起的亚洲国家的关系问题包括地缘政治和能源经济,区域的冲突研究和和平进程研究,以及海湾国家的教育、制度以及政治改革问题上。另外,多哈中心还对年度美国——伊斯兰世界论坛构想和组织作出了重要贡献,这一论坛为美国和伊斯兰世界的政界、商界、学术界、媒体和市民社会的领袖齐聚一堂提供了平台,为双边进行必要的对话,加深彼此理解作出了重要贡献。

学会2013年在机构设置上进行了一些微调。随着东南亚国家的国际影响力不断增强,东盟一体化的不断深入,东盟作为一个在政治、经济以及社会文化领域非常活跃的区域受到了世界越来越多的关注,尤其是在南海问题爆发和激化之后这一区域更是成为世界关注的焦点,加强对东南亚国家研究显得越来越迫切。学会在这一背景下,于2013年10月25日成立了李光耀东南亚研究分支,意在加强学会对东南亚区域的深入政策研究,提出高质量、独立的观点,并为东南亚和美国所面临的政治挑战提供实际的解决路径,同时该分支的学者以及该分支举办的学术活动也能够促进美国和东南亚双边的理解和互信。正如布鲁金斯学会代理副主席、对外政策研究项目主任Ted Piccone所说,如今东南亚已经成为关乎美国安全和经济利益极其重要的区域,在全球事务中发挥着越来越重要的作用;更好地认识到美国同东南亚所面临的挑战是至关重要的,因此,他很高兴看到学会设立这一对外政策研究机构,加大对这一区域的研究力度。目前,李光耀东南亚研究分支挂在东亚研究中心下面,而这一中心正是由原来的东北亚研究中心扩展而来的,如此看来,布鲁金斯学会加强对东亚尤其是对东南亚研究的趋势非常明显。①

在全球化不断深化的背景下,布鲁金斯坚持与时俱进,加强对世界各大重要国家和区域的研究,并设立海外运营中心、政策研究中心以及政策研究分支,不断完善自身机构的设置,壮大自己,迈出了智库国际化的坚实步伐,不断充实自身实力,提升研究的深度、广度和全面性,将智库逐渐推向辉煌。

---

① 参见 Brookings Establishes the Lee Kuan Yew Chair in Southeast Asia Studies, http://www.brookings.edu/about/media-relations/news-releases/2013/1025-lee-kuan-yew-chair-southeast-asia。

三、布鲁金斯学会发展的经验启示

早在1966年,约翰逊总统(Lyndon B. Johnson)曾这样评价布鲁金斯学会:"布鲁金斯学会的工作人员通过分析、潜心研究、客观写作以及丰富的想象来质疑现行的工作方式而进行工作,然后提出其他可供选择的方法……50年来不断的为政府出谋划策,他已经不仅仅是一个私人研究机构……他是一个重要的国家机构,以至于如果它不存在,我们将不得不找人把他创造出来。"在其赞扬声中,我们似乎可以看到布鲁金斯学会具有当大影响力的秘诀。

(一)与政府保持密切的联系,成为"旋转门"机制的最佳代言

"旋转门"现象在西方资本主义国家中非常常见,尤其在美国特别盛行。所谓的"旋转门"(Revolving Door)现象,是指政治人才就好像一扇"旋转门",实现着身份的多重变换。资源在诸如行政、立法等公共部门与思想库、工商界等私营部门之间的频繁跳动现象。"旋转门"机制有两个最主要的特点:第一,其主体为人,专家、学者、官员及其他人才在行政、立法等公共部门与思想库、工商界等私营部门之间流动。第二,这种流动是双向的,一种是从私营部门流动到公共部门,另一种流动则相反,由公共部门流动到私营部门。得益于"旋转门"机制,布鲁金斯学会对历届政府都有着重要的影响力。据两个很明显的例子:现任学会主席斯特罗布·塔尔伯特(Strobe Talbott)便是从政府官员转过来的,他曾担任过克林顿时期的常务副国务卿;学会2001—2005年的副主席詹姆士·斯坦博格也是一个很典型的例子,他曾先后担任过老布什时期的国务院特别顾问,克林顿时期的副国务卿、总统国家安全事务副助理、国务院政策规划司司长。当然,布鲁金斯学会这个与政府一直保持密切联系的传统老牌智库一直以来都不缺少在历届政府中担任要职的学者。

布鲁金斯学会在近几届政府中担任一些要职的情况[①]

姓名	所任职位	任职所在政府
赫尔穆特·索南费尔特	国家安全委员会资深官员	尼克松政府
弗雷德·伯格斯腾	军控与裁军署主任助理	卡特政府
巴利·布莱奇曼	军控与裁军署主任助理	卡特政府
本森	副国务卿	卡特政府
威廉·佩里	国防部部长	克林顿政府
斯特罗布·塔尔博特	国务卿特别顾问以及副国务卿	克林顿政府
杰佛利·A.贝德	国家安全理事会亚洲事务理事	克林顿政府
詹姆士·斯坦博格	国务院特别顾问 副国务卿 总统国家安全事务副助理 国务院政策规划司司长	老布什政府 克林顿政府
李侃如	国安委亚洲事务资深主任	克林顿政府
阿什·卡特	国际安全事务高级顾问	克林顿政府
卜睿哲	众议院外交事务委员会联络处主任 国际关系委员会少数民族联络处主任 国家情报委员会东亚部主任 美国在台协会理事主席	克林顿政府
大卫·B.三德罗	国家安全局环境事务助理国务卿	布什政府
艾利卡·S.当斯	中央情报局能源分析员	布什政府
里查德·哈斯	国务院政策规划司司长	布什政府

同样,奥巴马政府中也充斥了大量来自知名思想库的学术精英,其中包括了以菲利普·戈登和苏珊·赖斯为代表的来自布鲁金斯学会的专家学者。到目前为止,布鲁金斯学会加入奥巴马政府的有32人之多,其中15位研究员担任政府大使以上级别的要职。这种多元化的研究人员构成,保证了布鲁金斯学会的研究成果与社会实践的密切结合,通过与政府的接触使学会能够更加了解政府的需要和不足,使得学会的研究更有实际意义和针对性,也保证了思想研究与政治实践之间转换的可能性。

---

① 参见宋静:《冷战后美国思想库在影响对华决策中的角色评析》,华东师范大学,博士学位论文,2009年,第162—163页。

(二) 恪守无党派的中立立场

布鲁金斯学会的成功与它成立的时机密不可分。上世纪初,一直秉持孤立主义的美国在一战时做出了登上世界舞台的第一次尝试,自由、理想主义也在威尔逊总统的倡导下崭露头角。然而,布鲁金斯学会能够长期稳坐美国头号智库交椅,应当归功于其中立的定位和宽容的立场。正如学会创始人罗伯特·布鲁金斯所说:"布鲁金斯所有事业的基础,是对准确、公正地对待问题,和表达不带意识形态色彩的思想这两个理念的笃信。"

布鲁金斯学会一直恪守无党派的中立立场,这就免于使学会沦为某个党派的代言人,造就了学会的研究成果公正性和客观性。纽约市市长洪·迈克尔·布鲁伯格(Hon. Michael Bloomberg)曾在2007年说道:"正是因为布鲁金斯学会能够超越政党局限,它才在华府赢得特殊级别的尊重,而在华盛顿这个建立在政党博弈的舞台上,要保持这种无党派性并非易事。"[①]

不少人都认为布鲁金斯学会是一个更加倾向于自由主义的民主党左派智库,这种说法其实不无道理。从过去看,布鲁金斯学会在尼克松、里根、布什等共和党总统上任初期的辅佐功效相对较弱,只是在外围、非核心的事件上进行沟通,提交政策建议,对政府的决策影响力较小;而在肯尼迪、约翰逊、卡特、克林顿和奥巴马任内,布鲁金斯学会的影响力就显得广泛和深入许多。但是,尽管布鲁金斯学会与民主党有着千丝万缕的关联,它也绝不是"一边倒"。以罗斯福新政为例,当时学会主席哈罗德·莫尔顿(Harold Moulton)就坚决反对罗斯福的"新政",学会在当时俨然就成为反对罗斯福新政的一个堡垒。而学会与共和党人尼克松总统的合作也可以证明这一点,尼克松曾任命布鲁金斯学者赫伯特·斯坦为经济顾问委员会主席。另外,学会的许多高级顾问都有共和党背景,比如曾在1995—2002年担任学会主席的迈克尔·阿玛考斯特(Michael Armacost)就是一名共和党人,并曾在老布什政府内任驻日本大使。

所以说,虽然布鲁金斯学会与民主党有着更加亲密的关系,但从总体来说它仍是一个恪守中立、无党派、包容并蓄的智库,它相对中立的态度得到

---

① 参见 Brookings 官网文章:Brookings's Reputation,http://www.brookings.edu/about/reputation。

了两党的尊重和信任,吸纳了不同政党、不同信仰的人才,也使学会的研究成果更加客观和公正。这种难能可贵的特质对于学会的发展,对于学会良好信誉的确立至关重要。

（三）高质量的研究成果、高素质的研究团队

对于一个智库来说,没有什么比实力更重要的。布鲁金斯学会作为一个有深厚研究功底,秉承大气、谨慎作风,与时俱进的老牌智库一直以来对于学会的研究能力相当重视。而高质量的研究成果离不开高素质的人才队伍和质量评估和控制机制。

学会吸引和聘请了美国乃至世界一流的专业人士从事研究,他们中的许多人都非常受人尊重,有的则誉满全球。目前,学会总人数近300人,包括专家和行政人员两类。学会共有专家200多名,从事近85个项目,其中高级研究员95人。而这些专家来自各行各业,不仅包括驻会专家也包括非驻会专家和访问专家。这些专家都有极强的学术背景,观点和文章在学术界都非常有影响力,使学会享有"没有学生的大学"之美誉。还有不少学者曾服务于政府部门和私人企业,被称为"学术实践者"。这些专家的研究能力和国际声望保证了学会研究成果的高质量、权威性和持续性。

学会一直都特别重视人才的培养和引进。学会主席斯特罗布·塔尔伯特也一直强调要吸收有不同背景的学者,保持和加强同其他智库及组织的联系和交流并发掘杰出的个人。[①] 另外,学会无党派、中立的立场也为吸纳不同派别、信仰、背景的人才创造条件。

学会一直以来在研究上硕果累累,高质量的研究成果层出不穷,这也得益于其相对成熟的质量评估和控制制度和体系。学会中的利益冲突和评审委员会就是执行这一机制的重要机构,学会允许其研究员外出工作。为了避免研究人员因外部讲学、研究或者担任管理职位与其在学会内部从事研究工作产生冲突,学会要求每个研究人员在年终报告里披露自己的外部活动。一般来说,年收入5000美元或者持有某组织5%以上股份就可认定为外部利益重大,具备利益冲突的可能性,但也不排除更小金额的利益就可产

---

① 参见 Brookings 官网文章:Diversity and Inclusion, http://www.brookings.edu/about/diversity-and-inclusion。

生冲突的可能性。外部活动披露申明是保密的,只有必须知道的人才能知道。布鲁金斯学会还为此建立了一个评审委员会,由主席、各研究项目负责人、主管财务的副主席等管理人员组成。如果研究人员的直接主管不能解决利益冲突问题,那么评审委员会就会干预进去。① 这一机制确保了研究人员不被过多的外部利益所牵制,保证对自己的研究项目投入足够的时间和精力,能直接有效保障研究成果的质量。

另外,学会严厉打击抄袭等学术不良行为。布鲁金斯学会规定,任何人都可以向学会主席检举任何专家的学术不良行为,随后主席决定是否开展调查。调查将在30天内完成,由主席本人或由其指定一个委员会进行初步调查;被检举的专家在调查过程中有权查阅检举报告并抗辩。如果学术不良行为不成立,那么这个结果会立即告知检举人;如果成立,那么主席会指定一个委员会进行全面调查,调查结果也会及时告知检举人。布鲁金斯学会保证任何检举人免受打击报复。②

学会也非常重视与各个领域专家、学者、智库、组织、政府官员等的联系与交流。"关起门来"搞研究是不行的,要完成高质量的研究成果仅仅凭自己单干既费力又不现实。为此,学会每年在世界各地召开大约100多次研讨会,讨论它们共同关注的问题,加强了与各界、各领域专家、学者的联系,也了解了它们不同的观点和看法,为研究的深度、广度和多元化程度扩展创造了条件。学会还由理事会主席主持召开每月一次的形势研究会,经常邀请政府首脑来参加,共同探讨国际国内发展形势和相关的问题,加强学会研究的针对性、前瞻性以及权威性。

(四) 与时俱进的发展战略

布鲁金斯学会在2016年迎来其100周年诞辰,学会在这100年来不断壮大、成长,并且一直保持着深远的影响力。学会能够一直经久不衰的秘密在于它紧跟时代潮流,与时俱进。在这100年里经历了一战、二战、冷战和如今的全球化;在这100年里经历了"大萧条"、"经济危机"、"金融危机"……然而,学会的生命力在于它的适应力,与时俱进的精髓让学会在应对每一次巨

---

① 参见李轶海主编:《国际著名智库研究》,上海社会科学出版社,2010年,第6—7页。
② 李轶海主编:《国际著名智库研究》,上海社会科学出版社,2010年,第7页。

变时都能处变不惊。

在如今全球化的趋势下,学会已开始放眼全球,而不仅仅局限于国内的一亩三分地。在其2013年公布的其2012年度的支出中我们可以看出学会的全球化步伐已经迈开了,原本一家主要关注美国国内的研究机构如今占最大比重的支出是其外交政策方面(27%),随后才是经济研究(22%)、都市政策研究(17%)、全球经济研究(13%)和治理研究(8%)。① 其近几年的年度支出状况也同样能反映出学会的全球定位,以2009年为例,2009年其各项研究支出分别为外交政策(30%)、经济研究(25%)、全球经济(13%)、城市政策(12%)和治理研究(6%)。很显然,布鲁金斯学会已经开始瞄准全世界了。当然,布鲁金斯学会的全球化不仅仅体现在其支出上,目前,它们已经开始在各地开设分支机构,走上了国际化的道路,这在智库当中算是行动比较早的了。

另外,对于一家智库,董事会主席和总裁是最核心的领导者,他们个人的视野和影响力在很大程度上决定了一家智库的发展方向和影响力范围。布鲁金斯学会现任董事会主席约翰桑顿,是高盛银行前总裁兼首席运营官,现任汇丰银行北美主席,同时还兼任清华大学教授,负责"全球领导力"项目。由于约翰·桑顿在华尔街乃至全球商界的人脉和影响力,布鲁金斯学会的财政状况在他担任董事会主席以来一直保持了良好的势头。

布鲁金斯学会的现任总裁是塔尔博特(Strobe Talbott)。他自2002年7月开始担任布鲁金斯学会总裁,之前在耶鲁大学全球化研究中心担任领导人。1993年,在时任总统比尔·克林顿——也是他在牛津大学室友的劝说和力邀下,塔尔博特离开任职21年的《时代》杂志,加入政府。1994—2001年,他出任政府副国务卿。跨越媒介、政府和学术界的职业背景赋予了他敏锐的洞察力和领导力,凭借个人对媒体的充分了解和广阔的人脉,他把布鲁金斯学会的影响力传播提升到了前所未有的高度。他在克林顿政府担任副国务卿的经历和他与克林顿本人及其他官员的深厚关系为布鲁金斯学会与政府之间建立起了紧密的纽带。而塔尔博特在学术界的职业背景则有助于

---

① Brookings Institution Annual Report 2012, http://www.brookings.edu/support-brookings/annual-report.

他管理布鲁金斯学会的日常研究事务和与学术界的沟通与合作。

（五）多元化的经费来源渠道保障

作为一个非盈利机构，经费的充足与否密切关系着机构自身能否良好运转。由于布鲁金斯学会以高品质的研究成果著称，有着良好的声誉，同时与政界、商界和学界都保持着良好的关系，所以学会的经费来源非常广泛，各方捐助的金额数也较大。学会2012年的年报显示，学会2012年的总资产近4.39亿美元，年度收入133,720,000美元，支出91,178,000美元，在充分利用资金的基础上尚有结余。在这些收入中，有116,520,000美元来自拨款、合同和捐款，为所有收入中最高一项；学会出版物收入1,941,000美元；设备和其他收入2,472,000美元；特定运作的投资回报为12,787,000美元。

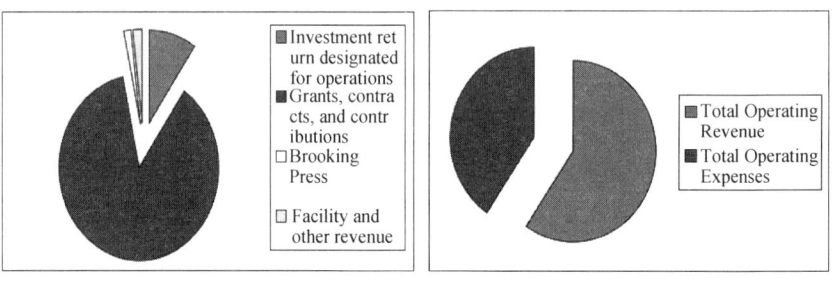

（数据来源：布鲁金斯学会2012年年报，图表自制）

在学会的收入来源中，除了来自学会创始人罗伯特·布鲁金斯创立的专项基金外，还包括基金会、大公司及个人的捐助，政府资助，出版物收入和其他一些投资收入。2012年度，艾琳钻石基金对学会的捐款就超过5000万美元(为所有机构和个人的最高额)，比尔和梅林达·盖茨基金会对学会的捐款也超过2500万美元。在个人资助方面，学会主席约翰·桑顿2012年度个人对学会的捐款超过2500万美元。这些捐赠中也有的是来自各国政府，比如卡塔尔政府和挪威政府的捐赠数都超过1000万美元。对学会捐赠数额较大的还包括一些知名的跨国公司比如BP(英国石油公司)、谷歌、埃克森美孚公司、雪弗莱汽车公司、通用电气公司等。

有了强有力的经济后盾，学会就可以专心搞研究，可以做一些持久、长期的研究项目，同时，有保障的研究经费可以使学会独立性有了经济基础，从根本上保障了研究的客观性和公正性。对此,布鲁金斯学会董事会主席约翰·桑顿说:"我们相信很多资助者在学术和资金方面都会做出有价值的贡献,但是最终必须由我们的学者来决定研究的问题及得出的结论。"

(六) 全方位的传播方式

没有高效的传播,就没有智库舆论影响力的最大化。学会采取的主要传播方式有人际传播、组织传播和大众传播。在大多数情况下,三种传播方式都是同时采用,互为补充和促进。人际传播有助于研究成果直接影响决策者,组织传播和大众传播担负着议程设置和塑造公共舆论的作用,从而间接影响决策者。

人际传播主要依靠传播者的社会关系网络,罗布鲁金斯学会的精英团队本身就是人际传播的重要支撑力量。另外,组织传播是布鲁金斯学会传播其研究成果的另一个重要方式。他们通常就热点外交政策问题举办大型的公开会议,邀请专家进行讨论,或者宣布研究成果。除此之外,学会还举办各种中小型的会议,受众仅限于被邀请的特定人士,会议内容不对公众开放。通过组织传播,布鲁金斯学会为社会公众、决策者、专业人士构建了一个意见交流的平台,同时也为决策者提供了一个接受外交政策教育的基地。

同时,学会每年都有大量的研究成果出版,使学会的研究成果惠及政策决策者、公众和新闻媒体。学会每年出版50本新书,大多是就政治、经济、商业、金融和国际事务等重要公共政策问题提供介绍和建议。此外,学会还出版各种期刊、论文集等,比如:《布鲁金斯评论》、《布鲁金斯经济活动论文》、《布鲁金斯教育活动论文》、《布鲁金斯贸易论坛》、《布鲁金斯——沙顿金融服务论文》、《国防预算》等。这些出版物使学会的研究成果能惠及更广泛的群体,不仅仅是专家、学者、政府、企业,普通老百姓和某一领域爱好者都能有机会获取学会的最新研究成果。

近些年来,网络媒介以其信息传播的快捷、互动、全球化成为布鲁金斯学会全球传播战略中的重要一环。学会投入巨资用于网络的设计、维护和更新。在网络上,受众既可以阅读学会的政策报告、购买书籍,也可以收听、收看学会举办的会议以及学者在各大电子媒体上接受访问的录音或者录像。受众只要注册为会员,就可以定时收到学会发送给他们的免费最新政策信息和会议举办的邀请信息。这些网站同时允许访问者免费下载所有的研究资料。除此之外,学会网站上公布管理层的成员名单和所有学者的名单及其联系方式,受众可以非常方便地与这些学者进行直接沟通。2009年其中文网正式推出,其主要目的是提升布鲁金斯学会在中国地区的品牌知名度和政策影响力。布鲁金斯学会的网站上不但有邮件信息订阅服务,还有多媒体和博客等,可以说是一站式服务的媒体超市。

布鲁金斯学会作为华盛顿学术界的主流思想库之一,其规模之大、历史之久远、研究之深入,被称为美国"最有影响力的思想库"并不为过。客观地讲,布鲁金斯学会今天的价值和规模很大程度上受益于美国的政治文化与政治制度,如多样化的政治参与,和对独立思想的包容与尊重。布鲁金斯学会,以及美国其他智库和非政府组织已经成为美国政党和政府的重要造血机制,为这个国家的政治活力提供养分。布鲁金斯的经验虽然很难在中国完全得以照搬和复制,但十分值得关注中国未来的知识精英学习借鉴。

第二章 人文精神的传播者:阿斯彭学会[*]

阿斯彭学会(Aspen Institute)成立于1950年,最初名为"阿斯彭人文研究所",是国际知名的非赢利组织,教育和政策研究机构,因其主要研究机构坐落在美国科罗拉多州落基山麓的阿斯彭镇,故名"阿斯彭学会"。学会总部设于华盛顿,并在科罗拉多州和马里兰州兴建了两个校区作为日常工作和会议基地,在纽约也设有研究机构。阿斯彭学会先后建立了8个国际分支机构,分别分布在德国、法国、意大利、日本、印度、罗马尼亚、西班牙和捷克。

学会现任董事长兼首席执行官是沃尔特·艾萨克森(Walter Isaacson),他曾任美国有线电视新闻网(Cable News Network)主席和时代周刊高级编辑。

学会由已故的工业家沃尔特·佩普基(Walter Paepcke)创建,致力于培养开明领袖,推行永恒的理念和价值观以及在当代问题上进行开放式的对话。为了实现这一目标,学会提供了四个主要的平台和途径:阿斯彭研讨会、全球领导力发展计划、政策研究项目以及公共会议。在此基础上,学会将研究领域不断拓宽,在教育、经济、政治、文化交流、能源、环境和人类健康等诸多议题上进行了深入探讨。学会资金主要来源于基金会和个人提供的赞助和捐款,如卡耐基基金会、洛克菲勒兄弟基金会和福特基金会等。

阿斯彭学会在美国的影响力不断上升。在评价智库影响力的重要指标媒体引用率上,根据权威数据库LexisNexis的统计,在2010年美国智库媒体引用率中,阿斯彭学会被引用了179次,位列第24名,2011年引用次数又

---

[*] 本文所引资料如果没有特殊说明,均来自阿斯彭官方网站:http://www.aspeninstitute.org/。

上升到266次。在2014年美国宾夕法尼亚大学"智库与公民社会"项目(Think Thanks and Civil Society Program)发布的《2013年全球智库报告》(2013 Global Go To Think Tanks Index Report)中,阿斯彭学会跻身美国前50名最具影响力智库。

一、阿斯彭学会的发展历程

阿斯彭学会的创立很大程度上归功于佩普基,他是美国集装箱运输的创办人,热爱艺术、文学和哲学,也是"西方伟大思想"的主要推动者。1945年,佩普基拜访鲍豪斯建筑学派艺术家和建筑师赫伯特·拜尔(Herbert Bayer)先生,这是他第一次来到阿斯彭,很快他便被这里的美丽风光所吸引。佩普基和拜尔认为这里是艺术家、领导家、思想家、音乐家的理想圣地,他们能够远离日常生活在这里进行思想文化交流和价值观的讨论。不久之后,石油工业家罗伯特·安德森(Robert Anderson)也加入了他们的队伍。1949年,正好赶上歌德诞辰200周年纪念来临,他们决定利用此机会建立一个人文研究机构。佩普基组织了一个为期20天的庆祝会,吸引了超过2000人参与,包括"非洲圣人"阿尔贝特·施韦泽(Albert Schweitzer)、西班牙哲学家奥尔特加·加塞特(Jose Ortega Gasset)、美国剧作家桑顿·怀尔德(Thornton Wilder)和钢琴家阿图尔·鲁宾斯坦(Arthur Rubinstein)。在庆祝会上,佩普基的想法受到了这些艺术家的支持,经过一年的筹备,阿斯彭人文研究所终于诞生,后于1989年改名为阿斯彭学会。

(一)第一阶段:国内成长期(从成立到20世纪70年代)

阿斯彭人文研究所成立后,机构设置和人员配备都相对简单,研究领域集中在对人文主义的探讨上。这一时期,研究所的活动较为单一,主要以座谈和研讨会的形式举行。研究所还吸收了一些政府高官,但人数不多,除了企业家外,参加者大都是艺术家、音乐家、思想家、文学家等,人文主义气息十分浓厚。

1. 初步完成机构设置

阿斯彭人文研究所建立后,设置了理事会。理事会由提供赞助的企业家组成,佩普基是第一任理事长。研究所成员大都是一些艺术家、建筑家和音乐家等,没有固定的研究人员。当进行研究时,都是从外面聘请有关方面的专家。研究所的设施也十分简陋,直到1953年,才由赫伯特·拜尔和弗里茨·本尼迪克特设计并完成专门的建筑作为学会行政研讨中心和日常办公的场所。

2. 集中于人文主义研究

阿斯彭研究所的主要创始人,包括佩普基和安德森都是美籍德国人。他们创立研究所的一个初衷就是向美国和美国人民介绍德国的哲学和文明在欧洲文明中的重要地位以及怎样占据了这样的位置,同时更致力于研究人类的价值观以及基于人类的爱和创造力所产生的一些争论,从而扩展到更为广泛的人文研究领域。这一时期,学会举办了多次研讨会,内容都是关于人以及社会发展的根本问题,还设立了阿斯彭人文奖用来奖励在这一领域有杰出贡献的人物,英国著名作曲家本杰明·布里顿(Benjamin Britten)、美国作家埃德蒙·威尔逊(Edmund Wilson)都曾获得这一奖项。除了研讨会和人文奖项之外,学会的人文精神还表现在音乐方面,如举办阿斯彭夏季音乐节,美籍俄罗斯作曲家伊戈尔·斯特拉文斯基以及茱莉亚弦乐四重奏乐队参加了首届音乐节,之后将音乐节发展为阿斯彭音乐协会。初创时期,研究所的人文主义研究还比较抽象,包括几个基本议题,如人类自由和平问题,真善美以及建筑、音乐、法律、宗教等。

3. 召开座谈和研讨会

佩普基寻求设立一个论坛,以宣扬人文主义精神,尤其是在现代化物质主义的旋风和混乱中。他希望学会能够帮助商界领袖找回他所谓的"永恒真理":一种在企业家管理公司时能够在智力上、伦理上、精神上引导他们的永恒价值观。受哲学家莫蒂默阿德勒(Mortimer Adler)在芝加哥大学创办的"西方世界伟大名著"项目的启发,佩普基与安德森合力创建了阿斯彭学会高管研讨会,也是后来阿斯彭研讨会的前身。第一次研讨会由莫蒂默阿德勒主持,主题为"美国人的文化遗产"。之后,莫蒂默阿德勒又举办了多次讲座,关于伟大的思想和真与美,并涉及其他领域,如建筑、国际法、主权、神权和物理等。

阿斯彭研究所独特的研究交流方式是一大亮点。它以自由的讨论会的形式来进行交流和研究。与其他的研究机构不同,阿斯彭研究所并不是以科学方法和技术来解决具体的问题,而是让参与者参加到一个自由的讨论空间来,通过阅读、交流,暂时放开繁重的工作任务,严肃地进行有关人的问题的思考,回归人性、重视社会责任,这种独特的方法和课题引起了人们极大的关注。讨论会在开始的两周内一直人满为患,后来每年举行的讨论会增加到25次,效率仍然很高,参加者依旧很多。举办讨论会的地点也增加了许多,除在阿斯彭以外,在美国本土,有马里兰州的瓦依、科罗拉多州的巴卡,还有夏威夷的布那鲁,以及联邦德国的柏林等都有举办。

在阿斯彭研究所的成长阶段,阿斯彭研讨会是研究所的主要活动形式。比较有代表性的研讨会有远东思想高管研讨会,重点向企业高管和政府官员介绍非西方文化价值观;"技术变化与社会责任"会议,美国工程师、建筑师、设计师和发明家富勒,美国最高法院陪审法官瑟古德·马歇尔列席参加;"日本思想和文化"研讨会,这次研讨会在日本箱根举办,也是在日本举办的首次研讨会,此后研究所把日本作为努力研究开发的市场,与日本的国际文化会馆进行合作,还邀请了若干日本著名人士担任它的理事。

(二)第二阶段:国际探索期(20世纪70年代到20世纪末)

1969年,约瑟夫·斯莱托(Joseph E. Slater)获选成为阿斯彭学会会长,他毕业于加利福尼亚大学,先在国防部工作,后来转行到司汤达特石油公司从事经济学研究,并且在那里建立了一个基金会,此后又历任福特集团的国际部长,积累了不少工作经验,尤其是在咨询方面。他出任阿斯彭学会会长之后,开始对该机构进行调整改进,阿斯彭学会在他的手里日渐壮大,声名日盛。

约瑟夫·斯莱托制定了一个五年计划以及一系列改革措施。他的规划主要归结为两大内容:一是从单一的研究课题转向多样化研究,试图把阿斯彭学会转变为多样化的政策研究和交流机构;二是发展横向联系,加强阿斯彭学会的国际声誉。依照他的规划,成立了柏林阿斯彭学会(后改名为德国阿斯彭学会)。以此为标志,阿斯彭学会正式迈入了国际化进程。这一时期,学会不断吸收新鲜血液,特别是国际各领域的知名人物,包括政界高官、学界大师以及一些杰出的企业领导人。学会的研究领域仍然以人文主义为根基,逐渐延伸到社会公平与正义、人口和粮食、能源和环境、经济、文化与宗教等比较具体的议题上。在研讨会的基础上,学会增加了许多新的活动项目,例如举办论坛,设立奖项,成立战略小组,发布季刊和研究报告等,并对这些活动进行媒体宣传,增加学会的知名度。

1. 建立国际分支机构

建立国际分支机构是阿斯彭学会迈向国际化进程的重要一步,借助分支机构,阿斯彭在国外有了自己固定的会议中心和研究人员,并且在分支机构所在国不断扩大自身影响力。

1974年柏林阿斯彭学会成立,这是美国之外的第一所阿斯彭分支机构,谢泼德·斯通(Shepard Stone)是柏林阿斯彭学会的第一任会长。他是一名美国记者,二战后曾就职于美国在德国占领区设立的军事政府,并担任了高级专员约翰·麦科伊的公共事务总监,受到重用。冷战期间,在斯通的领导下,德国阿斯彭学会在建立德美合作和与东欧集团对话方面做出了独特的贡献。[1] 斯通的继任者大卫·安德森把这种传统扩展到巴尔干半岛和中东地区问题上。安德森还将扩大阿斯彭在德国的影响力作为学会的战略目标,他广泛邀请媒体代表参与学会的重大事务。在安德森的领导下,柏林阿斯彭学会与芝加哥外交关系委员会、德尔格基金会、纽约卡内基公司、卡内基国际和平基金会等都建立了重要的伙伴关系。学会对当代最具争议性的国际政策问题进行了大量实质性的讨论。像美国阿斯彭学会一样,德国阿斯彭学会定期组织一些高峰论坛、政策规划和重大项目的公共规划等活动。

1983年,法国阿斯彭学会成立,奥利维·梅勒洛(Olivier Mellerio)是其第一任会长。梅勒洛是世界上最古老的珠宝家族企业麦兰瑞公司的董事长,在法国拥有极大的声誉和广泛的人脉资源。他之前是美国阿斯彭学会的理事,担任理事期间萌生在法国建立学会分支的想法。梅勒洛争取到法国前总理雷蒙·巴尔的支持,不久在巴黎和里昂都建立了学会分支。他执掌阿斯彭学会长达20年,将学会打造为一个无党派进行讨论和对话的非盈

---

[1] http://aspeninstitute.de/en/pages/ShepardStone(2013-10-14).

利组织及国际会议中心，并设定了两个目标：帮助领导人识别所面临的挑战，寻求解决当代问题以及促进不同地理、文化和专业领域非正式会议的举办。法国阿斯彭学会通过组织政策方案和领导力研讨会来探讨解决重大的经济、社会和政治问题。1994年，雷蒙·巴尔开始代行会长职务，在他的推动下，学会成为法国知名的智库。

意大利阿斯彭学会成立于1984年。多年来，它一直将研究方向集中在跨大西洋关系方面，成为这一领域的佼佼者。学会总部设在罗马，米兰和威尼斯都设有分支。成立后，学会每年都组织研讨会和圆桌会议，涉及经济、商业、政治和安全多个领域。其季度杂志 *Aspenia* 畅销国内外，被评为世界最好的外交事务杂志之一。意大利阿斯彭学会不断吸收各领域杰出人物，拥有超过300名国际董事会成员。

日本阿斯彭学会成立于1998年，其前身是阿斯彭学会东京联络办公室和阿斯彭研究所日本议会。学会是一个非盈利性组织，致力于加强领导以价值观为基础的当代公民社会。它的旗舰项目是日本阿斯彭管理研讨会，学每年举办三场大型研讨会，在主持人带领下进行对话，这种对话基于对西方和非西方世界经典作品进行广泛的文献阅读，试图为现任和未来领导人提供经验借鉴。

2. 打造精英俱乐部

（1）学会成员由政界、商界和艺术界等领域的杰出人物组成

阿斯彭成立初期，其理事会成员大都是一些企业家、艺术家和思想家等，这些人在其所处领域都拥有很高的知名度和影响力，可以说自其成立日起便拥有精英俱乐部的特征。约瑟夫·斯莱托成为会长后，笼络了不少人才，采用灵活的方式进入阿斯彭学会。他利用自己的才能和以往的关系，在世界范围内选择了36名实力人物担任理事，如玛德琳·奥尔布赖特迈克尔艾斯纳和戴维·科赫等。他还把许多世界级的专家请到来任特别顾问，建立了一个全球性的人才网络，包括曾任美国最高法院首席大法官的沃伦·伯格（Warren Burger），美国前国务卿亨利·基辛格，前卫生、教育和福利秘书（Secretary of Health, Education, and Welfare）也是共同目标协会的创始人——约翰加纳德（John Gardner），伯克伯各公司董事长杰连哈玛，美国前

国防部长麦克纳马拉,前副国务卿英格索尔,日本原外务大臣大来佐武郎等。

(2) 邀请精英人物主持和参加

除了学会成员都是各领域的精英之外,学会举办的研讨会和其他项目也广泛邀请各国知名人士参加,很多国家领导人借助阿斯彭平台进行会面并达成重要协议。1971年,阿斯彭驻校艺术家项目吸收了著名小说家索尔·贝娄和世界著名摄影大师亨利·卡蒂亚·布列松参加。1978年,学会召开关于犹太教徒、基督教徒和穆斯林教徒的"一神论和节制"问题会议,邀请到了耶路撒冷市长特迪·科莱克、圣母大学校长参加,这两位都是在宗教领域极为重要的人物。1979年最高法院大法官哈里布莱克曼主持"公正与社会"研讨会,很多政界人物出席参加。1983年学会启动东西方研究项目,参与者包括英国军人和政治家爱德华·希斯(Edward Heath),德国社会民主党政治家赫尔穆特·施密特(Helmut Schmidt),加拿大前总理皮埃尔埃利·特鲁多(Pierre Trudeau),共和党参议员贾维茨(Jacob Javits),美国外交家和历史学家乔治凯南,美国前国防部长埃利奥特·理查森(Eliot Richardson),英国的政治家和学者雪莉·威廉姆斯(Shirley Williams)等。1984年阿斯彭战略团队成立,约瑟夫·奈是这个团队的主管,他是美国著名政治学家,哈佛大学名誉教授,曾担任助理国防部长一职。1990年时任美国总统布什和英国首相撒切尔夫人在阿斯彭四十周年庆典上发表演讲,当时正值伊拉克入侵科威特,他们在阿斯彭会面并达成组成跨国军事武装进行干涉的协议。1995年为庆祝阿斯彭学会成立45周年,学会召开会议,议题是"后冷战时代的冲突管理:干涉的作用",撒切尔夫人,美国前国务卿贝克,美国国防部长威廉·佩利都在会上发表了重要讲话。1998年美国前总统比尔·克林顿,巴勒斯坦解放组织前主席阿拉法特,以色列前总理内塔胡尼亚,前约旦国王侯赛因在阿斯彭怀依河校区达成中东和平协议。2000年以"技术和人类境况"为主题的学会成立50周年庆典在美国硅谷召开,比尔·克林顿在这次庆典上发表讲话;不久,一个为期四天的研讨会在阿斯彭进行,议题是"全球化和人类境况",参与者包括前总统吉米·卡特,美国在线时代华纳CEO,联合国秘书长,哥斯达黎加前总统和诺贝尔奖获得者奥斯卡·阿里亚斯·桑切斯(Oscar Arias Sanchez),以及世界银行总裁詹姆斯·沃尔芬森先生(James D. Wolfensohn)。

(3) 学会所设奖项的获得者都是国际知名人士

1970年,阿斯彭学会设立人道主义政治家奖(Statesman-Humanist Award)。让·莫内成为第一个获得这个奖项的人物,他是第二次世界大战后欧洲统一运动的"总设计师",享有"欧洲之父"的美誉。除了让·莫内之外,获得此奖项的还有维利·勃兰特,他是德国政治家,1969—1974年任西德总理,以苏联集团和解的新东方政策打开外交僵局,尤其以1970年在华沙的华沙之跪引起全球瞩目。哥伦比亚前总统阿尔韦托·耶拉斯·卡马戈也曾获此荣誉,他担任过国会议员、教育部长、内政部长和外交部长,任期内他创办了哥伦比亚土地改革研究所,并打算在全国实施必要程度的土地改革。世界银行行长约翰·杰伊·麦克洛伊也是这个荣誉的享有者。

1984年,学会设立公共服务奖(Public Service Award)。历届获奖者有刘易斯·托马斯博士——他是世界上历史最悠久、规模最大的私立癌症中心"纪念斯隆—凯特琳癌症中心"(Memorial Sloan-Kettering Cancer Center, SKCC)的负责人,美国联邦储备委员会前董事会主席保罗·沃尔克,知名哲学家莫蒂默·阿德勒,最高法院大法官哈里布莱克曼,英国前工党内阁大臣和社会民主党的共同创立者雪莉·威廉姆斯,美国社会活动家、保护儿童基金的创始人和总裁埃德尔曼,曼哈顿维尔学院院长伊丽莎白,美国最高法院资深法官安东尼,达特茅斯学院校长麦克劳克林,戴尔公司董事山姆·那姆和旧金山首任女市长黛安·范士丹等。①

3. 拓展研究领域和活动内容

(1) 研究领域从人文主义延伸到其他具体议题

约瑟夫·斯莱托当选学会会长后,依照他的规划,学会的研究领域从单一的研究课题转向多样化研究,试图把阿斯彭转变为多样化的政策研究和交流机构。这一阶段,学会的研究领域仍然以人文主义为根基,但开始向外扩展,逐渐延伸到社会公平与正义、人口和粮食、能源和环境、经济、文化与

---

① http://www.aspeninstitute.org/node/3003(2013-10-14).

宗教等比较具体的议题上。

约瑟夫·斯莱托与理事会成员协商确定了四个方面的研究。第一,社会传媒与信息交流。重点研究电视的社会影响,报道自由以及政治权力等。第二,社会正义和个人。研究在现代社会里,如何消除不正义的行为、国家权力与个人权利的界限、社会主流势力与反社会势力处于何种状况等问题。第三,新时代下的教育。这一内容的相关项目是:综合改革目前轻视德育教育的体制;推行终身教育制度;确立适应新时代的教育内容和相关的行政制度;为了儿童成长为社会的栋梁之材,应该把教育的重点放在什么地方。第四,科学技术与人道主义。希望致力于研究科学技术与人道主义的问题,使得技术革新符合人类历史前进的方向,控制科学技术发展为社会带来的不稳定因素。

(2) 除座谈和研讨会外,增加了许多新的活动方式

这一时期,研讨会的国际化程度不断加深,并且开始为联合国等国际组织服务。1970年学会召开国际会议,主题为"技术:社会目标和文化选择",随之开展了一些项目涉及能源、环境和经济等,这为1972年联合国在斯德哥尔摩举办的人类环境会议做了充分准备。1973年学会关于人口增长的夏季研讨会,为联合国后来在布加勒斯特举办的世界人口大会和在罗马举办的世界粮食大会提供了参考。除研讨会外,学会还增加了许多新的活动形式,例如出台项目计划,举办论坛,设立奖项,成立战略小组,发布学会刊物和报告等。

在项目方面,1974年国际事务项目启动,包括国际冲突管理,全球技术、资本、商业和发展等。这是一个为期两年的项目,旨在探索如何更好地管理世界。项目实施地区主要在美国、德国和日本等,以方便世界各地的人参加。同年,以"变动社会中的教育"为主题的实践项目正式出台,哈佛研究生院前院长弗朗西斯·吉宝受邀成为这个项目的负责人。他基于程序性内容提出了两个假设。第一个假设是教育的根本动力并非来自教育机构本身而是来自更广泛的社会,包括司法和政治决策、公民权利和平等。第二个假设则是目前教育的定义需要做实质性的改变。在这两个假设的基础上,吉宝带领项目成员对教育体制、影响教育的因素、教育方式和内容等做了深入的

实证研究。1977年学会出台了一项关于食物、水和气候的计划,也就是后来著名的农村经济政策计划。世界经济计划,东西方研究项目,非盈利部门和慈善计划,自我学习就业项目以及国际和平、安全和繁荣计划都是这一时期的产物。

在战略团队方面,学会主要成立了阿斯彭战略团队(Aspen Strategy Group)和阿斯彭社区战略团队(Communities Strategies Group)。1984年阿斯彭战略团队成立,约瑟夫·奈是这个团队的主管,团队成员由现任和前任的政策制定者、学者、记者和商业领袖们组成,他们的目标是探索卓越的外交政策和美国当代所面临的国家安全挑战。阿斯彭战略团队重点研究战略关系和军备控制问题,尤其强调美国和苏联之间的关系。[①] 1985年阿斯彭社区战略团队成立,目的是寻求促进社会和经济的发展,公民文化交流,增进家庭就业生计发展以及本社区的慈善资源的控制等。

在出版物方面,阿斯彭学会1975年出版了"阿斯彭思想"并于1989年发行了自己的第一期季刊。同时,学会通过编写自己的教材,对世界范围内的人文和不同的文化传统进行研究和交流。按照今天西方流行的"文化冲突论"、强调研究有差异的文化的趋势来说,阿斯彭学会提前几十年实行现代观念,把世界上有名的44部古典思想著作通过摘要编写成教材,用于它举办的讨论会。这些著作的范围非常广泛,收集了柏拉图、孟德斯鸠、马基雅维利、洛克、孔子、孟子、荀子、马克思、罗斯福、毛泽东等的各种文章,对了解不同的文化传统非常有益。

(3)积极利用媒体

在走向国际化的进程中,为了增加在国内外的知名度,阿斯彭学会开始积极利用广播、电视等媒体。1980年学会制作了一个"信息社会"的电视广播节目,这期节目在美国公共广播公司进行了直播,扩大了阿斯彭在国内的影响。1981年莫蒂默·阿德勒主持了一个关于六大理念的研讨会,讨论内容包括真善美、自由平等和公正,这次会议被记者比尔·莫耶斯拍摄成录像在公众电视节目中播放,受到了公众的好评。除了美国阿斯彭学会之外,各

---

① 参见维基百科:http://en.wikipedia.org/wiki/Aspen_Strategy_Group(2013-11-5)。

国际分支也都努力利用媒体扩大学会在国内外的影响力,无论是研讨会还是重大项目,都邀请媒体代表参加。

(三)第三阶段:黄金发展期(21世纪以来)

9·11之后,学会的研究重心转向东西方冲突、公共政策和民主价值等,并成立了中东战略小组致力于实现中东和平,这为美国政府的中东政策提供了重要帮助。学会加速建立阿斯彭国际分支,全力打造全球领导网络,并设立了全球青年领袖基金。著名的阿斯彭思想节也是这一时期学会的重要成就。

1. 加速建立阿斯彭国际大家族

21世纪以来,阿斯彭学会在短短十几年便建立了4所阿斯彭国际分支,分别设在印度、罗马尼亚、西班牙和捷克,这相当于过去30年间建立分支的数目。这一方面是学会多年累积的结果,另一方面体现了学会国际化进程的加快。以下简单介绍各分支的发展状况。

印度阿斯彭学会成立于2004年,总部设在印度首都新德里。学会宗旨是促进以价值观为基础的领导,促进商业、政府、非盈利组织和其他利益相关者之间的开放对话,帮助解决印度发展过程中的相关问题。印度阿斯彭学会每年都邀请工业、经济、金融、政治、社会和文化领域的杰出领导人,鼓励他们进行开诚布公的对话,并组织管理研讨会、政策项目和战略对话。

罗马尼亚阿斯彭学会成立于2006年,总部设在布加勒斯特。学会的成立得益于时任罗马尼亚驻美外交官米尔恰·达恩·杰瓦讷,1998年他受邀参加阿斯彭学会主办的一次管理研讨会,之后成为阿斯彭活动的积极参与者。2000年他被任命为罗马尼亚外交部长,开始积极推动成立罗马尼亚阿斯彭学会。杰瓦讷和他的一些支持者为此做了充分准备,仔细考虑了一些明显的问题和障碍。2005年底,罗马尼亚阿斯彭学会由一群政治和商业领袖成立,次年得到了阿斯彭国际网络的正式承认。

西班牙阿斯彭学会总部位于马德里,成立于2010年12月。此前,学会主席哈维尔·索拉纳主持了阿斯彭部长论坛会议,为学会成立做准备。学会的理事会成员包括西班牙政界名人哈维尔·索拉纳,Acciona公司首席执行官José Manuel Entrecanales Domecq,西班牙对外银行首席执行官冈萨雷斯等。学会旨在加强公民社会的社会责任和贡献,通过会议、研讨会和圆桌会议讨论为公共对话提供一个中立的论坛。

位于捷克布拉格阿斯彭学会成立于2012年6月,是一个政策创新和无党派对话的区域平台,研究地区集中在欧洲中部。学会的活动主要有领导力发展项目公共政策项目年度会议讲座、小组讨论和针对不同观众出版图书。布拉格阿斯彭学会还编撰了国际事务季刊——阿斯彭评论,用英语、波兰语和捷克语发表。学会的目标是在符合阿斯彭学会价值观的基础上,支持项目参与者在经济、社会、和文化领域作出贡献。

2. 注重政策研究,成为政府重要智囊团

9·11之后,学会的研究重心转向东西方冲突、公共政策和民主价值等,并成立了中东战略小组致力于实现中东和平,这为美国政府的中东政策提供了重要帮助,在美国制定对外政策方面具有重大影响。

在东西方冲突问题研究方面,学会于2001年创设了东西方大碰撞系列项目,以促进当代一些最具争议性的问题的解决。项目开幕式的主题是:宗教、政府和社会的交叉点。2002年大碰撞系列项目在怀依河校区举办为期一周的研讨会,会议讨论了穆斯林和西方的区别,并且被录制成两期精华版,在美国公共广播电视上播放。这次研讨会邀请了8位著名记者和学者,他们中有穆斯林、基督徒和犹太教徒,并且分别代表了7个不同的国家。与会人员进行了引人注目的坦诚对话,就有关问题做了深入交流。

在中东政策研究方面,2004年阿斯彭中东战略团队成立,号召美国、巴勒斯坦和以色列的企业家和政治家们团结起来,共同营造一个和平的中东,并吸收了一批优秀成员,包括以色列副总理西蒙·佩雷斯,巴勒斯坦民族解放组织高级领导人穆罕默德·达赫兰等。2007年中东战略团队出台了一份中东投资倡议,1.6亿美元贷款被用作中东发展,这些贷款是由阿斯彭学会海外私人投资公司巴勒斯坦投资基金合作设立的。巴勒斯坦领导人马哈茂德·阿巴斯和萨拉姆·法雅德,美国副国务卿凯伦休斯,海外私人投资公司总裁兼首席执行官、中东投资倡议的领导人共同聚集在约旦河西岸参加签署仪式。布什总统还邀请学会主席负责美国和巴勒斯坦之间的关系沟通,促进中东投资倡议的顺利实施。

3. 依靠品牌项目，增加全球影响力

（1）阿斯彭思想节

2005年，学会在阿斯彭举行了第一届阿斯彭思想节，来自世界各地的领先创意在这里得到共享，同时与会者还就一些全球问题发表讲话。会议邀请了一些顶级思想家、作家和领导人出席，例如前总统比尔·克林顿前，国务卿鲍威尔，诺贝尔文学奖得主托妮·莫里森和亚马逊公司（Amazon.com）的创始人杰夫·贝佐斯等。之后每年，学会都要与大西洋月刊共同举办思想节。

每年的阿斯彭思想节，都有很多各界名流出席，他们的演讲也成为思想节上不断闪耀的明珠。演讲者一般拥有广泛的背景，包括政治家、外交官、总统、法官、科学家、音乐家、企业家、艺术家、设计师和改革者。这个项目的目的是分享演讲者在与他们专业技能有关的话题、兴趣领域内的经验知识。项目的讨论范围从全球经济环境到戏剧表演等，有很大的跨度。比较著名的演讲者包括希拉里·罗德姆·克林顿，比尔·克林顿，美国最高法院首任女性大法官桑德拉·黛·奥康纳，美国女艺人芭芭拉·史翠珊和美国联邦最高法院大法官斯蒂芬·布雷耶。2007年的阿斯彭思想节演讲会上，前总统比尔·克林顿告诉观众要接受全球化的紧迫性和世界相互依存的现实，实现文化理解与和谐的跨文化关系。2010年的阿斯彭思想节演讲会由传奇海洋学家西尔维娅·厄尔主持，讨论关于妇女和问题教育，厄尔认为在当代社会压力的影响下，女性必须接受广泛的教育和能力培训，从而成为成功人士。在2013年的阿斯彭思想节演讲会上，最高法院大法官斯蒂芬·布雷耶公布了最近最高法院的裁决讨论，包括《婚姻保护法案》和《投票权法》，以及公开回应对法院判决的一些质疑。

学者计划也是阿斯彭思想节的重要内容，学会提供一个无党派的自由平台，并聘请来自世界各地的杰出学者，对当代公共领域的重要问题进行广泛的调查，并形成报告发布。他们独特的成就和奉献，有助于改善他们的社区和公共领域的进步。每年学会都要从理事会成员、高级研究员、资深顾问以及过去的阿斯彭思想节学者中选择若干人员加入阿斯彭学者计划。过去的思想节学者包括教育家、记者、政治家、作家和社区组织者等。

阿斯彭思想节是阿斯彭公共项目（Public Programs）中的一个特色活动，思想节的主题包括全球政治和经济、美国政策、环境、技术、科学、健康、教育、艺术和经济问题，被业界誉为美国的达沃斯论坛，是全球各行各业顶尖精英人物的聚会，其目的是探讨和推广具有前瞻性的理念和创意。思想节期间，可以通过阿斯彭网站、大西洋月刊和美国公共广播电台实时关注其动态。通过这些媒体的广泛，每年的阿斯彭思想节都成为一项国际盛事，学会也借此极大地提高了自身的国际知名度。

（2）阿斯彭全球领导网络（Aspen Global Leadership Network）

自1997年设立亨利皇冠奖学金计划以来，学会一直积极鼓励新一代的企业家，无论是男性还是女性，通过运用他们的独特的天分和能量，实现"从成功到卓越"的飞跃，并帮助解决他们所在的组织、社区和国家面临的严重挑战。

阿斯彭全球领导网络是由世界范围内的杰出企业领导者组成，他们都表现出了较高的领导天赋及很强的个人能力，并且不断进取以求能取得世界铭记的成就。组织成员一直利用他们的商业能力及职位为世界作贡献，例如创立新的企业和工作职位以促进就业，为儿童开发新的医疗设备，对抗罕见的基因疾病，改善人类生存环境，为学校儿童提供健康饮食，促进环境可持续性，降低婴儿死亡率，提高儿童入学率，抵制种族暴力，让儿童远离黑帮，预防战争腐败等等。

除了参与者都是世界上一些杰出人士之外，阿斯彭全球领导网络还在世界各地陆续设立了多个计划和奖学金，包括非洲领导计划、Pahara-Aspen教育奖学金、英国奖学金计划、中美洲领导力计划、中国奖学金计划、亨利皇冠奖学金计划、印度领导倡议、自由奖学金计划、中东领导倡议、尼日利亚领导力计划—高级伙伴计划等。每个计划都会分配20至24名参与者，通常年龄在30岁至45岁。项目运行期间，将召开一系列研讨会和座谈，每个参与者都要针对项目情况发表自身见解。每个项目都必须关注于所在地区的紧迫的社会问题，并促使问题解决。

经过十几年的发展，阿斯彭的全球领导网络已经初具规模，并成为阿斯彭学会的品牌项目。来自世界46个国家的16000余名成员都加入了这个网络，并且数字仍在增长。借助全球领导网络，阿斯彭学会强化了对美国及世界其他国家各界特别是商界领导人的影响力。

二、阿斯彭学会的经验借鉴

（一）提倡人文研究，开创了研究问题的独特视角

从阿斯彭的成长史可以看出，人文研究始终贯穿于学会发展历程。佩普基创建阿斯彭学会的一个重要原因就是在美国传播德国哲学和人文主义精神，为各界领导人提供一个安静的环境以思考人类面临的一些重大问题。当时，正好赶上哥德诞辰 200 周年纪念来临，佩普基决定利用此机会建立一个研究和普及德国哲学的机构，以期像美国人所看到的伟大著作《浮士德》那样，向他们传授"人的本质与知识的界限"。阿斯彭人文研究所建立后，并不局限于传播和研究德国文化，同时更致力于研究人类的价值观以及基于人类的爱和创造力所进行的一些争论，扩展到更为广泛的人文研究领域。斯莱托担任会长后，大力拓展了人文研究的范围，包括社会公平与正义、人口和粮食、能源和环境、经济、文化与宗教等。这些议题更加具体和贴近生活，使得学会的研究更具有生命力和持久性。进入新世纪，阿斯彭的人文研究更加蓬勃，不仅深入到社区及家庭繁荣、人类健康与发展、教育和文化交流等方面，还在国家层面不断突破，致力于实现世界和平，缓解国家冲突等。

阿斯彭学会是美国人文社会科学研究中的重要力量。它对现实社会非常关注，善于发现社会中的新问题并且加以研究，在研究过程中，它们往往会创造一些新方法来解决问题，然后，再把这些方法引入学科中，拓展学科领域。学会所提出的一些新观点一方面对社会变革有作用，另一方面充实了理论研究，为人文社会学科的研究提供新动力。对一个研究机构来说，能够重视人文因素在现代社会发展和解决若干问题中的意义，是非常独特的。这不仅吸引了大批杰出的文人名士加入学会，还使得阿斯彭一开始就具有了与众不同的特点。与同时期发展的兰德公司、美国对外关系委员会、布鲁金斯学会等政治色彩比较浓厚的智库比较，阿斯彭学会堪称人文社会科学

领域里的"智囊团"典范,它对教育学、国际交流、决策学、比较文学、管理学等均起到了一定的作用。再加上阿斯彭学会所选择的研究课题,都是关于人以及社会发展的根本问题,这使得它的研究带有一种终极价值,更受人们的尊重。

(二)拥有核心领导人物与全球性的精英网络

阿斯彭从建立、发展到走上国际化的道路,与其历任会长所做的贡献是分不开的。佩普基作为第一任会长,不仅在资金、人员以及基础设施等硬件方面投入了很大精力,而且确立了学会的宗旨和发展目标以及人文研究的大方向,为学会的成长铺平了道路。学会成立后,佩普基极力招揽各界人才,尤其是艺术界的一些大师级人物,这些人物不仅来自美国,还来自英国、德国、俄罗斯等其他国家,这使得学会初步具有全球精英俱乐部的特征,在一定程度上提高了学会的知名度。

斯莱托是阿斯彭学会的又一举足轻重的人物,无论是在研究领域的拓展还是在国际分支的建立上,斯莱托都相当具有远见卓识,在他的带领下学会正式迈向国际化道路。同时,斯莱托丰富的人生经历所帮他积攒下的人脉也极大地促进了学会的发展。在他执掌阿斯彭时期,学会人员无论是从数量还是质量上都得到了质的飞跃。一些著名的学会成员包括美国前国务卿基辛格、万斯、玛德琳·奥尔布赖特,前国防部长麦克纳马拉,前副国务卿英格索尔,日本前外相大来佐武郎,迪士尼公司CEO迈克尔·艾斯纳和美国第二大私人公司"科氏工业"的老板戴维·科赫等。

如今,在沃尔特·艾萨克森的领导下,学会推出了自己的全球性品牌项目——阿斯彭思想节和阿斯彭全球领导网络,吸引了全球商界领导人参加,如博思艾伦咨询公司高级顾问保罗·安德森(Paul F. Anderson),花旗公司总裁兼首席布拉多克(Richard Braddock),安永会计师事务所全球副总裁贝丝·布鲁克(Beth A. Brooke),华特迪士尼公司前总裁兼首席执行官迈克尔·艾斯纳(Michael D. Eisner),高盛投资公司资深顾问布鲁克斯(Brooks Entwistle),富士施乐株式会社首席顾问小林洋太郎(Yotaro Kobayashi)等。学会还设立了终身理事,是由前董事会成员和其他由董事会推选出来的知名人士组成,他们的任务是保持退休后的董事会成员与学会之间的联系。

比较知名的终身理事有苏丹前驻美国大使班达尔·本·苏丹王子(Prince Bandar bin Sultan),美国前国务卿亨利·基辛格(Henry A. Kissinger),独立能源公司 Edge Petroleum Corp(EPEX)总经理詹姆斯·卡拉维(James C. Calaway),艾美电视广播奖获得者基思·贝里克(Keith Berwick),纽约证券交易所前主席兼 CEO 威廉·唐纳森(William H. Donaldson),国际法庭庭长小和田恒(Hisashi Owada)等。

一个研究机构的总体水平,主要依靠研究人员的知识、技能和智力,高素质的人才对研究机构的发展起着决定性的作用。研究机构的影响力也跟人才的积累有关系,只有经过数十年的长期积累才有人才的汇聚;从另一方面说,人才会提高研究机构的地位,使它真正有话语权。从阿斯彭 2013 年发布的年度报告来看,学会现拥有 72 名理事会成员,37 名终身理事,近百名项目管理人员和为数众多的研究员。据了解,这些研究员来自北美、欧洲和亚洲的多个国家,这使得整个研究团队在工作经验、学术训练、政治和思想观念、民族、性别和种族方面相当多元化,人才优势非常明显。

(三)努力创造好产品,积极推广智库的形象

好的研究机构,必须能够产出高质量的研究成果,并且拥有自身的特色品牌项目,才能够获得大众的信服和欢迎,使得机构本身具有权威性和独特性。而当研究机构有了好产品,要善于宣传,通过经常和有效的宣传,其专业形象才能被广泛认可,影响力才会不断提高,生存空间也会更广阔。

从研究成果来看,阿斯彭学会自 2002 年以来,已发表研究报告近 400 篇,内容涉及公共政策、教育文化、社区繁荣、东西方冲突与合作、中东和平、公共安全、全球治理等多个方面。并且早在 1951 年,它的执行委员讨论会就决定编写一部用于教学和讨论的教材,后来陆续将世界上有名的 44 部古典思想著作通过摘要编写成教材,用于它举办的讨论会。除此之外,阿斯彭学会还拥有自己的季刊,取名"阿斯彭思想",在美国十分畅销。这些研究成果是其成为一流研究机构学术影响力的根基和重要载体。从品牌项目来看,学会推出的阿斯彭思想节与全球领导网络兼具全球性、权威性、创新性的特征,使得学会拥有自己的特色,在众多研究机构中脱颖而出。阿斯彭学会还有一个特点是善于推广,学会在积极开展国外活动的同时,极力提高国际知

名度,利用自己的期刊、丛书、媒体、网络推广自己。同时,还善于借助知名的国际组织特别是联合国,包括为其提供会议准备、政策建议,这在很大程度上确立了阿斯彭独特的国际地位。

阿斯彭学会的发展特点及对中国智库的启示

柯银斌[*]

关于美国智库,我们关注最多的是布鲁金斯学会,并将其作为美国智库的代表性机构。实际上,美国智库也是多元性的,例如本案例所介绍的阿斯彭学会,其发展就颇有特点。从某种意义上讲,对中国社会智库而言,阿斯彭学会的学习借鉴意义也许大于布鲁金斯学会。

核心人物:企业家占主导地位

1950年成立的阿斯彭学会至今已有近65年的历史,其三位核心人物均是企业家或大型企业高级管理人员。创始人、第一任理事长沃尔特·佩普基是工业企业家,创办了美国集装箱运输协会;1969年任理事长的约瑟夫·斯莱托曾在司汤达特石油公司从事经济学研究,在福特集团任国际部长;现任理董事长兼首席执行官是沃尔特·艾萨克森曾任美国有线电视新闻网主席。

企业家作为智库的核心人物至少有两项独有的作用:一是利用本人在企业界的地位和人脉资源为智库发展筹集资金,二是把企业战略与管理的思维和方法运用到智库运作过程中。前者为智库成长提供"血液",后者为智库发展提供组织管理理念和方法。这两个方面都是智库发展所必需的成功关键因素。

中国目前的社会智库中,由企业家或大型企业高管者创办的智库极少。中国民营企业家已开始履行社会责任,已有不少的民营企业家(如新华都集团陈发树、福耀集团曹德旺)成立了基金会,专门开展慈善救助工作。但目

---

[*] 柯银斌:察哈尔学会高级研究员。

前还未出现民营企业家专门成立基金会捐助社会智库的情况。究其原因,主要有二:一是中国社会智库发展时间短,没有太大的社会影响力,未引起中国民营企业家的关注;二是少数民营企业家关注并了解社会智库,但认为资助社会智库就是参与政治活动。

中国社会智库的未来发展,需要民营企业家的支持。社会智库自身应更加努力,不断提升社会影响力,向企业界展示自己的功能和作用,引起民营企业家的关注和理解。政府一方面要向企业界介绍与说明社会智库的功能和价值,另一方面应制定税收优惠政策鼓励民营企业捐助社会智库。

机构性质:从思想学术研究机构到全球著名综合性智库

阿斯彭学会成立之初,名称为阿斯彭研究所,研究领域为人文主义,包括几个基本议题,如人类自由和平等,真善美以及建筑、音乐、法律、宗教中的人文因素等。1969年,约瑟夫·斯莱托上任后,制定了一个五年计划,其中的一项重要内容就是:从单一的人文主义的思想学术研究转向为多样化的政策研究,把阿斯彭学会转变为多样化的政策研究和交流机构。今天,阿斯彭学会从思想学术研究机构成功转型为美国乃至世界范围内颇具特色的综合性智库。

近两年来,中国出现了智库热潮,同时也产生了对智库的不同理解甚至曲解。依笔者看来,我们可以从智力服务业这个大概念出发,一层一层地分析,揭示出智库的本质特征。

智力服务机构是指以提供思想、智力等知识产品为主要任务的组织,依其盈利性质可分为:(1)盈利性智力服务,如咨询公司、律师事务所和会计事务所等;(2)非盈利性智力服务,即不以盈利为目的、盈余不能进行分配的智力服务机构。

非盈利智力服务可分为"内脑"和"外脑","内脑"是指某个组织内部设立的、专门为该组织服务的研究机构,一般不向其他组织提供智力服务;"外脑"是法律上独立的研究机构,向社会提供智力服务。

外脑又可分为学术研究机构和公共政策研究机构,前者主要从事基础研究和应用研究,以学理知识积累与创新为目的,研究成果主要在学术界传播;后者主要从事政策研究和应用研究,以提供可选择的公共政策方案为主要目的,研究成果不仅向政策制定者提供,而且还要向学术界、社会各界传播。

所以,智库就是非盈利性质的、具有"外脑"功能的公共政策研究机构。它要与学术研究机构有着密切的联系:(1)学术研究成果是智库可选用的"食材";(2)部分人员既是学术研究者,又是智库专家。它还要与"内脑"保持交流与沟通,智库提供的政策方案往往要经过"内脑"的筛选才能进入决策者视野,"内脑"往往会委托自己信得过的智库从事特定政策方案研究。

由此观之,党政军人大政协及其各部门的研究室只是"内脑",大多数高校研究院所(中心)是学术研究机构,其中少数研究院所具有智库功能,只有为数不多者才是真正意义上的智库。中国智库的未来发展,需要"内脑"的支持和学术研究机构的合作。

内容发展:以人文主义为基础,向社会和国家层面拓展

阿斯彭学会成立初衷是开展"公共外交"(部分原因在于创始人的德裔身份),即向美国和美国人民介绍德国的哲学和文明在欧洲文明中的重要地位以及怎样占据了这样的位置,同时更致力于研究人类的价值观以及基于人类的爱和创造力所产生的一些争论,从而扩展到更为广泛的人文研究领域。

1969年之后,学会的研究领域仍然以人文主义为根基,逐渐延伸到社会公平与正义、人类和平等理念领域,以及人口和粮食、能源和环境、经济、文化与宗教等实践政策议题上。

进入新世纪,阿斯彭学会的人文研究更加蓬勃,不仅深入到社区及家庭繁荣、人类健康与发展、教育和文化交流等方面,还在国家层面不断突破,致力于实现世界和平,缓解国家冲突等。

由此可见,阿斯彭学会的内容发展遵循以下的逻辑:以人文主义研究为根基;在人文研究基础上,同时向社会和国家两个层面拓展,进而成为一个具有人文主义价值观和人文科学方法论的涉及社会和国家公共政策的智库。这是阿斯彭学会不同于美国及其他国家的智库的最大特色。

中国智库发展历史不长,在内容方面,官方智库主要依官方计划进行,社会智库往往跟踪时事热点课题。这种状况在初期是不可避免的,但在未来是必须要加以改变的。

以某种价值观和方法论为基础发展智库的思想内容产品,是智库发展的最高层次。尽管阿斯彭学会仅是一个特例,但中国智库尤其是社会智库,应以此为努力的方向。寻找和形成适合自己的价值观,创新方法论,是智库可持续发展的重大课题。

传播策略:精英人际网络与各类奖项为特色

出版物(尤其是专业期刊和研究报告)和主题活动(尤其是国际性的品牌活动)是智库传播的通用策略,这些策略和手段有助于形成和提升智库的影响力(尤其是学术影响力和社会影响力)。阿斯彭学会也是这样。

不仅如此,阿斯彭学会的传播策略中,还有两项特色,值得关注和研究:(1)精英人际网络,包括学会理事和终事理事,如苏丹前驻美国大使班达尔·本·苏丹王子、美国前国务卿亨利·基辛格、独立能源公司总经理詹姆斯·卡拉维、艾美电视广播奖获得者基思·贝里克、纽约证券交易所前主席兼CEO威廉·唐纳森、国际法庭庭长小和田恒等;全球精英网络,来自世界46个国家的16000余名成员都加入了这个网络,如博思艾伦咨询公司高级顾问保罗·安德森、花旗公司总裁布拉多克、安永会计师事务所全球副总裁贝丝·布鲁克、华特迪士尼公司前总裁兼首席执行官迈克尔·艾斯纳、高盛投资公司资深顾问布鲁克斯、富士施乐株式会社首席顾问小林洋太郎等。(2)各类奖项,阿斯彭学会从初期设立阿斯彭人文奖,到1970年设立人道主义政治家奖、1984年设立公共服务奖,分别对应着学会的人文研究以及国家与社会两个层面的政策研究。阿斯彭学会还设立了各种奖学金和计划,包括非洲领导计划、Pahara-Aspen教育奖学金、英国奖学金计划、中美洲领导力计划、中国奖学金计划、亨利皇冠奖学金计划、印度领导倡议、自由奖学金计划、中东领导倡议、尼日利亚领导力计划—高级伙伴计划等。

中国为数不多的智库正在尝试建立精英网络,这类网络存在以下特征:一是名誉性大于实质性;二是以中国退休高级官员为主,很少包括商界精英;三是以国内精英为主,很少建立全球精英网络。

中国智库目前很少设立各类奖项,或者有设立但影响力不大。

依笔者之见,这两项传播策略是中国智库应该高度重视的,有条件和能力的智库应尝试建立全球性精英网络,汇集全球精英的智慧,为智库发展提供源源不断的智力资源。还可与影响力大的媒体合作,设立针对性强、范围较窄的奖项,通过奖励社会精英人士来引导舆论议程和走向。

国际化路径:在外国设立分支机构为主

1974年,也就是阿斯彭学会成立23年后,阿斯彭学会在德国柏林设立了第一家分支机构。至今,阿斯彭学会在美国之外建立了8家分支机构:法国(1983年)、意大利(1984年)、日本(1998年)、印度(2004年)、罗马尼亚(2006年)、西班牙(2010年)和捷克(2012年)。这在全球智库中是领先的。

在全球化时代,国际化是智库发展的战略必选项,尤其是从事国际和全球问题研究的智库。借鉴企业国际化的经验,智库国际化通常遵循以下路径:向外国传播智库思想产品——与外国智库共同主办主题活动——与外国智库合作开展项目研究,最后才是在外国设立智库分支机构。

阿斯彭学会在成立23年之后才设立第一家外国分支机构,而且是在创始人的第一祖国设立。虽然案例资料并未表明,这期间,阿斯彭学会已经在德国开展交流与合作,但是,估计这类合作是存在的。

中国智库应把国际化列入战略日程,尤其是从事国际和全球问题研究的智库。中国智库在全球范围内是后来者,后来者居上的基本逻辑是学习、合作和创新。从学习开始,学习先行者的成功经验,发挥后来者的优势;通过与外国智库合作,共同设置议程,开展交流与研究,共同对外发布研究成果;在学习与合作基础上,中国智库必须在战略、组织和管理方面有所创新,才有可能后来者居上。

第三章　全球安全评估的权威：斯德哥尔摩国际和平研究所*

斯德哥尔摩国际和平研究所（Stockholm International Peace Research Institute 简称 SIPRI）是一个独立的国际性研究机构，其宗旨是就有关对国际和平与安全产生重大影响的国际冲突与协调活动展开独立研究，内容涉及军事武器的发展、军火交易和生产，以及裁军和非军事化等。据美国《外交政策杂志》发布的"智库指数"显示，该研究所已被列为世界顶尖库之一。

一、斯德哥尔摩国际和平研究所简介

（一）成立历程

1964 年，瑞典前首相塔格·艾兰德（Tage Erlander）首倡成立一个和平研究机构以纪念瑞典 150 周年的持续和平。1966 年 5 月 10 日，由阿尔娃·米兰达（Alva Myrdal）夫人为首的瑞典皇家委员会在其年度报告中正式提议成立斯德哥尔摩国际和平研究所，其任务是开展"与国际和平与安全关系重大的冲突域合作问题的研究，以便加深人们对以和平方式解决国际冲突，获得持续和平先决条件的了解"[①]。1966 年 6 月 29 日瑞典议会颁布相关法规，给予研究所 90 万瑞士克朗的年度财政预算；1966 年 7 月 1 日，瑞典议会决定，作为一个法律地位为独立基金会的斯德哥尔摩国际和平研究所正式成立。1966 年 11 月 11 日英国人 R·别尔纳斯坦德（Robert Neild）被任命为研究所首任所长，1967 年 1 月 24 日，纲纳·缪达尔（Gunnar Myrdal）被任命

---

* 本文所引资料如果没有特殊说明，均来自 SIPRI 官方网站：http://www.sipri.org/。
① 李轶海主编：《国际著名智库研究》，上海社会科学院出版社，2010 年，第 214 页。

为理事会主席,1967年5月12日,任命了第一届科学评议会,研究所开始正式运作。

自1969起,SIPRI每年出版一部年鉴,对上一年度全球的重大武装冲突、多边和平行动、各国军费支出、军火生产与销售、核武器与生化武器状况及其控制、常规武器控制等问题做出评估,是目前涵盖国际和地区安全与冲突、维和行动、军费开支、军工生产、武器转让、大规模杀伤性武器、军备控制、裁军和不扩散等领域的最具广度和深度的单一出版物。

斯德哥尔摩国际和平研究所每年就若干课题召开学术讨论会,并出版《SIPRI年鉴》、《斯德哥尔摩文件》、《研究报道》等。其成果已经成为国际政治界以及研究人员、新闻记者和学者经常使用的权威性资料来源。在长达40多年的时间中,斯德哥尔摩国际和平研究所凭借其坚持对全球安全问题的独立性评估而享誉世界。

(二)组织结构与使命

斯德哥尔摩国际和平研究所的总部位于瑞典首都斯德哥尔摩,同时在北京和华盛顿特区也建立的分支机构。斯德哥尔摩国际和平研究所的组织结构包括理事会(Governing Board)、所长(Director)、副所长(Deputy Director)、研究人员委员会(Research Staff Collegium)和后勤人员(support staff),总人数大约50—60人。

斯德哥尔摩国际和平研究所在瑞典议会决定的基础上建立,并接受瑞典政府每年的拨款作为其最重要资金来源。同时,为了实施其广泛的研究计划,它也寻求其他组织的财政支持,以追求研究所的抱负和使命。

斯德哥尔摩国际和平研究所的使命是:针对战争冲突和国际性重大和平、安全问题的协作展开科学研究,从而寻求解决国际矛盾冲突的有效方法与途径。斯德哥尔摩国际和平研究所收集可靠、高质数据的卓越能力,并在武器研发、生产、转让、军费开支、武器限制、缩减和裁军问题上提供公正的信息,为它赢得了广泛的声誉。[1]

在2014年美国宾夕法尼亚大学"智库与公民社会"项目(Think Thanks

---

[1] 参见维基百科:http://en.wikipedia.org/wiki/Stockholm_International_Peace_Research_Institute(2014-1-11)。

and Civil Society Program)发布的《2013年全球智库报告》(2013 Global Go To Think Tanks Index Report)中,斯德哥尔摩国际和平研究所的排名位列第五位。

二、斯德哥尔摩国际和平研究所的研究领域

斯德哥尔摩国际和平研究所的研究议程不断地发展演进,始终保持与时代需求的同步。

(一)区域与全球安全

1. 阿富汗及其周边地区:更广泛的中亚倡议

此项目评估了美国和欧洲在阿富汗及更广泛的中亚地区面临的机遇和挑战。主要包括:促成区域对话,力求识别和分析与安全相关饿的关键议题,以及阿富汗及其邻国之间关系的挑战。

阿富汗伊斯兰共和国及其广阔周边的稳定性和安全性是该地区和国际社会关注的一个关键问题。随着在2014年前完成驻阿富汗国际维和部队撤军,针对该地区瞬息万变的情况,清楚了解新政策是必需的。2012年斯德哥尔摩国际和平研究所发起了一项倡议,促进有关阿富汗未来的主要利益相关者之间的对话。

斯德哥尔摩国际和平研究所关于更广泛的中亚倡议的重点是如何通过正式机构和非正式的机制加强和发展区域安全,从而解决现有的以及新出现的安全挑战。作为这项工作的一部分,斯德哥尔摩国际和平研究所为阿富汗政府提供了咨询,并且集合了来自阿富汗的区域邻国包括伊朗伊斯兰共和国、巴基斯坦伊斯兰共和国和中亚五国(哈萨克斯坦共和国、吉尔吉斯共和国、塔吉克斯坦共和国、土库曼斯坦和乌兹别克斯坦共和国)在内的专家和官员作为强有力的咨询团队。

2. 非洲的安全与治理项目

安全部门的善治是长期和平与发展的重要前提。在非洲,这个问题也赢得了越来越多的关注,并且伴随着为实现更加独立自主而努力的各类行动。然而,外部行为者在非洲大部分地区依旧保持着在安全和治理方面的

显著影响力,经常提供反映了其经济和政治利益的援助。尽管如此,人们对非洲的外部安全相关活动的总体程度和性质的认识也非常有限。

项目认为,非洲民间社会组织(CSO)在塑造非洲的和平与安全策略与进程中发挥了重要作用。非洲民间社会参与和平与安全问题也有了越来越多的机会。但是,许多非洲国家需要较强的政治判断力和较高的知识程度,而非洲的民间组织在参与这些问题的过程中普遍缺乏背景、经验和知识。

3. 北极的未来:在北极的管理竞争和促进合作

北极地区在日益全球化的世界成为了一个与众不同的子区域。北极的发展对北极地区的人民和国家以及更广泛的国际社会提出了新的挑战和机遇。北极已经成为了连接区域内外的政治和经济动力复合体的一部分。基于此,北极的未来是一个致力于研究北极安全和国际政治的项目。由于在该地区的变化带来了新的机遇和挑战,斯德哥尔摩国际和平研究所的目标是提出有利于北极地区持续和平与合作发展的知识。

4. 中国与全球安全

中国对全球经济发展、安全和稳定提出了独特的挑战与机会,而且日益扩大了对欧洲利益和整个国际社会的影响。中国和全球安全项目的目的在于促进和平与安全的研究,并且特别强调了中国在全球性的、非传统的跨国安全方面的角色和影响。

本项目通过综合研究分析与政策相关的出版物和其他政策,分析中国的转型,有助于政策制定者、意见领袖、学者、企业和社会公众更全面地了解外交和安全政策对中国角色的影响。通过与中国战略制定层的密切交往,斯德哥尔摩国际和平研究所的中国项目为欧洲全球安全问题的讨论带来了中国的意见。

5. 全球卫生:全球健康项目

人们早就认识到健康、和平与安全相互关联。例如,世界卫生组织(WHO)1946年宪法序言指出,"世界人民的健康是实现和平与安全的基础因素并且依赖于个人和国家的充分合作"。但是,更具挑战性的是区域和国际机构如何解决这些问题。

该项目分析外交和全球治理政策的健康和安全、和平和冲突的交集。

它研究了作为传统的安全问题的健康问题,以及作为人类安全和人权话语一部分的不断发展的健康概念。

6. 国际关系和安全趋势的现状

该项目侧重于通过单一集成的用户的平台在不同地理位置开发和维护联合系统的独立数据库。项目的目标是为该领域以及相关学科的专业人士,如研究人员、政治家和媒体,通过国家概况的形式提供有组织的权威和结构化的真实的参考系统。

7. 生活在吉尔吉斯斯坦:以样本数据为证的中亚性别与就业

妇女劳动力市场的参与可以反映出妇女在社会中的地位,特别是在低收入国家和转型国家,包括那些受武装冲突影响的国家尤其如此。这一视角为研究人员和决策者提供了必要的理解因素,中亚的性别和就业——关于吉尔吉斯斯坦和塔吉克斯坦两个低收入中亚国家的样本数据论证了妇女在劳动力市场的地位,以及影响她们地位的政策。此项目将运用微观经济的技术分析住户调查数据。

8. 运输及安全

运输和安全的重点是海洋与空中运输的敏感冲突,不稳定的或非法的商品流,如军事装备、双重用途的货物、毒品及烟草、石油和假冒商品走私活动。

这些活动是各领域以行动为导向的研究的结合,它提供资料,实地考察和分析和各国政府、工业界和民间社会的政策选择。

9. 宏观经济安全

此项目探讨和研究发展中国家经济的安全与防务。该方案评估了财政对私人和公共安全的影响,探讨了促进社会经济发展与和平的影响因素。

经济分析探讨了广泛的趋势,特别是证实了在脆弱和冲突影响下的国家的军费开支的机会成本。该方案有助于通过全球对话衡量发展中国家的安全与和平,有助于2015年以后和平建设与国家建设框架与目标的制定。

10. 马里的市民社会与安全建设

在马里,和平与安全的缺乏是经济、社会和人的发展的主要障碍因素,在马里的任何发展合作战略必须考虑到和平、安全与发展之间的相互联系。一个真正的、可持续的和平,需要当地居民的参与,更确切地说是市民社会的充分参与。该项目旨在加强马里的市民社会能力建设,并为民间社会活动者提供支持和资源,使其增加对动态冲突的理解以制定联合战略措施,对和平、安全与发展作出贡献。

(二) 武装冲突与冲突管理研究

对世界各地的暴力冲突,以及它们的成因、动态和后果进行程序监控和趋势分析。维持与建设和平研究项目分析了有关多边和平行动的综合信息和显著趋势及其对冲突后建设和平的政策的影响。另外一个研究的重点领域是资源与冲突之间的关系。

1. 武装冲突的趋势

对于世界各地暴力冲突原因、动力和后果的持续批判性的分析构成了该项目的核心任务。该项研究构成了斯德哥尔摩国际和平研究所年鉴武装冲突趋势的章节,但这项工作也参与了特定的专题研究项目的发展。

2. 维持与建设和平:和平行动和冲突管理

自冷战结束以后,和平行动和冲突管理一直是武装冲突和冲突管理计划工作的核心要素。目前,维和行动和冲突管理团队的工作包括四个主要支柱:(1) 和平行动的数据和趋势;(2) 和平行动的新的地缘政治;(3) 评估及吸取的教训;(4) 关于本领域时事问题的咨询。

3. 资源与冲突

在过去的 20 年里,自然资源和冲突的风险之间的关系已经重新成为国际安全的关键问题。目前世界范围内关于自然资源和冲突的出现、持续与终止之间联系的辩论,有三种不同的观点:暴力的经济理论;环境因素,特别是气候变化,是增加冲突风险的因素;资源的地缘政治。这些方法强调了资源问题可能会导致冲突的直接和间接的方式。例如,无论是资源的稀缺性还是资源的依赖性都可以与社会及体制的脆弱性相互作用,创造冲突的条件。这一关键要素包括非正式的或非法贸易和暴力犯罪团伙非法开采和交易自然资源。国家对自然资源收入的过度依赖也与国家的弱点密切相关,甚至导致国家破产,产生武装团体可能出现的环境条件。

（三）军费和武器装备

斯德哥尔摩国际和平研究所关于军费和武器装备的研究包括了四个领域。监控全球范围内军费开支发展的军事开支项目；监控和分析国际武器转让，强调供应者与接收者之间关系的发展趋势；研究所还收集、描述、分析世界主要武器生产公司的相关数据；最后，研究所收集整理核武器的综合数据。

1. 军费开支

斯德哥尔摩国际和平研究所军费开支项目研究开始于1967年，主要研究世界军费开支的发展。军费开支指的是用于军事目的的经济资源的指标。该项目监测和分析随着时间推移而变化的军费开支趋势，关注其经济、政治和安全驱动因素，及其对全球和平、安全与发展的影响。

2. 国际武器转让

斯德哥尔摩国际和平研究所的研究人员对国际武器转让的研究始于1968年。研究目前分为三个方面：国际武器转让的衡量，国际武器转让的透明度，控制国际武器转让。研究成果刊登在年鉴和其他研究所及非研究所的出版物中。斯德哥尔摩国际和平研究所同时维持了武器转让数据库——其中包括自1950年以来主要常规武器的所有国际转让信息——以及所有国际和多边武器禁运的数据库。

3. 军火工业

斯德哥尔摩国际和平研究所军火生产项目的目的是监控、描述和分析世界各地武器生产的趋势和发展。该项目启动于1989年，研究军火工业的发展，收集主要武器生产公司的信息，介绍和分析它们针对由于经济变化和政治环境对产业结构的影响与变化而做出的调整。对公司和国家军火生产水平的有效信息的数量是有限的，进一步发展的透明度是非常需要的。

4. 核力量：核力量的发展

自2013年起，8个国家拥有大约4400个可操作的核武器。如果所有的核弹头都算在内，包括运作中的核弹头、备件、激活和未激活的存储，这些武器中有近2000个保持在高度运行的警戒状态。英国、法国、中国、印度、巴基斯坦和以色列共同控制着总共约 17270 件核武器。

Country	Deployed warheads	Other warheads	Total inventory
USA	2150	5550	~7700
Russia	1800	6700	8500
UK	160	65	225
France	~290	~10	~300
France	~290	~10	~300
China	—	~250	~250
India	—	90–110	90–110
Pakistan	—	100–120	90–120
Israel	—	~80	~80
North Korea	..	..	6–8?
Total	~4400	~12865	~17270

WORLD NUCLEAR FORCES, 2013. All estimates are approximate and are as of January 2013.

2013 全球核力量，摘自《SIPRI 年鉴 2013》

（四）军控、裁军和防扩散

斯德哥尔摩国际和平研究所的军控与防扩散研究涵盖了广泛的议题，包括核不扩散；生物技术评估；两用和军火贸易控制；化学和生物武器控制以及核取证。特殊项目包括与欧盟的防扩散联盟的合作。

1. 生化武器

最近的研究议题是关于化学和生物安全的项目。具体而言，本项目分析预防生化战争的法律、政治、技术和历史方面，包括验证生化安全和国际条约的执行情况。

2. 军民两用和武器贸易控制

斯德哥尔摩国际和平研究所的两用和武器贸易管制方案旨在提高对于国家及多边出口控制系统当前状态认识的信息的质量。该方案有助于在欧盟内外通过其出版物和研究推动对核武器贸易控制的发展,促进方法和概念的进步,鼓励研讨会提高认识发展与能力建设的活动。

3. 新兴军事技术:新兴军事技术及其对21世纪战略稳定的影响

本项目研究不断演变的无核军事技术对国家核力量态势及威慑战略的影响。着重于三大类武器系统技术:弹道导弹防御系统、远程常规打击系统以及太空武器。其目的是识别和评估在以日益复杂和模糊的核力量与常规力量组合的战略为特征的情况下,为了达到或维持"双边"关系的战略稳定性的潜在的障碍。

4. 欧盟防扩散协作

欧盟不扩散联盟,是在整个欧盟从事政治和安全相关的对话,以及打击大规模杀伤性武器及其运载工具扩散措施讨论的外交政策机构和研究中心组成的网络。该联盟由斯德哥尔摩国际和平研究所等三家机构共同管理,与欧盟外交和安全政策的高级代表密切合作。

5. 核取证

许多重要的国际条约,包括核不扩散条约和全面禁止核试验条约规定了允许验证该条约成员遵守其承诺的特殊机制。这样的验证机制需要适当的技术应用。随着技术的进步,它为验证安排提供了更好的方式以实现自己的目标。与此同时,核查机制的目标或工作条件可能会随时间而改变,创造出新技术甚至新的科学学科需求。

6. 军控与裁军:军控与裁军的记实调查

斯德哥尔摩国际和平研究所图书馆维持保存着关于已签署并批准了军控和裁军协定的国家的大量记录。信息的删节版本在年鉴中每年发布一次。

三、斯德哥尔摩国际和平研究所的国际化进程

(一)组织机构的国际化

斯德哥尔摩国际和平研究所除了设在瑞典的总部以外,还在华盛顿和北京设立了分支机构,分别是北美中心和中国与全球安全项目。

1. SIPRI 北美中心

SIPRI 北美中心成立于 2012 年 2 月，旨在为北美地区安全和外交政策带来新的全球视角，以及加强 SIPRI 与大西洋伙伴之间的合作。

SIPRI 北美中心的任务是：加强 SIPRI 在战争冲突、武器装备、军备控制和军队裁减方面世界水平的研究；密切北美、欧洲和国际研究者与政治制定者间的联系；提供独立、创新及国际化的观点，以支撑 21 世纪安全与冲突的挑战；为学者、分析人员、决策者、执行者、新闻记者和公众在全球议题上提供一个新的平台。

重点研究领域为：女性、战争与和平，军控和防扩散，全球健康与安全，地区安全挑战。

研究活动包括以下内容：2012 年春季，SIPRI 北美中心启动了一个研究项目，旨在研究外国军队 2014 年从阿富汗撤军计划的区域影响，并汇集了来自北美、欧洲、中国、俄罗斯和中亚、南亚的专家，组织了一系列圆桌会谈；SIPRI 北美中心与美国和平研究所、加州大学伯克利分校人权中心奥斯陆和平研究所在华盛顿联合举办了一场国际会议，检视冲突和冲突后情形下的性暴力问题。

2. 中国与全球安全项目

成立背景：中国对全球的发展、安全和稳定提出了一系列独特的"挑战"和机遇，并且对欧洲和国际社会整体利益的影响越来越大。SIPRI 中国与全球安全项目致力于推进和平与安全研究，并且着重关注中国在全世界的、非传统的以及国与国之间的安全议题上扮演的角色。

项目目的：项目旨在通过详细全面的研究、分析，及与政策相关的著作出版和其他各种方式，来解析中国当下的转变，从而帮助政策制定者、意见领袖、学者、商人和大众更加深入地理解中国的外交和全球安全政策的含义。项目主要通过分析中文资料来源，与中国的外交战略研究智囊机构进行紧密交流合作，以将中国的观点引入欧洲对全球安全议题的讨论。

四个支柱研究领域：中国项目延续了 SIPRI 长久以来对传统安全议题的关注，并对转变中的中国外交及安全政策进行深度研究。具体如下表所示：

研究专题	关注问题
中国与亚洲区域安全	东北亚和东南亚的海洋安全
	中国海军现代化进程与海上执法部门的改革
	北约撤离阿富汗后中国与大中亚地区的安全关系
中国出口管制、军控及不扩散体系	中国的军控外交
	中国与核危机：朝鲜半岛和伊朗核问题
	中国与《武器贸易条约》、中国常规武器出口
中国与欧洲双边关系	中欧国际安全合作
	技术转移及其安全影响
中国"不干涉内政原则"的未来	中国海外公民保护：领事保护、非战争军事行动及国际合作
	中国在中亚及中东的能源利益保护

研究成果：项目的研究成果发布在 SIPRI 出版物及其他经过同行评议的学术期刊上，如 *Journal of Contemporary China*、*Journal of East Asian Studies* 和 *China Perspectives*。

其中比较重要的几份报告有：

（1）中国对朝政策：经济合作与核裁军[①]。在金正日 2011 年 12 月逝世后，朝鲜的新领导人采取一系列行动进一步推进核计划并巩固核计划在朝的政治地位。这些最新的发展态势，尤其是朝鲜在 2013 年 2 月进行的第三次核试验，表明获取核威慑能力对平壤而言是战略目标，而非简单的谈判筹码。该研究报告于 2013 年 12 月发布，回顾中国过去四年对朝政策并分析中朝经贸合作与防止朝鲜核扩散和推动核裁军之间的关系。挪威外交部为该项研究提供了资金支持。

（2）中俄关系[②]。该课题旨在研究中国与俄罗斯不断演变的关系，研究侧重于能源和安全领域。挪威外交部和芬兰国防部对该研究提供了资金支持。

[①] Mathieu Duchâtel and Phillip Schell, 'China's Policy on North Korea: Economic Engagement and Nuclear Disarmament', *SIPRI Policy Paper* 40, December 2013.

[②] Linda Jakobson, Paul Holtom, Dean Knox and Peng Jingchao, 'China's Energy and Security Relations with Russia: Hopes, Frustrations and Uncertainties', *SIPRI Policy Paper* 29, October 2011.

(3) 中国在军备控制、裁军和不扩散领域的作为①。SIPRI 的研究重点关注中国在以下领域的立场:中国核武器现代化,《不扩散核武器条约》,核燃料循环的多变化,《禁止生产核武器用裂变材料条约》,核裁军和核武器销毁。

(4) 中国与联合国维和行动②③。中国大幅度提高参与联合国维和行动的力度,其派遣的维和人员总数高于其他四个联合国常任理事国。该研究关注中国参加联合国维和行动的历史发展以及国内讨论,并对中国以及国际社会就如何进一步加强多边维和行动合作提供政策建议。

(二) 研究人员组成的国际化

作为一所国际化的独立研究机构,斯德哥尔摩国际和平研究所理事会成员和研究人员来自不同国家,研究所以参与项目的方式为来自各国的研究人员提供一个能够紧密合作的平台。

2008 年 4 月 10 日,斯德哥尔摩国际和平研究所时任所长季北慈在接受环球时报记者采访时,也认为研究人员的国际性是研究所之所以取得成功的重要原因。他说道:"我们目前共有 30 多名研究人员,其中瑞典人只有两三名,其余都是非瑞典人,来自世界各国。研究所还特别规定,所长必须是非瑞典人。研究人员的国际性使研究工作不偏向于哪一国政府,而是在客观分析的基础上,拿出独立的判断。"④

研究所除了与世界各地的研究中心与研究人员保持密切联系以外,也与一些政府间的组织保持密切的合作,尤其是联合国与欧盟,并且经常接待来访的议会代表、科学家代表团,以及访问学者。

(三) 具有国际影响力的研究成果

斯德哥尔摩国际和平研究所一直秉承着国际、国家安全方面透明度的提高有助于避免军事冲突、提高国际安全水平的观念,他们将研究成果分为

---

① Bates Gill, 'China and Nulcear Arms Control: Current Positions and Future Policies', *SIPRI Insights on Peace and Security*, 2010.
② Bates Gill and Chin-Hao Huang, 'China's Expanding Role in Peacekeeping: Prospects and Policy Implications', *SIPRI Policy Paper 25*, November 2009.
③ Bates Gill and Chin-Hao Huang, 'China's Expanding Peacekeeping Role: its Significance and the Policy Policy Implications', *SIPRI Policy Brief*, 2009.
④ http://world.huanqiu.com/interview/2008-04/429090.html.

数据和政策报告两类,其中《SIPRI 年鉴》和数据库就是斯德哥尔摩国际和平研究所最具国际影响力的研究成果。

1.《SIPRI 军备、裁军与国际安全年鉴》

《SIPRI 军备、裁军与国际安全年鉴》,即《斯德哥尔摩国际和平研究所军备、裁军与国际安全年鉴》,是研究所最重要的出版物,自 1969 年 11 月 12 日起每年出版一期,有中文、俄文、乌克兰文、阿拉伯文等多种翻译版本。1999年,中国军控与裁军协会与 SIPRI 研究所合作,推出了第一部中文版的年鉴。该年鉴为政治家、外交官、记者和分析人员提供过去一年国际上发生的关于武器装备、军控、武装冲突和冲突解决、安全措施与裁军,以及最重要的国际安全领域的长期趋势的最权威的独立资料集。[①]

以《SIPRI 年鉴 2013》为例,2013 年 6 月 3 日斯德哥尔摩国际和平研究所对外发布了《SIPRI 年鉴 2013》的主要结论,评估了当前全球国际安全、军备和裁军形势。年鉴共分 3 大部分:2012 年安全与冲突、2012 年军费支出与军备、2012 年军控与裁军,共计 10 章,内容涉及武装冲突、和平行动与冲突管理、军费支出、武器生产与军事服务、国际武器转让、世界核力量、核武器控制与不扩散、降低生化材料带来的安全威胁、常规军备控制与军事互信、军民两用物品和军火贸易控制。卷末列有军控与裁军协定、国际安全合作机构、2012 年大事记等 3 个附件。该年鉴的主要观点包括:世界核武器总数量减少,但核武器现代化水平提升;由于从阿富汗撤军,世界范围内维和人员的数目迅速下降;叙利亚危机暴露了原则和军事行动之间的差距;2012年集束弹药的全球禁止进展停滞不前。

2. 数据库

研究所在开展研究的基础上建立了许多大型数据库,供决策者、研究人员、媒体和公众使用。

(1) 国际关系与安全趋势数据库:提供关于国际关系和安全问题的联合数据库系统,该数据库可以通过一个简单的用户界面进入。

(2) 多边和平行动数据库:提供自 2000 年至今所有联合国和非联合国

[①] 李轶海主编:《国际著名智库研究》,上海社会科学院出版社,2010 年,第 220 页。

的和平行动信息,包括地点、部署时间、开展、托管及参与国家、参与人数、成本和死亡人数。

(3)军费开支数据库:按照时间顺序提供自1988年起172个国家的军费开支,还可以对国家军费开支进行如下比较:按现价以当地货币计算,按不变价格与汇率以美元计算,以及占GDP比重。

(4)武器转让数据库:提供自1950年起7大类主要传统武器的国际转让情况,是国际武器转让领域最综合的公开资料来源。

(5)军工业数据库:提供世界最大军火制造商的财务和用人数据。关于100家最大的武器制造商(根据研究所排名的前100名,不包括中国)的武器销售、利润和用人数据每年都在年鉴中公布。

(6)武器禁运数据库:该数据库提供联合国、欧盟和许多国家行为体多边武器禁运信息。

五、斯德哥尔摩国际和平研究所的经验借鉴

斯德哥尔摩国际和平研究所是一个欧洲老牌智库,以其长期积累的学术资料、出色的研究团队,以及广泛的影响力而著称。它长期得到瑞典政府的有力支持而不断发展,由多国学者组成的研究团队以及多语种的研究成果使得它的学术影响力远播欧洲以外包括中国在内的许多国家和地区。[1]

(一)恪守中立性的研究立场

斯德哥尔摩国际和平研究所总部位于瑞典,众所周知,瑞典不是北约成员,一直以来以其中立的外交政策闻名,瑞典的外交政策在国际和平安全与欧洲地区的和平安全上起到了一定的推动作用。这使得研究所能够保证其中立的立场。虽然研究所资金来源的大部分是瑞典政府的拨款,但它完全独立于瑞典国会和政府。不代表政府的官方立场,不反映、不附和任何一国的外交政策。

区别欧洲其他研究所,斯德哥尔摩国际和平研究所一直坚持使用公开

---

[1] 李轶海主编:《国际著名智库研究》,上海社会科学院出版社,2010年,第221页。

资料(open source),研究所获取信息、数据和资料的方法也是公开透明的,任何使用研究所资料和数据的研究人员、媒体记者或是公众都可以了解到该资料和信息的来源。这样就使得研究所在研究过程中能保持一个中立与客观的立场。

另外,研究所的中立性也体现在其研究议题的选择上。研究所秉承了以瑞典为代表的国家在20世纪60年代形成的和平、中立的传统,研究领域是武器研发、裁军、防扩散等,研究的目的就是为了限制军事力量的过度发展,维护国际和平与稳定。

(二)研究领域的独特性及研究成果的权威性

全球著名的智库都有这样一个共通的特点,即它们在自己的研究领域做出了特色并且其研究成果具有广泛的影响力。斯德哥尔摩国际和平研究所立足于区域与国际安全、武装冲突与冲突管理、军费开支与军备以及军备控制、裁军和不扩散四大领域的研究,研究领域主要集中于国际安全、军控和冲突管理方面。研究范围精确并且积累了大量的学术资料。独特的研究领域使得研究所在军控方面的研究影响力遍布全球,几乎可以说"无人能及"。

研究所每年发布的《SIPRI军备、裁军与国际安全年鉴》是军控领域最具国际影响力和最权威的资料;研究所完全开放的数据库资料也是全球政治界以及研究人员、新闻媒体从业者、学者经常使用的最权威最综合的公开资料来源。同时,研究所也为制定国家战略规划和安全政策提供建议和咨询报告,对北约以及欧洲许多国家的战略决策具有相当的影响力。

(三)注重国际交流与合作

斯德哥尔摩国际和平研究所的研究不仅局限于欧洲,它在美国华盛顿设立了北美中心,在中国北京也设有"中国与全球安全项目",以便在全球范围内开展学术研究。研究所自身的研究团队就是一支"国际化部队",不仅有来自瑞典、美国、英国、德国、法国等发达国家研究人员,更有中国、阿根廷、卢旺达、吉尔吉斯斯坦等发展中国家的研究人员,研究所为来自不同国家、不同政治制度和文化信仰的研究人员提供一个紧密合作的平台。

在管理方面,研究所设有管理委员会(Governing Board),其成员来自不同国家，指定研究所的战略研究目标及大致研究方向。在研究方面，研究所将研究分为"计划"(Program)和"项目"(Project)两大类。每一计划和项目都有主任作为负责人，主任办公室(Director's Office)则为各项目主任和计划主任提供支持。主任对各自项目的研究方向及资金来源的管理有很强的自主权。每个项目保持了相当的独立性，但项目之间也会有合作。如中国与国际和平安全项目近日就与其他两个项目合作，研究阿富汗和中亚地区的区域安全。

同时，研究所还通过召开座谈会、研讨会和讲座等形式，将各方面的专家汇集起来交流意见，并经常接待来自各国的代表团和访问学者，进行交流与合作。

此外，研究所将其出版物分送各国政府、联合国代表团、非政府组织、决策者、专家以及新闻机构，并与多国图书馆签有交流协议，将研究所的出版物免费送给世界各国的图书馆。其《斯德哥尔摩国际和平研究所军备、裁军与国际安全年鉴》也翻译成多国文字出版。

老牌和权威的和平智库的特点和优势

孙朝靖 刘 成[*]

1814年7月27日,瑞典国王查理十三发动了针对挪威的战争,这是瑞典历史上最后一次战争。1814年8月14日,瑞典—挪威联合王国成立,除了共奉一主和外交事务之外,瑞典和挪威事实上成为由两个主权国家组成的联盟,这样的关系一直维持到1905年。由此,瑞典走上了和平、中立之路并一直延续至今。

1964年8月,为了纪念瑞典延续了150年的和平,瑞典前首相塔格·艾兰德尔倡议成立斯德哥尔摩国际和平研究所(Stockholm International Peace Research Institute,简称SIPRI),以阿尔娃·米尔达夫人为首的一个皇家委员会起草了该所的成立章程。1966年,该所正式成立,并于次年开始正式运作。研究所是一个独立的国际性的研究机构,其宗旨是就对有关国际和平与安全产生重大影响的国际冲突与协调活动展开独立研究。研究所的经费每年大约需要2300万瑞典克朗,几乎全部来自瑞典议会的拨款,但在符合章程的情况下,也不拒绝其他财政来源。

斯德哥尔摩国际和平研究所研究范围包括军备控制和管理、区域冲突和安全、全球健康和安全、资源与冲突、女性与和平等方面。由此可见,斯德哥尔摩国际和平研究所关注的焦点不仅仅是传统的直接暴力(战争是其最高形式),还将广泛和深刻影响人类和平与安全的结构暴力和文化暴力也包括在内。研究所不仅发现问题,探索问题,更重要的是提出解决问题的可行性方案。

---

[*] 孙朝靖:南京大学历史学院研究生。刘成:察哈尔学会高级研究员,中国南海研究协同创新中心/南京大学历史学院教授。

正因如此,斯德哥尔摩国际和平研究所与1959年成立的奥斯陆和平研究所(PRIO)和1970年成立的法兰克福和平研究所(PRIF)一并成为当今世界顶尖的和平研究机构,并深刻影响了诸如1980年成立的日内瓦和平研究所(GPRI)和1994年成立的波恩国际军备转换中心(BICC)等后起的和平研究机构。当然,作为老牌和权威的和平研究机构,斯德哥尔摩国际和平研究所具有自己的特点和优势。

第一,该所因和平而起,同时也致力于争端和冲突的化解,为和平的达成和持续提供支持,浓烈的和平色彩是其最主要的特点之一。研究所的目标是"不安全的源头得以确认和理解,冲突得以避免或化解,和平得以延续",呼应了其建立的初衷。在研究成果方面,以《SIPRI年鉴2014》为例,作为以军控主题蜚声的研究所的权威发布,《年鉴》延续了上一年对安全与冲突、军费与军备和军控与裁军三大方面的关注,对2013年的冲突与和平予以概述,其中特别列出和平行动与冲突管理的部分,不断凸显出其自身的和平属性。同时在数据收集和统计方面,研究所还保有"多边和平行动数据库"(SIPRI Multilateral Peace Operations Database),提供了2000年以来联合国与非联合国组织开展的和平行动的检索和查阅。

第二,斯德哥尔摩国际和平研究所秉持中立的立场。研究所采用的数据和资料均来自公开的资源,同时其研究成果也以出版的形式公开,因此,这样高度的透明化要求研究所坚守中立。此外,虽然研究所接受本国及国外政府和组织(如联合国开发计划署等)的资金支持,但是相关账目均予以公布,且研究所拒绝接受意图干预研究成果的任何资金支持,这样的坚守进一步巩固了研究所中立的基础。

第三,斯德哥尔摩国际和平研究所高度国际化。该所以其对全球安全问题独立性的评估而享誉世界。它每年出版多种研究刊物,其中的《SIPRI军备、裁军与国际安全年鉴》是军控领域最有国际影响力和最具权威性的资料,被翻译成中文、俄文、阿拉伯文等文字。研究人员、研究成果和机构间交流的国际化不断拓宽斯德哥尔摩国际和平研究所的国际视野。该研究所的组织机构包括:管理委员会,8人组成,不分国籍,由瑞典政府任命,任期5年;科学理事会,24人组成,成员来自世界各个国家,任期不定;工作人员,约

40人,由所长领导。研究计划由研究委员会和理事会考虑提出,研究成果请所外专家进行审定。研究所的所有研究根据和来源完全开放,每年就若干课题召开学术讨论会。

第四,斯德哥尔摩国际和平研究所也帮助中国发出自己的声音。中国与全球安全(China and Global Security)是研究所区域与全球安全(Regional and Global Security)研究的重要组成部分,其以中文资料为主要研究来源,与中国的外交战略研究智囊机构进行紧密交流合作,将中国的观点引入欧洲对全球安全议题的讨论。中国学者的观点得以凭借斯德哥尔摩国际和平研究所这样一个国际化的平台而获得了世界性的影响力。

1815年以来世界风云变幻,瑞典却在世界战乱中成为一个和平的典范,斯德哥尔摩国际和平研究所成为其倡导和平、呼吁和平、创建和平与推动和平的重要喉舌。随着全球化的不断深化和发展,世界正成为一个大家庭,和平与发展的主旋律成为社会前进的重要基础。斯德哥尔摩国际和平研究所对和平的呼吁和推动成为当今顶尖智库中极具特点的重要成员,并不断启迪着我们将和平事业向前推进。

第四章　企业化智库的典范：野村综合研究所

野村综合研究所（野村総合研究所，Nomura Research Institute，以下简称 NRI）成立于 1965 年 4 月 1 日，是日本民间最早的智库。与一般的智库不同，NRI 是以公司作为运营方式，业务范围涉及咨询、金融领域 IT 解决方案、产业领域 IT 解决方案、IT 基础服务等。NRI 规模庞大，涉及领域广泛，力求把洞察未来、广泛为社会建言的能力与客户至上、追求卓越的理念融会贯通，不断开展领先于时代的企业活动[①]，被称作"日本的兰德公司"。

一、发展历程与组织架构

NRI 前身是野村证券公司的调查部，成立时资产约为 5 亿日元，雇员 130 人，号称为日本第一个现代"智库"。野村证券公司的创始人野村德七是一位非常有远见的企业家，他提出的口号是"调查是繁荣企业、向海外进军的保证"，于是早在 1906 年他就设立了野村公司调查部。1946 年在野村证券公司成立 40 周年之际，调查部内又增设了技术部。60 年代初，为了解决日益增多的受企业、公司、政府部门委托的研究课题，调查部提出了借鉴外国思想库经验、把社会科学与自然科学结合起来进行综合研究的思路。随后调查部便扩展为野村综合研究所，并与野村证券公司业务相对分离。

现在的野村综合研究所（NRI）是于 1988 年由 2 个研究所合并而成

---

① 创发未来的 NRI 之 DNA|野村综合研究所（NRI）http://www.nri.com/cn/company/dna.html。

的。一个是1965年从野村证券的调查部独立出来的旧野村综合研究所，另外一个是1966年于野村证券电子计算机部独立出来的野村计算机研究所。

NRI素有"双头雕"之称，这是从它的组织原则而言的。在建立的初期，它设有两个总部。一为东京总部。主要工作是围绕证券业务的调查研究，调查对象是日本以及世界主要国家的经济、金融、产业活动，股票市场、债券市场行情等。二为镰仓总部。镰仓总部设在神奈川县镰仓市，下设经济研究部、经营计划研究部、社会体制研究部、国际研究部、生物科学研究部五个分部，负责国内外政府、公共团体、产业企业的委托研究课题。

为了适应不断变化的环境，两个总部内的研究部门的名称经常随着研究方向的变化而改变，五年左右往往就改变彻底，这也是为了使野村综合研究所的各项研究始终处于前沿位置。此外NRI还在1979年设立了所长直属的专门的政策研究部，以科学技术、国际金融、产业结构为主要研究对象。

目前，NRI最高权力机构是股东大会、董事会和社长。董事会直接领导报酬咨询委员会，并和股东大会共同领导审计监事以及监事委员会。社长单独领导以下机构：高级管理委员会、综合风险管理委员会、依从委员会、人力资源发展委员会、研究开发委员会、数据中心管理委员会、资本投资鉴定委员会、信息发布委员会、危机管理委员会。如下图所示：

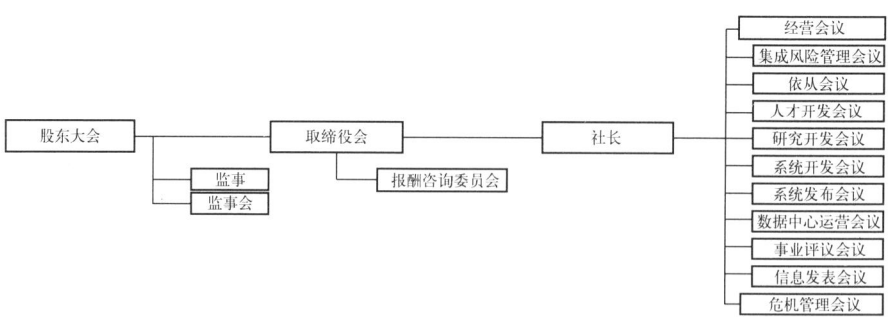

野村综合研究的组织图

股东大会、董事会和社长还共同领导NRI直属部门和一些集团分公司：企业规划中心、咨询部、战略管理创新中心、系统咨询部、金融技术解决方案部门、证券解决方案部门、资产管理解决方案部门、证券资产管理解决方案的开发部门、保险解决方案部门、金融解决方案部门、配电通信解决方案部门、服务工业解决方案部门、关西地区总部、中部地区总部、中国＆亚洲地区系统分部、IT平台服务部门、IT平台集成部门、先进信息技术部门、数据中心管理部门、质量管理系统开发创新部门、内部审计部门、审计部门以及野村网通有限公司、综合安全技术有限公司(北美分公司)、综合网络专利有限公司、综合办公服务有限公司、综合数据科技有限公司、综合社会信息系统服务有限公司等。

为了贯彻向海外发展的方向，配合日本经济对外发展的需要，NRI还设立了许多国外机构。如：NRI美国公司(包括NRI太平洋分公司和NRI美国达拉斯分公司)、NRI北京系统集成有限公司、NRI上海咨询有限公司、NRI大连科技有限公司、NRI香港有限公司、NRI印度私人有限公司。此外它还设有自己的图书馆，藏书20余万册；还建有自己的"信息银行"，专门收集日本经济、产业方面的情报资料，领域广阔，规模宏大。

野村综合研究所具有雄厚的资金基础和丰富的发展经验，它的研究享有盛誉，业务层出不穷。在它成立之初的10多年，就完成调研咨询项目达3000余项，每年在300项左右。截至2013年3月，NRI的注册资金为186亿日元，销售额为3638亿日元，员工人数为5823人。

毋庸置疑，NRI发展到今天已经具备了相当的国际影响力，这种影响力的获得与它自身的经营理念、发展战略等密切相关。

二、野村综合研究所的经营理念

（一）"未来创发"的企业定位

NRI最初成立时，其创始人野村德七就定下三个信条：与委托者共同发展，向海外发展，重视与前两条有关的调查研究。这三条成为NRI发展的社训[①]。NRI提出总的口号是"未来创发"，即NRI集团要不断产生崭新的商

---

① 李轶海主编：《国际著名智库研究》，上海社会科学院出版社，2010年。

业模式,对于看不清楚、不可预知的未来,要大胆地去做。NRI 的企业介绍里明确写道:"在变幻莫测的当今时代,我们将在切实把脉现代社会的同时,不断开拓确知的未来。我们衷心希望通过创造新价值,为社会发展作出贡献。NRI 集团作为'未来社会创发企业',将继续迎接永无止境的挑战。"①

近年来,围绕日本乃至整个国际形势的巨大变化,社会变迁速度也越来越快。在这个发展模式日新月异的社会里,稍微地保守就会很快落后,只有及时抓住未来发展趋势,才能保持在发展中不落伍,正是基于这样的判断,野村综合研究所才给自己定位为创造未来的企业,把自己标榜为肩负建设未来社会的企业,希望通过有效洞察社会、企业发展趋势来创造未来可行的发展方式,达到创造未来引领社会发展,在社会变化中保持主动地位的目标。

(二) 明确具体的发展理念

NRI 综合研究所在使命、业务范围、经营目标、行动准则四个方面规定了自己理念。首先,对于企业的使命,NRI 将其确定为自己对于社会和客户应尽的责任。对社会的使命是:洞察新社会的典范并将其付诸现实。对客户的使命是:取得客户信赖,与客户共同发展,实现双赢。实际上这与野村最初的社训是一致的。其次,对于业务范围认定,NRI 将其视为完成使命的方法,是对自我和服务的规划。它对自我规划是:未来社会创发企业,即创造未来的企业。对服务规划是:知识创造和一体化,即将丰富的专业知识应用于服务中,创造出新的价值。第三,在经营目标上,NRI 确立自己独有的理念,即通过"指南服务×解决方案",实现企业价值最大化。"指南服务"涵盖了从发现问题到提出解决方案的全过程,包括预测、分析和政策建言。"解决方案"则是针对"指南服务"提出的解决方法,通过业务改革、系统设计等将其付诸实践。NRI 希望通过这两个方面发挥相乘的作用,达到最佳效果。第四,在行为准则上,NRI 要求员工要以专业的自信,继续接受永无止境挑战,这与对公司的定位是一脉相承的。

因此,总结 NRI 的发展理念可以看出,它的理念指导性强并且明确具

---

① 企业理念|野村综合研究所(NRI)http://www.nri.com/cn/company/c_philosophy.html。

体,涵盖了从企业自身到业务、社会等方方面面。不难看出,野村综合研究所是向着未来的发展方向去经营自己的业务,同时以专业的精神来服务客户,把客户的发展当作自己的发展来做。由于NRI的理念是面向未来,所以它的研究更容易具有前瞻性,它的研究是服务于真实的客户,研究成果很快就会被应用于实践,因此其科学性也更容易获得验证。而研究成果直接关系到公司的生存发展,所以这也促成野村综合研究所以更加科学、严谨、专业的态度对待研究。这是NRI最终做大做强,将业务拓展到海外,拓展到从高端到低端方方面面的领域,并最终成为国际上有重大影响的智库的前提。

三、野村综合研究所的业务介绍

(一)野村综合研究所的业务范围

NRI拥有被称为贯穿于各个领域为企业、社会和人们的生活作贡献的四大业务,即NRI通过"咨询"、"金融领域IT解决方案"、"产业领域IT解决方案"和"IT基础服务"4大业务,为新的社会机制的建设、客户的商务活动、人们生活质量的提高作贡献。其中,咨询业务分为经营管理咨询和系统咨询。野村的咨询业务是日本同行业的先驱。经营管理咨询方面,NRI涉及范围包括为企业制定战略和业务改革,为政府机关制订政策和行政改革提供咨询,并且NRI是和客户一起展开活动。NRI创业以来已有40余年,在业务发展中不断积累丰富的知识和专业技术经验。NRI作为智囊团,其工作牵涉到顾客的实际利益,它的咨询人员小组拥有多项专业背景,能既尊重顾客的组织文化和价值观,又提供能获有目共睹的成果的解决方案[①]。

资料显示,NRI的咨询业务是按照"产业×课题"模式进行的,迄今为止,NRI已在超过5000个的对象领域上,执行了累计超过2万个的项目。活动范围不仅限于日本国内,而且遍及海外各地,包括中国。NRI经营咨询对象领域如下表所示[②]。

---

① 经营管理咨询|野村综合研究所(NRI)http://www.nri.com/cn/service/consulting/m_consulting.html.
② 经营管理咨询|野村综合研究所(NRI)http://www.nri.com/cn/service/consulting/m_consulting.html.

NRI 经营管理咨询的对象领域

产业	行政	教育研究	运输	环保	能源	建设房地产	金融保险	流通服务	食品	生物保健	信息通讯	电机、精密仪器	化学、医药品	工业机械	电子技术	汽车
课题																
制定事业战略、事业重组、新事业开发、M&A、合作战略																
组织改革、人事制度评估/设计、知识管理																
制定中期经营计划、经营管理、公共管理																
IR/财务战略、管理会计改革																
CRM、市场营销战略、品牌战略																
SCR、物流、流通改革																
业务改革、BPR、系统构筑支援(PMO)																
民营化、PFI、公共管理																
策划全球战略、支援海外事业开展																
探索未来																

由上表可以看出，NRI 咨询业务范围涉及从企业到政府的许多方面。从行业上看，有能源、汽车、机械等传统工业，有房地产、运输、流通等服务业，有电子通讯、信息技术等高新技术产业，也有政府部门相关的教育、行政等领域；从层次上看，有高端的全球战略制定、海外拓展、企业品牌战略等，也有具体层面的人事制度、组织改革、物流等。这样，NRI 一方面能够利用在基础、具体领域获得的经验为战略研究提供可靠的依据，另一方面成功的战略研究成果可以使它获得更多专业领域的权威性，提供其世界影响力。

此外，金融领域是 NRI 最精通的领域之一，它构筑的很多系统已成为日本金融行业的基础设施并发挥巨大作用。NRI 为证券领域、资产运营领域、银行领域、保险领域提供科学、全方位的解决方案。例如，它提供的共享型整体解决方案"T-STAR"Family，为资产运营相关部门提供了广泛的技术支持，服务对象从前台窗口到后台管理都有覆盖。这个解决方案作为资产运营的业内基础设施被广泛应用于信托银行、投资公司、保险公司等。

在其他领域如制造业、服务业等，NRI 也为这些企业提供全方位的支持。具体包括业务发展战略、IT 战略、推进业务改革方面的咨询。其中包括像资生堂这样的知名跨国企业。NRI 提供的并非简单的咨询建议，而是很系统科学的解决方案，这些解决方案后来往往因对于企业成功有巨大帮助而成为该领域的标准规范。NRI 所服务的企业的成功，特别是大型跨国企业的成功，大大提高了 NRI 的国际影响力。

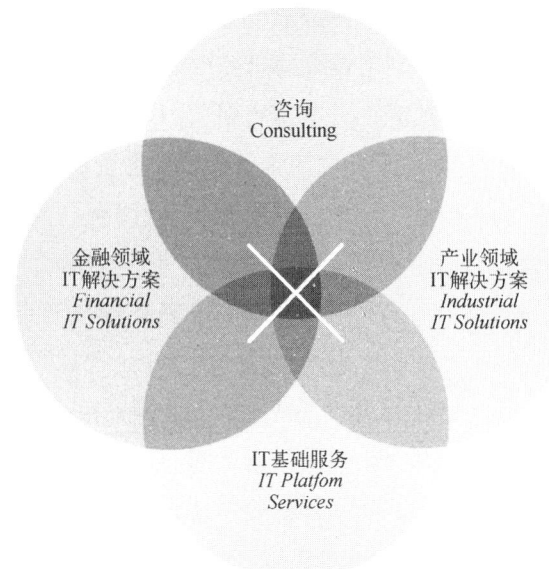

野村综合研究所业务[①]

（二）NRI 的业务经营方式

广泛的业务研究和成功的案例，离不开 NRI 科学高效的运作方式。其中最突出的是其开展业务的核心"指南服务×解决方案"，NRI 通过在 4 大业务中单独或综合地发挥"指南服务×解决方案"的作用，不断提高服务质量。对于解决方案，NRI 的研究步骤是七步走：第一，社会、产业的预测和展望；第二，市场分析、业务分析、经营诊断；第三，企业经营、政策制定的相关建言；第四，提出企业经营、业务改革的解决方案；第五，提供系统设计及解

---

① NRI 的业务 | 野村综合研究所（NRI）http://www.nri.com/cn/company/outline.html。

决方案;第六,外包服务,系统运营;第七,商务活动的开展支援。NRI声称,它始终以不断为日本、亚洲乃至世界的发展作出贡献为目标。NRI的业务广泛,各领域无所不包,但是基本都符合"指南服务×解决方案"的运营方式。在为客户提供的服务中,既有宏观上的指南,也有具体操作层面的系统,在应用过程中NRI全程参与和指导,直到客户获得成功。

例如,为了有效利用水资源,支持与水相关的研究和商业活动。NRI预测,随着日本人口数量的下降,日本的水资源消耗量也将下降。因此,NRI将以解决世界各地水资源不足问题及日本水务振兴为目标,致力于有效利用日本的水资源和先进的水利用技术的研究活动及业务支持。它与从事澳大利亚昆士兰州东南地区研究的公共研究机关(Urban Water Security Research Alliance)及日本川崎市等达成合作,开展水资源的战略性利用研究。与野村证券、三菱东京UFJ银行成立"水金融团队",为参与水务的日本企业提供资金支持。另外也支持国土交通省推进的向海外输送高度处理的日本中水项目。支持经济产业省实施的水务国际化调查和"水务国际化研究会"①。

住信SBI网上银行是2007年9月成立的专业网上银行。NRI为其提供系统开发运行支持。作为网上银行的后起之秀,住信SBI网上银行在注重客户操作的便利性、决算及资本运营的同时,还致力于为客户提供"完全的银行服务"。作为合作伙伴,NRI为住信SBI网上银行开发了网上银行系统,并利用支持金融机构的技术信息,采用尖端技术,完善了重视客户操作便利性的系统建设。该银行以"提供客户的首选服务"为目标,其周到便利的服务有口碑,今天,住信网上银行更以业界最高的客户满意度为荣,赢得了客户的支持与好评②。

此外,NRI在维护和运营其构筑的信息系统这一持续性过程中,与客户建立起密切的关系,并主动为客户提高工作效率及实现发展出谋划策。在这种意义上,NRI将维护和运营项目称为"优化项目",并给予其与新建项目同等的重视。除了为成功实施各项目而进行的"项目管理"以外,NRI还在

---

① 咨询业务|野村综合研究所(NRI)http://www.nri.com/cn/service/consulting/index.html。
② 金融领域IT解决方案|野村综合研究所(NRI)http://www.nri.com/cn/service/financial/index.html。

推进以提高项目质量、早发现问题、早出对策为目的的"项目监理"。监理的核心内容是建立在公司整体水平基础之上的项目评审体系和项目。NRI从系统构筑到被称为"优化项目"的维护和运营工程，都以质量管理和生产革新的专业部门为中心，举全公司之力不断完善高品质的支持体制①。

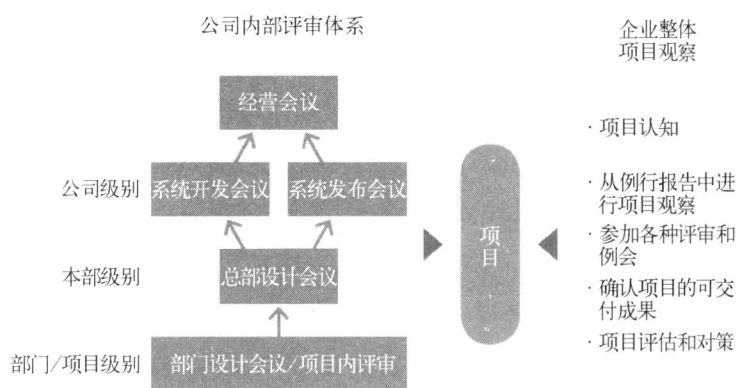

四、NRI的人才建设

NRI无疑是一个成功的智库，它在广泛的并且专业化程度很高的领域特别是海外领域开展业务，没有专业的研究人员是不可能做到的。NRI的人才引进和培养有着自己的独特性。

（一）人才构成

NRI的研究人员分为战略咨询和系统咨询两大类。其中战略咨询主要是做项目初期的战略规划，研究人员512名，归属咨询项目总部；而系统咨询工作的业务量大，技术含量高，因此研究人员占绝大多数，共4106名，归属各个行业系统咨询部门。属于系统咨询的项目开发收益占NRI经济总收益的90%以上。所有加入NRI的人必须取得日本信息技术处理资格证书②。NRI将研究人员分为不同的职位，主要有主席研究员、上席研究员、上级研

---

① 品质追求与风险管理|野村综合研究所（NRI）http://www.nri.com/cn/company/quality.html。
② 李轶海主编：《国际著名智库研究》，上海社会科学院出版社，2010年。

究员、主任研究员、副主任研究员、专业助理研研究等。研究人员平均年龄37岁,工龄10年以上。

（二）人才要求

NRI的员工薪金、职位等待遇完全与业绩挂钩,而非日本传统的终身雇佣制。NRI研究人员工作量非常大,一人同时要做最少两个项目,有能力的做四个。并且每年对研究人员用系统进行考核,按成绩决定员工的工资、奖金、晋升或淘汰,是否继续聘用和得到研究经费。得分高于6分的将得到升级,连续3年低于6分的,将被劝退。由于NRI的工作量极大,而且工作质量要求也极高,因此进入NRI的员工淘汰率高达一半以上。NRI以未来的创造者自居,以为未来社作出贡献为目标,它要求研究人员必须具备五大能力：一是要有研究能力,擅长对项目进行调查研究。二是要有创新意识,善于创造或抓住新的机会。NRI将自身定位为创造发展未来的企业,因此创新能力是NRI非常看重的。三是有开发技术,满足客户对系统的各种要求。四是有合作能力,能与客户保持良好的关系。五是有应变能力,适应环境变化,及时调整研究方向[①]。

根据海外实际情况,NRI对于人才招聘看重的是人员的研发潜力和精神。正如NRI北京分公司招聘要求中写的那样：NRI所寻求的是胸怀洞察光辉未来创造美好未来的大志,以专业人员为目标,具有知难而上精神的人才。NRI提供的是"指南与解决方案"服务。作为NRI的顾客,或是企业,或是政府,NRI都将为他们提供最新最强的装备,协助他们无论在何等恶劣天气中都能够顺风满帆,安全抵达目的地。换句话说,NRI的商务模式就是为顾客从发现问题到解决问题提供综合支持。NRI北京现在的主要顾客是日资企业。所以NRI需要对日本的企业文化熟悉或有兴趣的人加入其行列。同时,NRI也在寻求能够担负起系统解决方案业务服务（业务分析、系统设计/开发及运营）的人员。其中的中坚人才,将成为NRI的企业干部。由于现在的主要顾客是日资企业,所以日语能力是必要的。但合格后通过培训再掌握日语也不为迟。NRI也计划将合格者中的优秀人才送往日本培训。

---

① 李轶海主编：《国际著名智库研究》,上海社会科学院出版社,2010年。

在 NRI 北京,有直接与顾客接触,为顾客发现问题、解决问题尽力的机会。精通顾客的业务是成长为一名高级 SE(企业战略执行管理)的必不可缺的条件①。

(三) 人才的自我培养

NRI 在引进人才后,还根据自己的设计对人才进行进一步培养。其中培养不惧变革的自立型人才机制就是突出的例子。

具有高度专业性、向着自己设定的目标自主地工作、不惧怕变革、勇敢地进行挑战,这就是 NRI 集团员工的姿态。为了培养这种人才,NRI 将 OJT(On the Job Training 在职培训)、进修、自我钻研这三种手段有机地结合起来,形成良性循环,全面致力于人才培养。OJT 的一个重要环节就是为新员工配备一对一的导师,使其能掌握工作中所必需的专业知识和技能。另外在咨询部门与系统部门之间、NRI 以及客户的海外分支机构内也有培训制度。NRI 非常重视新员工的培训,以 NRI 北京为例,新入职的员工需要进行三个月的入职培训,之后还有 OTJ 培训。在培训过程中将企业文化、理念灌输到员工头脑中,使员工认为公司是关心每一个员工成长的,以致产生努力回馈公司的想法。从这里可以看出 NRI 在员工培养上是非常重视和富有成效的。

除此之外,NRI 还有进修制度,通过进修能把 OJT 中学到的知识进行整理并加深理解,还能学习在 OJT 中学不到的知识与技能。NRI 拥有丰富的人才培养模式,用来锻炼和提高不同等级、职位、员工的管理和领导能力。还向员工提供到国外商务学校短期留学、在中国或印度使用当地语言进行数月的系统开发基础培训,以及为获得 MBA 及其他学位公派到国外大学留学等机会。此外,为了培养具有高度专业知识和技术的员工,NRI 在为信息处理技术人员参加考试提供支持的同时,还设立了公司内部的独立认证资格制度②。总之,NRI 的内部拥有一套非常科学有效的员工培养体制,能够根据员工的实际情况和公司发展需要对其能力进行充分的挖掘和培养,这

---

① NRI 野村综研(北京)系统集成有限公司＞聘用信息＞NRI 北京所寻求的人才 http://beijing.nri.com.cn/cn/jobs/explain.html。
② 人材培养|野村综合研究所(NRI)http://www.nri.com/cn/company/p_training.html。

样使得它的人才能够持续不断地进步,这种进步和公司的发展是紧密相连的。NRI研究人员的工资也是相当高的,平均年收入为1110万日元,是全日本人均年收入的4倍。

为了更好地让员工进步,NRI全力营造适合员工自我钻研的企业氛围。在全公司范围内持续开展以人才培养、全球视野、激励女性员工、新业务开拓为主题的讨论,以加深交流。其中对员工全球视野的培养既表现了NRI全球拓展业务的雄心,又使得员工拥有更加开阔的视野,在了解本公司及其他公司的全球业务的同时,体会其重要意义并认识到了解全球业务的必要性,从而抱着主动想了解全球业务的激情投入到工作中。NRI员工参与全球业务意味着自身能力、地位和待遇的巨大提高,因此必然积极参与公司的培训和业务。NRI获得国际影响力离不开它的全球业务的开展,如果不培养具有全球业务素质的员工,NRI很难有实力在世界各地开展业务。

五、NRI 的全球拓展

(一) NRI 的全球业务概况

NRI创立之初就确立了向海外发展的社训,经过几十年的积累和拓展,NRI在亚洲、美国和欧洲均设有分公司,它们彼此互相合作,向顾客提供调查、研究、咨询、IT解决方案等服务,以支持在全球展开事业的企业。NRI在硅谷的分公司进行尖端信息技术的研究,在纽约和伦敦的据点调查最新的金融动向。NRI把这些成果应用在制订企业事业战略和IT解决方案的开发工作上。野村综研(上海)咨询有限公司,首尔、台北、马尼拉、莫斯科的各分公司提供调查、咨询的服务。NRI对企业进行下述咨询,即制定当地的事业战略和销售战略、组织人才管理的支援、合作收购战略的执行支援等的咨询。除此以外,还对政府和国际机构提出政策上的建议。在野村综研(北京)系统集成有限公司、NRI Hong Kong 和 NRI Singapore 等地,则提供系统的构筑、运用和BPO(商务程序外包)等的服务①。

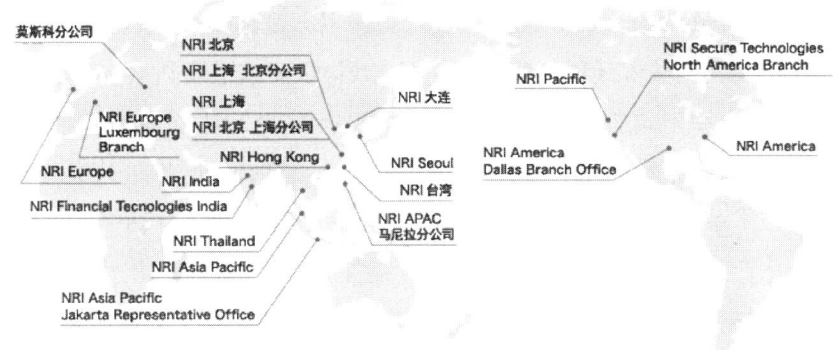

NRI全球分公司分布示意图

从NRI的全球分公司选址上看,它在亚洲的中国大陆、中国台湾、中国香港,以及印度、印尼、泰国、菲律宾等国,欧洲的俄罗斯、卢森堡、英国等国均有分支机构,并且NRI在这些国家的分公司所在地不是首都就是其他中心城市。说明NRI一开始就将自己的全球业务定位在这些发展水平较高、业务潜力较大的地区。这些城市本身就代表了本地区最高发展水平,NRI此举显然是通过在这些地区成功开展业务,树立自己的品牌形象,扩大自己的全球影响。

此外,NRI的海外调查研究机构还具有很强的针对性,其很大的目的是及时掌握海外市场动向,为日本对外贸易服务。例如NRI纽约办事处的主要工作是调查研究世界首强美国的经济、军事、政治等;伦敦办事处利用伦敦世界金融中心和情报中心的地位,收集欧洲和中东的政治、能源信息;NRI新加坡、香港、北京办事处的设立,反映了日本对东南亚地区、中国崛起的关注;NRI莫斯科办事处的设立,则是针对日本参与俄罗斯能源开发而设立的②。

(二)与海外所在国政府、研究机构、高校的合作

在充分了解业务所在地高校资源及社会发展动向的情况下,NRI积极

---

① 全球业务|野村综合研究所(NRI)http://www.nri.com/cn/company/map.html。
② 李轶海主编:《国际著名智库研究》,上海社会科学院出版社,2010年。

寻找与其合作的机会。例如，2011年1月，NRI与中国信息通信领域的顶尖大学北京邮电大学联合启动了"中日物联网推进联盟"（The China and Japan Business Alliance on the Internet of Things 以下简称联盟）项目，以参与在北京及中国其他城市开展的物联网项目计划，联盟东道研讨会同时在北京召开，各项活动正式启动。此项目开展的背景源于NRI掌握到信息：2009年8月，中国国务院总理温家宝提出了"感知中国"的概念，推进其实现的信息通信技术系统即物联网。中国政府表示，将把物联网信息网络产业纳入战略振兴产业并推动其发展。在此方针指导下，各地方政府开始大力完善物联网项目产业化研发基地建设，开展招商引资工作，推进标准测试验证及技术引进。为配合政府的行动，消费电子、信息系统、广电通讯企业也积极参与其中。物联网的利用现在已经开始，随着城市及产业的发展，今后将广泛应用于交通、物流、医疗、环境、能源、公共安全、住宅、农业等领域。

而日本从2000年初开始正式致力于泛在物联网的发展，推进了技术开发、标准测试验证及实际应用，积累了很多的技术与经验。NRI希望通过支援物联网与中国达成合作伙伴关系，共享技术与经验，实现双赢。在此背景下，NRI与北京邮电大学启动了"中日物联网推进联盟"项目，以构建日中产学研机构联手推进的针对中国物联网建设的战略立项、技术交流、物联网技术应用的合作平台。联盟是北京通信信息协会旗下的组织。日方NRI与中方北京邮电大学分别设立办事处，中日企业、大学、研究机构是联盟的成员。2011年1月14日，联盟成员名单包括：株式会社NTT DOCOMO、柯尼卡美能达控股株式会社、独立行政法人信息通信研究机构、株式会社Dairix、凸版印刷株式会社、日本电气株式会社、株式会社日立制作所、株式会社POPIC。中方有中国移动通信、中国电信、中国联通、中兴通讯（ZTF）、大用软件、清华大学、中国科学院、北京市投资局等17家企业、机构参与。联盟着手制定"北京市政府推进物联网项目提案"、"物联网相关标准化提案"、"会员合作意见交换"。今后将号召更多的关注物联网应用并拥有技术、信息及经验的中日产学研机构加入本联盟①。

---

① 野村综合研究所和北京邮电大学联合成立"中日物联网推进联盟"——参与中国物联网项目计划的产学联盟组织诞生|野村综合研究所（NRI）http://www.nri.com/cn/news/2011/110114.html。

由此可见，NRI在充分知己知彼的情况下，巧妙利用自己所掌握的资源，发现其所在地区潜在的发展趋势，以自己的优势为对方未来发展创造一个可操作的合作平台，并且把双方有关的企业、研究机构甚至政府都联合起来。这样一方面有利于NRI开展业务，避开当地一些政策上的障碍，另一方面通过自己的优势，把开展项目所需要资源最大程度地调用出来。从上面的例子可以看出，NRI把当地著名的高校（北京邮电大学、清华大学），科研机构（中国科学院），实力雄厚的大型企业（中国移动、中国联通等）都纳入到自己的业务活动中，成为自己的合作伙伴，而当地政府甚至整个社会都成为自己服务的对象，这样极大地提高了自己在当地的知名度和影响力。

（三）作为信息中介，为日本企业提供海外信息咨询

在外国领土上，NRI本身就是一个外企，但是它对自己的定位是服务日本、亚洲的咨询公司，因此它经常利用自己在信息技术方面的优势为日本企业在华投资提供咨询服务。例如，在2012年，NRI和中国商业联合会就促进中日流通服务业交流达成战略合作意向。实际上这是NRI为日本企业在华开展业务做信息收集与整理。首先，NRI确定它要做的工作是进行在华合作伙伴的介绍、专家派遣、期刊撰稿。之后NRI对中国市场进行了调查和评估，认为中国的消费市场持续活跃，日本流通服务业及消费品生产商已经开始正式抢滩。另外，中国流通服务业正处于从量到质的转变期，所以对日本的经验和技术越来越感兴趣，NRI看到其中大有发展潜力，所以尽可能地在这种情势下为双方的经济合作提供信息上的支持（主要是日方）。

本次合作中，NRI和中国商业联合互相提供此前各自培养的流通服务业的相关知识及人脉关系网，推进中日企业间的交流。双方联合进行以下三项活动。第一，向日本企业介绍在华合作伙伴，把规模、资质等各方面都比较有潜力的中国企业介绍给即将在中国开展业务的日本企业。第二，互相向专家研讨会派遣专家，双方向各自独立举办或联合举办的研讨会互派专家，介绍中日流通服务业的最新动向及相关经验等。第三，通过刊物等介绍专业性知识、观点。互相向对方刊物投稿，介绍中日流通服务业的最新动向和相关经验等。另外，双方每年定期联合发布"世界商业10大热点展望"。此外，NRI还和中国商业联合会探讨为中日企业提供一对一咨询服务，NRI

和中国商业联合会除双方间的合作以外,也针对与中国商业联合会旗下的协会及相关机构间的业务合作达成了意向。另外还将推进向中日企业提供一对一咨询服务的协商①。

与中国商业联合会合作的例子凸显了NRI在信息捕捉方面极强的敏锐性。一般企业在海外进行投资等活动,必然要跟当地企业、政府打交道,因此信息、人脉关系都显得非常重要。然而单独一个或几个企业很难对全局进行把握,NRI充分发挥自己在信息方面的优势,以专业的信息服务提供者将合作双方联系起来,充当中间人,并建立研讨会、专家论坛、刊物等一系列平台,把信息资源整合成优质的服务产品。NRI这种联合两国企业的行为,对于促进大型企业的国际合作有重要推动作用,很容易得到所在国政府的重视,也有利于NRI在海外开展更加深入的研究和业务合作。

(四) 进行具有全球影响力的调研

NRI除了在海外分公司所在国进行商业性的信息系统开发服务,还时常以它本身所具有的全球视野对与整个人类社会发展都相关的问题进行研究活动。这是NRI作为国际性智库实力的最明显的体现。

例如,联合国人口基金会公布的"世界人口白皮书"指出,2011年10月31日世界人口达到70亿。预计十年后的2021年,继续保持人口世界第一的中国将被印度赶超。因此从人口动态观点来看,2020年到2030年各国间的力量关系也将发生很大变化。NRI对2030年世界各收入阶层人口规模和家庭总支出做出了预测。预测以各国统计机关、国际性机构等代表机构的人口变动预测、经济增长预测、收入变化预测为基础,采用了NRI独有的手段。在此背景下,NRI着眼于受人口动态影响大的世界消费市场的规模,特别是当前在世界人口中占很大比例的低收入阶层(BOP)人口及其形成的消费市场的变化,并进行了预测。

NRI得出结论:当下,由于发展中国家和新兴国家的经济持续发展,到2030年世界中等收入阶层(MOP)人口约达54.9亿。预计其家庭总支出将达71.6万亿美元左右。2030年时的中等收入阶层构成中,原为低收入阶层

---

① NRI与中国商业联合会就促进中日流通服务业交流进行合作——介绍合作伙伴、派遣专家及探讨向企业提供一对一咨询服务|野村综合研究所(NRI)http://www.nri.com/cn/news/2012/120210.html.

的人约 35.2 亿,原本就属于中等收入阶层的人约 19.7 亿。换言之,2030 年时的中等收入阶层中约 64％的人是因收入提高而由低收入阶层进入到中等收入阶层的。按国家来看,例如亚洲地区,在经济增长显著的印度,到 2030 年中等收入阶层约有 7.9 亿人(约占总人口 15.9 亿人的 52％),预计该阶层的家庭支出总额将是 05 年的近八倍,达 10.3 万亿美元左右。另外,预计 2030 年时的中等收入阶层中,05 年时的低收入阶层人口约有 7 亿。也就是说,2030 年印度的中等收入阶层中约 89％的人是因收入增加从低收入阶层过渡而来的。NRI 将配合快速向中等收入阶层过渡的人群,抓住当下受关注的"低收入阶层经济",以在未来的中等收入阶层市场中为日本企业提供增强竞争力的战略对策。

这个研究结果充分说明了 NRI 作为具有国际影响的智库的水平,它的研究结果虽然是为日本企业未来赢得中等收入者的市场服务的,但就研究成果本身来说,它对于整个国际社会都有借鉴意义,体现了 NRI 在作为未来创发企业的专业性和前瞻性。它的研究成果不仅仅是对未来的预测,更指明了它所带来的发展机遇。接下来,NRI 将根据研究结果进行更深入的调查和评估,提供具体的方案为客户服务,体现了极强的实用性。

六、NRI 的政策与战略研究

政策与战略研究是 NRI 的强项,它的研究成果在日本政府决策过程中起了重要作用。早在 20 世纪 80 年代初,日本政府接受 NRI 提出的"综合安全保障"战略,认为对国家安全的威胁不仅有军事威胁,还包括自然灾害、粮食危机、资源短缺等。威胁的多样化要求对付手段的多样化,军事手段是维护国家安全的重要手段,但不是唯一手段,只有在政治、经济、军事、科技、外交、文化各方面都做出努力,国家安全才能得到保障[①]。NRI 以它专业的眼光和敏锐的洞察力持续不断地为政府提供政策战略服务。

例如,2001 年 NRI 提出通过 ODA(官方发展援助)对发展中国家进行新

---

① 李轶海主编:《国际著名智库研究》,上海社会科学院出版社,2010 年。

的支持对日本是有帮助的。它认为即使在当时面临资金上的困难,日本也需要继续提供支持,这对日本是有好处的,并且特别强调"EODA",即信息技术的官方发展援助的重要性。同时它认为为了使日本能够继续在政治上支持发展中国家,为它们提供实质性的帮助,以一种合适的、能够看到回报的方式来提供帮助非常重要。基于这一理念,NRI提出具体的操作方式:(1)消除纵向部门,提供覆盖各个领域的全面支持;(2)工作的方向应是向着更加广阔的领域和更严格的标准;(3)确保支持的持续性;(4)加速技术创新;(5)在发展中国家缩小数字鸿沟①。

NRI还曾应越南政府的请求,为越南中小企业发展提供政策建议。NRI采用国外经验和越南工商业现状相结合的方法,在越南7个行业300多家企业进行调查,主题包括私营企业在越南面临的挑战和需要的行政支持。然后NRI使用这些信息,对每一个行业提出建议,进而为基础更一般的小型和中型的企业作一个整体的建议。这些建议包括制定一个中小企业基本法和建立一个促进中小企业的发展系统,通过建立中小企业融资体系促进中小企业发展,建立服务中小企业的工业区,建立一个系统来帮助中小企业的出口和提供培训支持。越南政府对NRI的研究报告表示肯定,认为这是一个全面、涉及范围广泛的建议,它为越南政府提供了一个无比详尽的建议指导,并且认为该研究对越南的实际情况是适用的,因此决定采纳NRI的建议成立一个中小企业促进会,并确定一个建立中小企业信用担保机构的指导方针②。

2013年9月,NRI为应对日益受到威胁的网络安全问题提出了"分类、安全意识和深度防护"的网络防护策略。实际上,自2005年以来,NRI每年都会发布一次关于网络安全的报告。对问题的敏锐捕捉和长期的跟踪研究,使得NRI的政策或战略研究具有很高的专业水准和战略价值。该报告总结了网络安全威胁的最新趋势和建议措施分,通过数据信息安全服务提供给客户。首先,它设计了最新的检测方式来查看用户此前是否受到了攻击。因为如果不能确定是否受到了攻击就得进行手动调查,这样会造成很

---

① NRI Papers, http://www.nri.com/global/opinion/papers/2001/np200131.html.
② http://www.nri.com/global/opinion/papers/2000/pdf/np200013.pdf.

大的人力资源浪费,并且错误的判断会造成损害的传播。因此 NRI 提出了分类的方法,将攻击迅速识别出来以减少损失。其次,NRI 提出要通过可行的训练来提高网络人员的安全意识,为此它设计了"有针对性的电子邮件训练",它发送伪造的电子邮件给网络工作人员,以检测是否攻击成功,结果显示没有受到训练的有 21% 受到攻击,而受过一次训练的则只有 13% 受到攻击。NRI 强调网络工作人员安全意识的重要性,认为有针对性的电子邮件攻击训练让员工感到安全事件可以发生在任何人身上,应该提高员工的安全意识,形成安全的第一道防线。最后,NRI 强调深度防护的必要性。安全评估发现,超过 30% 的应用程序包含高危缺陷。这一比例 5 年来几乎没有改变。在系统开发和操作安全措施保护应用程序免受网络攻击是至关重要的。具体来说,建立设计和开发指南,避免产生漏洞,设计评审,并进行安全评估,建议和部署深度防护方法。

NRI 的政策与战略研究具有很强的专业性和前瞻性,它的报告都是建立在大量的数据分析和细节研究的基础上,具备可操作性,使得政府能够很明白地看到所要解决问题的必要性和可行性。这是 NRI 作为国际性著名智库的根本条件。

七、NRI 的经验与启示

与世界其他著名的智库相比,NRI 因其公司的身份显得与众不同。总结起来,它的国际影响力形成有如下几个重要方面:

首先,它确立了自己引领未来,创造未来的定位。从前文所举的例子来看,NRI 的业务无一不是对未来事物的预测、分析和创新。它不是被动地接受客户给它的要求,而是主动探究未来发展的动向,在科学调研的基础上提出自己对未来发展的判断,并将这些和客户发展需要结合起来,成为自己独特的优势。

第二,把自身的发展与客户发展紧密结合起来。无论为政府、大型企业还是民营企业服务,NRI 始终将客户的发展与自身进步结合起来。从战略制定到具体操作,NRI 全程服务,直到客户获得成功。因此每一个客户的成功,意味着 NRI 自身的一次进步和影响力的扩大。

第三,全球化的视野。NRI 创立之初就确定要向海外发展,并且十分注意培养员工的全球化视野。通过在世界发达国家地区、有发展潜力的地区设立分支机构,积极搜集政治、经济、军事、文化等各方面的信息,为自己的业务开展提供强大的支持。

第四,重视人才的选拔和培养。NRI 根据自己的发展理念和业务需求选拔人才,制定了严格详细的选拔标准,并在此基础上对入职员工进行不同时间段,不同性质(包括入职培训,在职培训,集体培训,个人培训等)的培训。鼓励员工在海外学习,培养其国际视野。NRI 对人才培养的特殊之处在于,它鼓励员工的个人发展,将他们的个人成就和公司的进步融合起来,增加员工的归属感。当然,NRI 的业务工作量非常大,对员工的要求也非常高,因此淘汰率也极高,能留在 NRI 从事项目研究的人员通知是业务素质,工作能力都非常强的专家。

第五,为政府提供政策和战略服务。这是 NRI 成为具有国际影响力智库的重要标志。NRI 的对未来事物的探索和研究、全球性的视野、高素质的研究人员决定了它必然有这方面的能力素质,同时也能够得到政府的信任。对未来事物的敏锐感知,能够让 NRI 做出非常具有科学性、前瞻性的研究成果,为政府未来决策提供依据。在社会危机或其他重大事件面前,NRI 能够快速做出反应,制定出专业程度相当高,可操作性强并且十分详尽的解决方案,成为政府十分可靠的智囊。

近邻日本的智库经验更值得借鉴

赵新利*

野村综合研究所是日本最早的民间智库,也是日本代表性的智库。《企业化智库的典范:野村综合研究所》较为全面地梳理了野村综合研究所的发展历程和现状。作为日本智库的代表,野村综合研究所的发展值得中国智库借鉴。

第一,野村综合研究所是在日本"智库热"的背景下成立的,与中国当前"智库热"颇为相似。野村综合研究所成立的1965年,日本刚刚举办完东京奥运会,经济发展、国民生活水平改善、国际影响力提升都十分迅速。同时,经济发展与环境保护、国内发展与国际环境的等方面的矛盾日益凸显,日本对智库的需求十分迫切。在这种背景下,日本出现持续多年的智库热,十年里有100多家智库陆续诞生。当前中国与当时的日本有许多相似之处,中国的智库热虽然有高层的推动,但从本质上来看,还是源于中国社会发展阶段对智库产品的迫切需求。

第二,作为一家亚洲智库,野村综合研究所在成立初期曾面临的国际环境与当前中国智库更为相似,近邻日本的智库,其经验或许更值得我们借鉴。虽然日本曾一度追求"脱亚入欧",但其亚洲国家的事实无法改变。民族性格、语言文化迥异于欧美,国际话语权也与欧美智库无法同日而语。其在成立初期面临的很多问题,恐怕当前不少中国智库也同样存在。野村综合研究所如何通过努力,成长为在全球范围内都有重要影响的民间智库,值得中国智库,尤其是中国民间智库借鉴。此外,野村综合研究所在成

---

* 赵新利:察哈尔学会研究员,中国传媒大学副教授。

立之初，就十分重视国际化，其社训也明确了向海外发展的方向。在其成立不到两年的1967年，野村综合研究所就在纽约设立办事处，积极开拓开外业务。经过几十年的积累和拓展，它在亚洲、美国和欧洲均设有分公司，业务遍布全球。整体上看，日本智库大都比较重视国际化，注重增强自身的国际影响力。如通产省研究所的研究人员积极用英文发表论文，所发表的所有论文中，约半数为英文论文。积极的国际化战略，为日本智库的国际影响力奠定了基础，也让日本智库成为日本国家软实力的重要组成部分。

第三，野村综合研究所是日本智库的典型代表，其智库的运作方式值得中国参考。首先，它是日本民间智库的代表，其发展模式迥异于日本综合开发机构、日本国际问题研究所等官方智库。其次，它是日本企业智库的代表。它是一家智库，同时也是一家企业。它要给出对策，同时要实现盈利。正如《企业化智库的典范：野村综合研究所》所说，野村综合研究所的员工人数超过5000人，研究人员中，一人同时要做最少两个项目，有能力的做四个。这种工业化、流程化、企业化、规模化的智库产品生产模式，值得更深入的研究。最后，它是日本综合类智库的代表。国际上最著名的智库，往往有比较专一和专注的研究领域。而在日本，一些综合类智库也发展得很好，除野村综合研究所外，还有三菱综合研究所、日本综合开发机构、PHP综合研究所。这些智库特别重视把社会科学与自然科学结合起来进行综合研究的思路，涉猎范围也非常广泛，政治、经济、社会、文化等领域都能看到他们的身影。野村综合研究所承担日本政府部门委托的大量课题，如日本文化厅、经济产业省等。

第四，一些日本智库的"智库观"值得我们借鉴。即便是在"智库热"背景下出现的智库，也没有急功近利，而是按部就班。观点有依据，对策才能更科学。这种"依据"，有的来自史料，有的来自数据，有的来自文本分析。野村综合研究所也特别重视基础智库设施建设，仅在东京的藏书就达4万册，另有各种杂志1200种、报纸65种和特种行业报纸88种，还拥有自己的"信息银行"，专门收集日本经济与产业的资料，另建有日本1700家企业财务情况数据库。另外，野村综合研究所在关注短期对策研究的同时，一直都注重战略创新,思考的往往是几十年后的问题,"对于看不清楚,不可预知的未来,要大胆地去做"。如他们现在承担一个项目,在探索 2030 年的日本将是一个什么样子。这也正是前文所说的,它不是被动地接受客户给它的要求,而是主动探究未来发展的动向,在科学调研的基础上提出自己对未来发展的判断,并将这些和客户发展需要结合起来,成为自己独特的优势。这种大胆探索未来的精神,正是智库建设所需要的。

第五章　从社区到国际:"更安全世界"的"天生"国际化之路*

英国"更安全世界"(Safer world)研究中心成立于1989年,是一个独立的国际非政府组织,总部设在伦敦,主要从事减少武器使用、减少暴力冲突、促进安全合作等领域的研究和行动。该组织坚信每个人都有权利过上和平美满的生活、免于不安全因素和暴力冲突的威胁,所以它一直坚持与受到冲突影响的当地人民一起努力来提高他们的安全感,并且同时进行着更为广泛的调查、研究和分析。

"更安全世界"的工作遍及欧洲、非洲、中东与亚洲等的15个国家,工作人员驻扎在孟加拉国、肯尼亚、科索沃、尼泊尔、索马里、斯里兰卡、苏丹,以及伦敦、布鲁塞尔和维也纳,如下图所示,图中圆点为区域政策中心(英国、中国、欧盟等),"更安全世界"工作的中心为非洲以及中东地区,主要集中于欠发达或者是发展中国家。

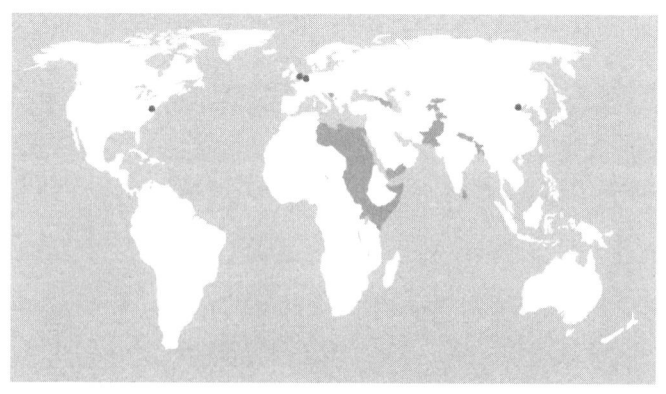

"更安全世界"工作区域分布图

---

* 本文资料如无特殊说明,均来自"更安全世界"网站 http://www.saferworld.org.uk/。

"更安全世界"在处理全球安全问题中,主要策略有四种方式:第一,提高获得安全保障及司法的权利;第二,加强传统武器的控制;第三,让冲突影响区域的援助更加有效;第四,提升管理水平来支持构建和平。针对不同地区、不同国家、不同宗教出现的安全问题,"更安全世界"采用不同策略对待,通过四种策略的有机结合,使得作用最大化。

由于"更安全世界"在解决暴力冲突,建设和平世界,保护社区安全,提高援助能力,缓解冲突敏感性,控制全球武器非法贸易,调整与崛起中的大国关系,解决性别不公正问题、和平与安全问题,以及小型武器扩散等问题领域都有一定的作为,该组织从2008年起在国际上拥有一定的影响力,近年来更是因为在推广和支持联合国大会《武器贸易条约》倡议所做的努力而声名鹊起。

一、"更安全世界"的代表性项目

"更安全世界"自成立之日起,就是一个国际化非政府组织(这与民间组织先在某国成立,之后再国际化的发展道路不同)。它在国际社会上日渐增强的影响力并非一蹴而就。早期的"更安全世界"主要通过武器控制、安全因素调查、与当地社区团体合作等措施来实现其构建"更安全世界"的目标。这些措施一直被坚实地贯彻着,并且取得了较好的成效,可把这些措施相关的领域称之为"传统领域"。在"传统领域"的基础上,近年来"更安全世界"开始注重地区特殊群体(妇女、青年、学生等)的安全问题和力量发挥;在国际层面上,更加注重支持发挥联合国关于和平建设的努力,重视中、印等新兴国家在减少暴力冲突等的作用发挥。

(一) 传统安全领域的持久坚持

"更安全世界"组织的最大特色在于其坚持与当地人民结合,通过控制小型武器和减少暴力冲突,来实现和平与安全。在组织建立初期,"更安全世界"主要是通过对受暴力影响的地区进行调查,加强对小型武器的控制,从而减少暴力冲突。肯尼亚、巴基斯坦、索马里、孟加拉国、埃及等国家常年动荡不安、政局不稳,"更安全世界"在这些国家和地区开展了一系列活动,主要包括减少暴力和小型武器的威胁、宣传和平理念。

1. 孟加拉国：武器控制与社区安全

孟加拉国的政治一直面临着多重挑战。政治动乱、经济衰退、腐败、失业、贫穷、暴力冲突、犯罪等现象都为孟加拉国的发展造成了困境。孟加拉国自身努力通过议会政治来调整发展，但是由于大量的不稳定因素使得选举工作也处于一个极端不稳定的境地。在2006年选举时，发生了严重的暴力行为和武装冲突，造成了20多人死亡、大量市民受伤以及巨大的财产损失。与此同时，普通民众参与政治抗议活动也越来越多，尤其孟加拉的年轻人。孟加拉国有6300万的贫穷人员，大量的失业人员，而这些人对政治形势、经济衰退、贫穷等社会因素的失望很容易成为暴力冲突实施者的动员对象，也容易成为一些政治人员获取政治利益的工具。

小型武器和轻型武器的使用很容易加剧孟加拉国的政治暴力风险，据统计，2011年孟加拉国政治暴力造成135人死亡，11532人受伤。而"更安全世界"曾在此展开过一项调查显示，相较于2007年，2010年的大多数孟加拉国人更加关心政治暴力和谋杀行为。正因为孟加拉国这样的一种动乱现象，"更安全世界"从2006年开始至今就一直致力于采取相应措施促进孟加拉国的安全和公正。

(1) 开展"小武器，轻武器"的调查及建议

"小武器，轻武器"是孟加拉国家安全的一个毒瘤，他们被犯罪组织用来增强力量，扩大影响。2005年8月17日，在孟加拉国家64个区中的63个区，仅仅一天就有400起简易炸弹爆炸。孟加拉是东南亚武器、毒品走私的交通枢纽。造成这一现象的主要缘由有：孟加拉东南部的丘陵地形、孟加拉南边的公海、失败的边境监管系统、腐败的法律及执法人员等。

NFASA(孟加拉反小型武器论坛)、孟加拉南亚合作伙伴(South Asia Partnership)和"更安全世界"于2006年4月调查了孟加拉6个区的具有代表性的150个社区，目的在于调查社区安全保障问题，特别是有关小型武器及轻武器(SALW)。通过调查进而提出建议，帮助政府处理ASLW问题。同时，实施联合国计划：阻止战斗，根除小型武器、轻武器的非法贸易(UN PoA)。调查结果于9月份举行的国家对话论坛(National Dialogue Forum)中公布和讨论，其主要参加者有：内政部(Home Affairs)部长，吉大港希尔东

事务所(Chittagong Hill Tract Affairs)副部长,国会议员,英国高级代理专员以及来自社会、政府、媒体等的70多人。

调查结果发现,滥用职权、政治斗争、极端主义、非法枪支的可行性这些都是孟加拉不安全的源头;孟加拉非法 SALW(Small Arms and Light Weapons)的关键源头是贩卖走私枪支人员。针对这些情况,"更安全世界"在会议上给出了如下八个建议:针对小型武器和爆炸装置,建立专门的国家组织管制;对于武器控制,引入公民监督政策;审查现有的关于小武器和爆炸装置的立法;保证立法能够有效的实施;增强小武器和爆炸物执法机关的能力;加强边境安全;公开宣传反对枪械,采取切实的措施,减少暴力选举;提高社区公民对于小武器和爆炸物的正确的认识;把人民安全与减少贫困和社会经济发展联系起来。

该调查报告得到了有关部门的重视。当地政府及社区人民联合"更安全世界",针对小型武器、轻武器、爆炸物的安全问题,参考其建议,采取了一系列措施。下表为2006年至2007年12个月中,孟加拉国内可见的有关爆炸物伤害的报道。数据显示,爆炸物伤害的数量呈逐月下降的趋势。2007年9月为零。该数据从侧面反映了"更安全世界"于2006年的调查、建议以及其随后联合孟加拉政府和人民所做的一些努力,得到了初步的成效。

2006年10月至2007年9月,孟加拉国国内可见报道的爆炸物相关事件数量调查

月份	政治事件	学术事件	法律事件	其他事件	总计
2006年10月	44	12	2	4	63
2006年11月	37	10	3	7	57
2006年12月	6	41	8	5	60
2007年1月	2	11	0	0	13
2007年2月	0	1	0	0	1
2007年3月	0	0	1	0	1
2007年4月	0	2	0	0	2
2007年5月	0	0	3	0	3
2007年6月	0	1	2	0	3

续 表

月份	政治事件	学术事件	法律事件	其他事件	总计
2007年7月	2	2	3	0	7
2007年8月	4	1	1	0	6
2007年9月	0	0	0	0	0
总计	95	81	23	16	215

（2）开展更广泛的人口安全调查及建议

2008年"更安全世界"开展了更为广泛的孟加拉国家人口安全调查,该调查开展于2007年9月和10月,针对孟加拉国家公民安全、社区安全和武器暴力等问题进行,主要采用以下五种形式：

入户调查:采用随机抽样技术,对2000户进行一系列问题提问；

专题小组讨论:分别在孟加拉的十个地区(Savar等)组织专题小组讨论；

媒体调查:通过关键词选择,调查了九种报纸,时间为2006年10月1日到2007年9月30日；

关键信息调查:对来自于社会和政府的超过45名相关人员进行深入访问；

书面研究:研究了政府统计数据以及一系列相关资源。

由于"公民安全"在国际上没有明确的定义,报告采用了一个相对宽泛的定义:公民安全得到保障是指,对于常规威胁,所有公民的生活核心得到保障,并且能够长期实现。该调查关注了公民安全的8个方面,4个是"生存安全"——经济安全、健康安全、食物安全、环境安全；4个是"免于恐惧的安全":滥用酒精和毒品安全、地区稳定性安全、政治安全。

如下图所示,孟加拉人民最为关心的社会安全问题排名前三的为:贫苦、失业、公用服务事业,这三个安全问题全部都属于经济安全的范畴。其中,51%左右的人强调了环境安全,这和孟加拉地区连续两年受到龙卷风引起的洪水灾难不无关系。相反,"免于恐惧的安全"(如犯罪、敲诈勒索、武器)位于最底端。当然,这也是可观的人数,并且这并不能说明其他人就不担心这些问题。数据侧面的反映,在孟加拉,生存问题是首要问题。

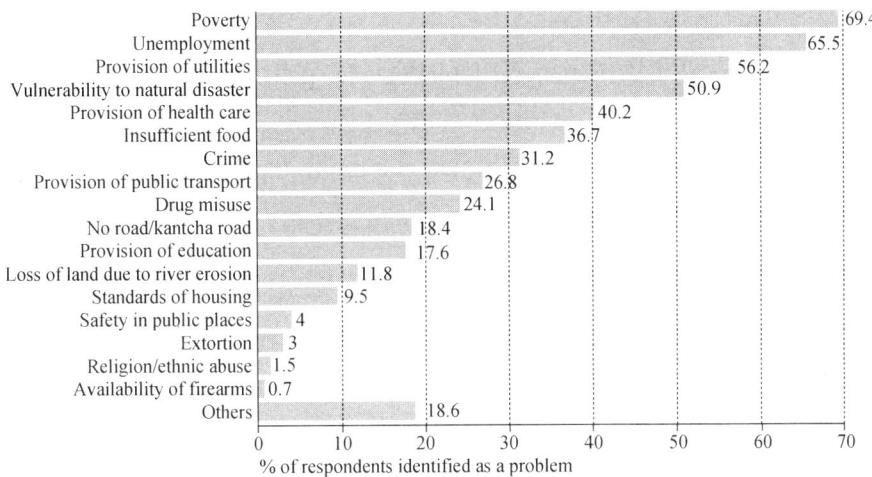

Figure 1: Major problems in respondets' locality(up to five answers allowed)

孟加拉社会安全调查

针对调查所得到的一些结果及现象,"更安全世界"提出了一些建议。考虑到安全问题的广泛性,不可能针对每个安全问题,提出具体的解决措施,"更安全世界"的建议只是针对主要的一些领域。主要包括以下几个方面:加强公民安全的综合性方法,建立自下而上的需求体系,警务改革和司法公正,选举安全,开放民主空间以及其他方面。

2010年11月到2011年4月,"更安全世界"又开展了一次调查活动,这次活动主要是调查孟加拉国年轻人的安全意识。"更安全世界"对于这次调查给予了技术和资金上的支持,并于2012年和孟加拉国企业机构合作出版了《孟加拉国和北孟加拉的安全》(*Safety and security in North Bengal, Bangladesh*)报告,作者是 Mohammad Humayun Kabir, Dipta Chakma。该报告主要是调查年轻人的安全意识(包括对暴力极端主义的关注程度),尤其是注重对那些待业青年的调查,因为这些人由于特殊的社会状况更容易成为暴力极端集团招募的对象。

报告在经过了一系列分析之后,确定了孟加拉青年人存在安全意识薄弱问题,并且对政策制定者提出了建议:年轻人应该直接对自己所在的社区安全给予足够的关注,政策制定者应该通过促进社区安全倡议、教育改革、创造更多的就业机会等来给青年人提供更多的参与机会,从而减少社会的不稳定因素。

(3) 与当地社区团体合作

"更安全世界"深知当地社区团体的重要性,在孟加拉国主要与"孟加拉乡村进步委员会"(BRAC)以及"改变者"(Changemaker)开展深层次的合作。孟加拉乡村进步委员会(BRAC)成立于1972年,是孟加拉国的一个发展机构,致力于为穷人创造机会、帮助穷人改善生活,试图解决贫困问题,关注妇女、卫生和教育问题,帮助人们解决饥饿问题等。改变者是孟加拉国的另一个致力于社会和经济发展的组织。

"更安全世界"在孟加拉国与BRAC以及Changemaker在全国范围内展开了合作,其合作地区中,达卡(Dhaka)市葛查(Kamrangirchar)贫民窟,是"更安全世界"与Changemaker在进行社区合作的试点区域;吉绍尔甘杰(Kishoreganj)是"更安全世界"与BRAC进行社区合作的试点区域。

由于与社区团体合作成效显著,2012年后,"更安全世界"与BRAC把试点区域的合作经验推广到国内的其他5个区16个站点。

在达卡(Dhaka)市葛查(Kamrangirchar)贫民窟,待业青年和文盲青年经常卷入犯罪活动中,严重影响社区安全。"更安全世界"通过调研分析发现,该种情况主要是因为青年人对于经济环境的沮丧以及自身难以就业的彷徨。于是,它联合改变者协会建立了一个小型的教育与工作咨询中心,提供一些基本的就业技巧、教育信息、工作咨询等来帮助这些迷途的青年人。这样的一个小型的咨询中心大大鼓舞了年轻人对于生活的热情。于是在此基础上,当地年轻人建立了一个"社区安全保障信息中心",他们通过自己的行动维护社区安全。

考虑到贫民窟居民工资低,一个家庭需要父母两个人同时出去工作,所以,孩子的安全问题需要重点关注。"更安全世界"结合当地的具体情况,建立了一个安全活动中心,孩子们可以在活动中心中自由的看书或者活动。

针对社区具体问题,"更安全世界"与合作团体采取了不同的措施,这样的案例还有很多。2011年,由"更安全世界"、BRAC和改变者合作写了一本叫做《在孟加拉国创建更安全社区》(*Creating safer communities in Bangladesh*)的书,对孟加拉国创建安全社区的经验与问题进行了详尽的分析。

2. 巴基斯坦:武器控制与社区合作

惨重的暴力、日益严重的宗教紧张、极端主义、贫穷以及环境威胁等,都是巴基斯坦的社会稳定的重大挑战因素。西北部的动荡、与印度长期的紧张关系、民族问题、极端主义、巴基斯坦国内管理不善、缺乏司法公正、失业、贫穷、大量平民伤亡等都因素更加剧了巴基斯坦的不稳定性。

"更安全世界"自从 2002 年开始就一直在巴基斯坦开展有关活动,主要集中在开伯尔-普什图省和联邦直辖部落地区,努力促进巴基斯坦国内和平、司法公正、居民安全。

由于大量的社会不稳定因素,人们对于持有枪支保护自身的想法较为根深蒂固。据统计,巴基斯坦有将近 20 万拥有枪支和武器的市民,这些远比军队拥有的数量还要多。"更安全世界"一直坚持减少小型武器和轻型武器的数量,坚持提高人们对控制武器的必要性的意识。因此在 2008 年总统大选过程中,"更安全世界"和相关合作组织一起,进行了一系列活动,致力于提高当地居民"拒绝武器"的公众意识。在选举期间,通过海报、横幅、当地电台以及新闻发布会来大量宣传禁止滥用小型武器,提高人们对控制武器的意识,鼓励政治组织和大众尽量避免武器的出现和使用,并且活动取得了很好的效果,在选举过程中暴力和冲突事件大大减少。

2012 年 1 月,"更安全世界"和合作者社区评价和激励计划组织(CAMP)一起展开了一项合作。该项目是关于一个促进巴基斯坦开伯尔-普什图省和联邦直辖部落地区的和平建设倡议,为期三年。二者展开过一项关于"支尔格会议"用于解决冲突、和平建设和开伯尔-普什图省的司法恢复等问题上的挑战和可能性分析研究,这项研究形成了另外一个由"更安全世界"和"资源调节"(Conciliation Resources)一起合作进行的全球项目"人类安全目标计划"(People's Peacemaking Perspectives Project)。该研究认为,民间团体在当地和平建设中发挥着直接的作用,不仅仅可以起到一个中介的对话平台作用,而且因为它是建立在传统的机制之上,所以也可以作为策略的筹划者、实施者与响应者,因此应该积极的发挥民间团体的作用。

(二)新安全领域的开拓与突破

1. 女性权利的维护

在冲突和不安全地区,妇女更容易受到性暴力的影响,性别因素常常会成为暴力冲突的一个重要原因。"更安全世界"主张通过"社区安全管理"来对发现的女性权利问题采取直接的行动;同时,也鼓励采取长期的行动来改变人们对于女性不平等问题的思想观念。尽管在2011年的"阿拉伯之春"的抗议之中,女性要求获得更多的权利和自由,但是女性仍然在许多情况下面临着安全和骚扰、殴打的危险。"更安全世界"与当地合作者一起,通过联合演说、研讨会以及会议保护女性政治参与和她们的个人安全。

"更安全世界"非常关注埃及、尼泊尔、利比亚等地区的女性权利,主张加强埃及、尼泊尔、也门以及利比亚地区的妇女公众声音。2012年实施了一项关于利比亚、埃及、也门地区关于妇女、安全和和平的活动。

"更安全世界"在尼泊尔通过社区安全倡议主张探索女性的恐惧和不安全感的缘由,借此来加强女性对暴力的认识,后来这些活动就在尼泊尔广泛开展起来。"更安全世界"曾发布过一个重要的报告,主张提高对女性受暴力影响现状的关注,主张要加强对女性人身安全的保护和政治权利的维护,发挥女性在政治生活的积极作用。这有助于减少不安全性,预防犯罪,也有利于处理一些针对女性的暴力行为,而这也在很大程度上提高了女性在政治、经济和社会中的地位。

同时"更安全世界"也在努力确保国家和国际政治能够在冲突事件中充分考虑到性别因素。联合国安理会关于妇女、和平与安全的第1325号决议自通过以来,每年都会就妇女与和平与安全问题举行公开辩论,而"更安全世界"所采取的行动也正是在积极地响应这一倡议。

2. 放大青年人的声音:也门的实践

历史上也门的亚丁城市都被认为是也门最和平和安全的地方之一,但是在过去的五年里,该地区的安全局势迅速恶化。自2011年开始,经济泡沫、管理不善、南非难民和移民的涌入等问题都加速了该地区暴力水平的增长,该地区的当权者日渐用武器和暴力来巩固自身的统治。青年人尤其容易受到暴力势力的招募,因为青年人在这样不安全的环境中更容易倾向于采取暴力、携带小型武器、加入黑道以及各种犯罪方式来应对问题。

因此,2012年"更安全世界"在也门开展了一项"放大青年人的声音"活动,来重视该地区青年人与暴力之间的问题。该活动吸引了来自埃及17个不同省的大量的年轻人。活动小组通过参观在亚丁地区受冲突影响的社区,来提高当地年轻人不要携带武器的意识;同时也通过社交网络、电视、报纸、收音机等宣传方式来进行相关的发言和宣传,进而增加影响范围。此外,这个活动小组与还亚丁当地高层军事领导者建立了联系,取得了他们的关注与支持。活动组织了年轻人与当地政府、安全部门领导、市长以及当地权势者举行了座谈会,对他们了解安全形势、塑造安全意识,产生了积极的租用。

考虑到亚丁地区暴力范围的广度,活动当初并没有期待太多。然而,这项活动产生了的非常大的积极影响,活动进行之后在一些指定的公共地区可见武器数量急速减少,这让当局惊讶并惊喜。这也从侧面反映了也门地区的年轻人由于政治和社会压力而不得不携带武器的事实,真实地反映了他们拥有很强烈的潜在的和平欲望。

亚丁青年和运动的领导者 Jamal Aiyamani 肯定了这一青年活动的积极影响:"青年人来参加这一地区性活动的想法本身就是一种很重要的成就。我没有料想到年轻群体间的联系如此强烈,他们所作的努力如此大,以及他们能够如此容易的与武装群体进行关于减少武器的使用的交流,并产生如此大的积极影响。"

3. 发动学生的力量:在科索沃的实践

科索沃地区非法武器拥有仍然是对该地区长期安全和稳定的一个重大威胁。据估计该地区有超过 300000 件的非法武器,而且,人们由于恐慌社会安全问题、维护身家性命,不愿意交出这些武器。"更安全世界"于 2009 年在该地区进行的一项调查显示:"不安全感"仍然是该地区非法持有武器的主要原因。

在 2009 年的 9 月,"更安全世界"和乌罗舍瓦茨(科索沃最大的城市之一)的当地学生进行了一些合作。"更安全世界"协同"学生理事会"研究了公民所关注的安全问题,并确定"非法持有武器"为首要安全顾虑。基于这样的认识,它联合当地学生设计并实施一项活动"运用智慧而不是用枪",提高人们对这些非法武器的危险性的认识。这项活动采用了多种形式,包括公共辩论和学校演讲、当地电视和收音机等媒体、足球比赛、展览会以及演唱会等,锁定年轻人进行理念教育。这项活动持续了 9 天,参加活动人数成功达到了 3000 人,效果卓越;此外,超过 150000 的人们通过媒体广告的宣传、电视和收音机广播等形式获取此类信息，对运用智慧而不是枪的提法有了深刻了解。

随后不久，"更安全世界"以及其他社区安全活动中心的调查报告显示：该地区在18—29岁之间的被调查的年轻人表示他们不再会接受武器。可见，该活动在这个城市的年轻居民中产生了非常积极的影响。除了这些可见的有效结果外，该活动还创造了一个机会，增加了当地社区和政府军事集团之间的了解与信任。

4. 重视新兴力量——推动中国对非洲和平的积极影响

非洲地区因为海盗、非法武器交易、动荡、贫穷、战乱等因素一直受到国际和平组织的关注，像苏丹和南苏丹、索马里等地区几乎是冲突动荡不断，很容易引起争议。在非洲存在着成千上万的非法轻小武器，这样就很容易让反叛组织、海盗、恐怖组织等不安全分子有机可乘，这更加剧了该地区的不安全。而中非之间的合作由来已久，中国在非洲和平建设方面发挥着重要的作用，现如今中国更是经济迅猛发展，在非洲的影响力也不断提升。随着中国势力影响的不断增大，"更安全世界"开始在非洲等地区的和平问题上，重视加强对中国等新兴国家的力量的研究，"更安全世界"在2012年展开了一系列的会议和讨论会后，与中国、非洲国家等相关机构联合发表了简报和文章来研究中国在非洲援助、非洲和平建设、非洲地区稳定等方面的行为和作用。

（1）召开的重要会议及发表的文章

2012年5月30上午，"更安全世界"在南苏丹首都朱巴主持了一个关于中国参与南苏丹的讨论会，并形成了《中国与苏丹：发展与冲突预防的新视角》一文。南苏丹副总统里耶克·米夏尔，财政与经济计划部副部长马利亚·艾沃，欧盟驻南苏丹特别代表彼特·韦林，英国国际发展署的鲁里克·马斯登，"更安全世界"顾问以及高校代表、使者等30参加了该次会议。与会者认同中国在非洲基础设施建设以及经济方面所作出的贡献，认为中国应该在非洲和平问题上更有作为，应努力避免中国小型武器时常落入不法分子手中。会上，"更安全世界"的冲突顾问拉里·阿特瑞（Larry Attree）先生，介绍了"更安全世界"关于中国在受冲突影响国家中的作用，把中国与非洲的合作关系提到国际层面上,意在提高与会代表对中非合作重要性的认识;浙江师范大学非洲研究院的肖玉华博士也在会上就反思中国在非洲的原则、政策及实践作出重要发言。

2012年8月,"更安全世界"顾问托马斯·惠勒(Thomas Wheeler)发表《改变观念:关于中非第五届合作论坛的沉思》,文中表示,7月在北京召开的第五届中非合作论坛中的新三年计划与过去相比,更加注重非洲的和平与安全问题。而中国也一如既往地重视非洲的和平安全问题,在和平与安全领域的合作当中,中国非洲双方认为当前非洲面临的挑战更多,重申致力于在平等和互相尊重的基础上,加强在政策协调、能力建设、预防性外交、维和行动、冲突后重建等方面的合作;中方将继续支持非洲国家打击轻小武器非法贸易和流通的努力;中方将发起"中非和平安全合作伙伴倡议",在力所能及的范围内支持非盟的和平行动,中方也将对"非洲和平与安全框架"建设,和平与安全领域人员交流与培训,非洲冲突预防、管理与解决以及冲突后重建与发展等方面提供资金和技术支持。

(2)发表的相关简报

2012年6月,非洲和平论坛、浙江师范大学非洲研究院与""更安全世界""联合发表《第五届中非合作论坛:和平与安全将扮演什么角色?》简报,旨在探讨中非合作论坛在非洲和平安全方面所发挥的作用。简报认同中国在非洲地区冲突后的重建过程中发挥着巨大的潜能作用;中国对南苏丹等国家的发展项目,特别是基础设施的财政援助,对非洲国家有积极的影响;这些国家的学校、大学、医院、公路、铁路、电力设备等都需要重建,而中国的援助将有利于上述基础设施的建设和完善。简报认为中国在经济发展上所倡导的双赢方法受到非洲大陆的欢迎,为其提供诸如工作、服务等方面的帮助也深受欢迎,简报在国际上产生了积极影响。

2012年8月"更安全世界"发表《中国和南苏丹》简报,"更安全世界"曾通过在北京、南苏丹首都朱巴、内罗毕、华盛顿、伦敦等地召开一系列的研讨会,对中国在南苏丹这个新独立的国家扮演的角色进行了讨论。"更安全世界"一直坚持对非洲、欧洲以及中国的相关研究机构的学者们对南苏丹问题的实地研究提供支持;此外,"更安全世界"本身也组织了一个团队,在2012

年的 5 月到 6 月对朱巴进行了实地研究,对中国大使馆的工作人员、企业家、工人,南苏丹的政府官员、研究机构、公民社会,国际外交官和非政府组织等进行了采访。而 2012 年 8 月"更安全世界"发表的《中国和南苏丹》简报即展示了其首批研究成果。该期报告共收入了三篇文章。其中一篇文章是《不寻求领导:北京在两苏丹危机中的态度》(Not Looking to Lead Beijing's view of the crisis between the two Sudans),作者是斯蒂芬·郭(Steven C. Kuo)(斯蒂芬·郭在南非西开普大学政治系从事博士后研究,他对中国在非洲的和平与冲突中扮演的角色有广泛的研究)。文章概要介绍了中国对两苏丹冲突问题所持有的观点,文中提到,尽管北京被迫卷入这些冲突,但仍不情愿扮演其被期待的领导角色。另外一篇文章:《以和平促发展:中国同南苏丹的经济合作能否更具冲突敏感度?》(Development through Peace Could China's economic co-operation with South Sudan be more conflict-sensitive?),作者托马斯·惠勒(Thomas Wheeler)为"更安全世界"组织中国项目的协调员。他阐释了经济合作与"安全问题"之间的一些联系,认为中国政府和大企业的决策者可以做出更大努力,以使他们和南苏丹合作能够更具备"冲突敏感度"。他认为,中国方面尤其可以对其之前与苏丹合作的历史进行一个坦诚的评估,从而实现对南苏丹政策的优化。

"更安全世界"通过研究中国在非洲地区的行为和贡献,加强了与中国方面的交流与合作,让中国更多组织、学校、智库以及学者对"更安全世界"有进一步的了解,提升了其在中国的知名度;通过对"中非合作"的研究,进一步与中国加强合作,共同促进于非洲地区的和平安全事业建设。

(三)在国际议题领域的倡议及努力

1.《武器贸易条约》(Arms Trade Treaty,简称 ATT)的倡议和推广

由于国际上一些法律的空缺,枪支、弹药等常规武器经常得以在世界范围内非法交易、流动,这无疑将加剧世界的不稳定性,威胁和平,加剧武装冲突,甚至会造成大量的人员伤亡。因此当 2013 年联大通过《武器贸易条约》时,曾被联合国秘书长潘基文高度评价,认为通过该条约是"历史性的外交成就,是长期梦想与多年不遗余力所取得的成果"。

《武器贸易条约》最早提出于 1997 年,是奥斯卡·阿里亚斯(Óscar

Arias Sánchez)（哥斯达黎加前总统暨1987年诺贝尔和平奖得主）联合其他6位诺贝尔和平奖得主呼吁加强国际间武器贸易监管，发起的相关外交行动。2006年12月18日联合国大会通过第61/89号决议，《武器贸易条约》开始进入联合国会议议程。2012年7月，由于在最后时刻美国等几个国家认为需要更多的时间考虑，大会未能通过。2013年3月18日至3月28日在纽约联合国总部举行的最后一次谈判会议上，由于朝鲜、伊朗和叙利亚三国反对，导致谈判会议再次失败。2013年4月2日，联大以154票赞成，朝鲜、伊朗和叙利亚共3票反对，俄罗斯、印度和埃及等23票弃权的结果表决通过了《武器贸易条约》。

"更安全世界"从该条约开始倡议的时候，就一直在努力，主要包括：帮助建立和实施国际公民社会活动——控制武器；关于武器转运控制方面提供技术专家；对条约内容进行倡议；通过影响公众政治观念，来促使人们接受并推广该条约。

"更安全世界"在2012年七月出版的《从言语到行动：一个有效的贸易武器协定实施框架的建议》(*From Word to Deed Proposals for an effective Arms Trade Treaty implementation regime*)的报告中指出，2010年11月—2012年5月，"更安全世界"召开了六次研讨会，这一系列的会议均是由来自全球地区的政府和民间社会代表参加，形成的报告包括"更安全世界"对一个有效的可行的ATT实施框架的具体建议。这六次研讨会分别是：2010年在日内瓦召开第一次会议，由英国政府资助；在2011年2月，在赫尔辛基召开第二次会议，与芬兰外交部合作；2011年5月，在日内瓦召开第三次会议，与新西兰、挪威和瑞士政府合作举办；第四次是在日内瓦，时间在2011年11月，由英国政府资助；第五次于2012年2月在伦敦召开，由芬兰外交部和英国外交和联邦事务部资助；第六次是2012年5月在伦敦召开，由英国外交和联邦事务部合作支持。

报告认为一个有效的ATT实施框架应该包含以下几个方面。（1）报告。缔约国家要形成以下报告：对条约实施每一步的具体报告，缔约国家在条约制约下武器运输下降数量的报告，受到和给予援助的细节报告。关于报告的要求，需要酌情考虑。（2）国家层面的实施。要求缔约国应该做到最低国家层面的义务,包括定义国家控制相关武器转移的性质和范围,国家为武器转让授权过程中的要求。(3)信息交流和国际合作。在关于ATT的实施应用过程中的标准以及一系列的系统援助等都应该进行国际交流和合作以达成共识。(4)实施和承诺方面的咨询。(5)国际援助。(6)实施支持的单位。这是为了能够实施一系列的可能的功能,包括作为国家报告的储存库,审查和分析提供的数据,协助缔约国制定他们的国家报告,帮助找出在国家武器运输控制框架中的差距等。(7)缔约国会议。(8)年度大会。(9)强制措施。(10)争端解决机制。缔约国应当尽一切努力进行协商,并与对方努力合作以解决出现的任何争端。必要时候也可以考虑建立一个类似于国际法院的机构。(11)争取非缔约国家对条约的支持。

"更安全世界"为ATT做出了一系列贡献,主要有:(1)为官员提供技术性的支持,为国家进程提供批判性的建议,以及作为全球武器控制联盟的一个关键成员发挥作用;(2)为官方活动提供技术性建议,并且为武器控制联盟提供策略和政策方向;(3)在2012年7月和2013年3月两次外交大会上,与哥斯达黎加、德国、加纳、墨西哥、荷兰、尼日利亚、挪威、瑞典、瑞士和英国一起就条约内容合作提出重要观点;(4)影响了英国对ATT的立场态度;(5)对肯尼亚项目提出关于ATT的技术性建议,以及作为肯尼亚对联合国最终会议的官方政府代表团的一部分,对ATT也发挥了重要作用;(6)完成了一个广泛的一系列的圆桌会议,并与来自主要政府和公民社会的合作伙伴代表一起讨论,这些有助于外交会议的讨论的形成;(7)举办一系列会议、讨论会,以及圆桌会议,来增加与中国的政策对话,并且积极加强同中国、欧洲和非洲的武器专家的交流。

2. 对"联合国2015年后的发展议程"的推动

2000年9月,189个联合国成员国签署《联合国千年宣言》,一致通过联合国千年发展目标(UN Millennium Development Goals,简称MDGs),承诺建立一个消除贫困和饥饿、减少文盲与疾病的更美好、公平的世界。而随着千年发展目标2015年的最后期限的日渐临近,对于后2015发展框架的制定,联合国秘书长发起了"联合国2015年后的发展议程"(Post-2015 UN Development Agenda),为各方参与提供了一个很好的平台。

2012年联合国在关于2015后的框架任务团队中承认,"暴力冲突已经成为实现千年发展目标的最大障碍",而关于这一点,"更安全世界"一直都与其他的合作伙伴一起努力,确保后2015年的框架一定要考虑发展、冲突和暴力之间的关系。因此"更安全世界"作为一个致力于世界和平,减少武器和暴力冲突的著名智库,在这个活动当中也表现积极活跃并受到好评。

首先,"更安全世界"明确表达从一个和平的角度来看,一个新的发展框架应该能够做到这三项事情:(1)它应该能够激励政府、发展机构以及民间社会提供应对冲突的和平建设以及应该对冲突更加具有敏感性;(2)它能够反映关于如何成功的进行和平建设提供最好的可获得的证据;(3)它应该能够考虑到在受冲突影响的国家的人们以及脆弱国家的人们的需要和观点感受。

其次,关于如何形成这样一个新的发展议程,是"更安全世界"的工作重点,从2012年后半年开始"更安全世界"形成了一系列的小册子来确保全球对话过程中能够把预防冲突和和平建设体现在后2015框架中。

"更安全世界"一直通过关于和平建设和国家建设的主要网络平台来对2015后的和平提供充分的关注,并不断地同联合国桂格办公室、和平建设联盟以及经合组织等关于冲突和脆弱性的国际网络等合作,组织针对高级官员和部长的许多会议;"更安全世界"也通过民间社会编写联合声明来表达关于后2015框架的想法,比如在2012年9月,来自全球56个CSO加入了"更安全世界",号召将和平问题纳入到后2015发展框架中,并在其中共同赞助了一个来自脆弱国家的CSO团队,让其接受这些关于和平的建议信息。

再次,关于在后2015年的框架中如何表达对和平的关注,"更安全世界"主要是通过关键的会议来表达的。在英国,这些会议主要指联合年度大会,在全球领域,则主要包括和平建设和国家建设的国际对话的高级会议,经合组织的两个高级会议,以及联合国关于冲突、暴力和灾难的全球主题咨询会议等。而对于未来的工作展望,"更安全世界"将主要集中在这三样事情上:首先,精心帮助形成一个可信任的政治政策;其次,在新的框架中促进利益相关者扮演促进减少暴力和冲突的积极的角色;最后,对于把将和平带入后2015框架中小心翼翼的国家,说服他们如果这样会符合他们的最大利益。

最后,在后2015框架构造过程中,"更安全世界"重视发挥中国、印度等新兴国家的作用并积极加强与欧盟的交流。"更安全世界"认为中国、巴西、印度、南非等国家,由于其迅速增长的经济实力以及潜在影响力,一定要重视他们在形成一个和平可靠有效的后2015框架中的重大作用,并在2013年开展了一个关于"新兴力量和后2015"的活动,这将对这几个崛起中的国家的相关政策和观点给予细节性的分析和报告。此外,"更安全世界"积极参与欧盟关于后2015框架的讨论和交流。2013年9月,"更安全世界"参加欧盟相关论坛组织的关于框架讨论的会议,作为重要的利益相关者,"更安全世界"组织了题目为"脆弱的国家,和平与安全"的两个小组讨论:"后2015:客观和平"和"后2015:处理冲突和暴力"。

在"后2015发展框架"的高级小组会议上,时任英国首相卡梅伦曾声称,爱好和平和负责任的政府必须是新的变革全球发展议程的基础。而英国政府同样声称,对于和平议程的支持者和怀疑者而言,"更安全世界"的实质性的努力都是最好的也是最有影响的。

二、经验与启示

"更安全世界"作为一个独立的非政府组织,在成立之初就试图理解并影响冲突、安全与国际发展之间的关系。在全球欧洲、非洲、中东和亚洲的十几个国家开展工作,从成立之初就一直坚持致力于世界的和平,致力于减少武器的减少和暴力冲突的减少。近些年更是贴近全球政治形势的发展,关注女性、民主和和平建设以及促进《贸易武器条约》的推广和后2015框架的构建上等问题,做了很大的贡献,在国际上的知名度也日渐增加。其成功的原因大致可归纳为以下几点:

(一)层次化的活动区域

国际事物的繁琐复杂,国际局势瞬息万变,各国之间的利益或多或少都会存在着冲突,因此很少有组织能够非常全面地解决好发展、和平建设和法律规则这几方面的关系。而"更安全世界"认为自己的核心优势就在于他们的工作具有国际性、国家性和地方性,这就很好地把这些不同层次的行为体联系在一起,从而更好地建设积极的、合作的关系。

"更安全世界"首先把活动区域扎根于"不安全地区",如孟加拉、叙利亚、埃及、苏丹等。这些地区由于国内或者国际上的原因,冲突不断,国内公民安全得不到保证,从而最需要得到安全。从这个层面而言,"更安全世界"是到世界最需要他们的地方去了。其次,当立足于一个地方之后,"更安全世界"在与当地社区团体合作的同时,积极谋取与当地政府以及其他国家之间的合作,如把中国卷入非洲安全问题等。这样把活动的区域开始延伸到国家的层次。最后,"更安全世界"在国际的层面上,积极倡导《武器贸易协定》、"后2015年框架"等。

(二)专深的研究

"更安全世界"能够得到地区的肯定、国际上的认可,关键在于他们立足于自己专深的研究。

"更安全世界"在孟加拉、肯尼亚、埃及等地区,加强与当地人们的联系,努力对当地安全状况进行研究。他们的组织遍布世界很多地方,比如在伦敦、布鲁塞尔、加德满州、内罗毕等设有办事处,在中亚、中国、埃及、肯尼亚、利比亚、苏丹、也门以及美国等众多地区有工作人员。"更安全世界"的众多顾问都对所研究的当地情况以及文化有较深的研究和了解,比如"更安全世界"顾问 Thomas Wheeler 就对中非合作有较为深入的研究,对中国近些年的一些国际上的动态也有研究,因而在有关中非合作、中国对非援助,以及中国在非洲地区武器控制方面的研究会更为专业到位;而伊丽莎白·柯卡姆(Elizabeth Kirkham)作为"更安全世界"小型武器与转让管控顾问,对武器贸易协定有很深的研究,因此在推广该条约减少武器非法贸易方面研究也可以有的放矢地进行。

(三)丰富的资金来源

一般的智库仅仅受到本国的资助,这往往限定了他们的活动范围以及影响力。然而及"更安全世界"除了受到本国资助外,还拥有更为广泛的资金链,包括:加拿大、丹麦、欧盟、德国、荷兰、挪威、瑞典等政府的拨款;欧洲委员会、政府、信托以及个人的资助;欧洲委员会、联合国开发计划署等机构的捐款等。这些资金的投入则为机构的建设、资金的流转、和平建设等发挥了重要的作用,同时也活跃了"更安全世界"与当地活动国家的进一步合作关系。"更安全世界"2003年到2013年十年间经费的增长变化可以侧面反映出其国际影响力的变化,如下图所示。

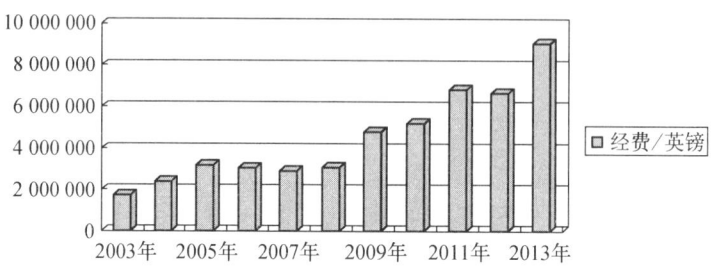

"更安全世界"经费变化图

(四) 多样的宣传渠道

"更安全世界"能够借助媒体和网络平台来宣传自身的政策、采取的行动以及有效影响。它拥有许多不同的出版物和资料材料,包括研究报告、简报、文章、预览计划等。同时其成员也通过参加论坛会议并在会议上讲话、发表文章等方式增加自身在国际事务上的影响力和发言权,这些都可以在多个层次、多个平台调动尽可能多方面的因素来提高自身的影响,共同促进和平世界的建设。

好的切入点＋过硬的研究报告：靠两个"抓手"赢得声誉

贺文萍[*]

在当今世界数以千计、林林总总的各类智库里，"更安全世界"（Safer World）论资历算不上老牌（1989年才挂牌成立），论学术则麾下也没有什么学界大腕压阵（不像鼎鼎大名的布鲁金斯学会随便扒拉一下研究员名单，就能先声夺人地把人震慑住），但就是这样一个出道晚、也不靠名人立位的智库却依靠其准确的关注切入点和不断发布的过硬调查报告，硬是在强手如林的国际智库竞争中生生地杀出了一条属于它自己的道路，并很快扩大了影响，在赢得声誉的同时也奠定了自己在推动世界和平、减少武器和暴力冲突方面兼具行动者和研究推动者身份的领军地位。

诚如其名字所揭示的，"更安全世界"的自我定位就是关注如何减少暴力冲突、让我们生活的世界更安全的问题。但它并不是一头扎进世界上的冲突地区，给世人展示冲突带来的血腥和苦难，或者再学究性地条分缕析冲突产生的根源等等（这方面已由资历更深、在冲突地区有更广人脉分布的"国际危机组织"拔了头筹），而是着眼于冲突的解决，尤其关注新兴国家在冲突解决中的独特作用。应当说，这是关注"冲突"这一"传统"问题的"非传统"视角。当世界上海量的研究都在集中谈论新兴国家在经济层面对世界发展的贡献时，"更安全世界"独辟蹊径的观察视角自然而然引起了人们的好奇、关注以及认同。

沿着这一视角和切入点出发，冲突多发的非洲大陆以及在非洲影响力越来越大的新兴国家——中国的作用自然成为了"更安全世界"这些年来的

---

[*] 贺文萍：察哈尔学会高级研究员，中国社会科学院西亚非洲研究所研究员。

一个关注重点。而我作为从事非洲研究的中国学者,也就自然而然地和"更安全世界"在国内外组织的一些学术活动上有了交集。以我的观察,"更安全世界"中国项目组的成员虽然不多,但均拥有敏捷的头脑和犀利的观察视角,能够在找准问题切入点后,迅速动员来自非洲、欧美和中国的相关专家"外脑",通过在以上三地召开专题研讨会的方式,集思广益,并在研讨会以及实地调研的基础上最终形成以智库名义发布的研究报告。比如 2011 年 1 月发布的《中国在非洲和平与安全中日益增长的作用》(*China's Growing Role in African Peace and Security*)以及 2012 年 6 月发布的《第五届中非合作论坛:将在和平与安全方面扮演什么角色?》(*The Fifth FOCAC: What role for peace and security?*)等等。

  由此我们看到的是"更安全世界"取得成功的另一个"抓手",即过硬的研究报告。这是一个国际智库得以安身立命的不二法器,也是找准切入点后需要跟进的主要工作。坦率地说,"更安全世界"的研究报告产出量在同类智库中并不特别突出,但其报告质量却因其言之有物,并且一般均包括可操作的具体建议而颇受业内人士青睐。更重要的是,"更安全世界"的研究报告绝不是办公室里查查、搜搜再聊聊的产物,而是基于到冲突发生地实地调研、考察和多方采访,并且由当事国的专家学者参与意见讨论或起草,再历经多轮国际研讨会的讨论和磨合而最终形成的。比如,自 2011 年南苏丹独立并很快在 2013 年初就不幸重新陷入战火之中后,非洲的苏丹、南苏丹以及中国在解决南苏丹冲突中的作用便成为近年来"更安全世界"中国项目组的一个重点课题。他们不仅组织中方学者到苏丹和南苏丹实地考察,而且也邀请南苏丹学者到中国来与中方外交、学界人士面对面交流,并在考察、交流、研讨的基础上于 2013 年 8 月发布了《石油,安全以及社区融合:中国在南苏丹危机中日益增长的作用论文集》(*Oil, Security and Community Engagement: A Collection of Essays on China's Growing Role in South Sudan*)。

  另外,"更安全世界"还非常注重研究报告和其开展活动的传播和"广而告之"。虽然研究报告在其英文网站上都有及时发布并能免费下载,但近年来我每次参加它在华主办的学术研讨会,都能够看到其一些活动及报告的中文版简报,并且在参加活动的各路人员名单中,既能看到传统的外交、学界人士,也能看到媒体、商界的代表了。随着参与各界的扩大以及传播手段的不断推陈出新,难怪"更安全世界"在发展的道路上撒着欢地跑呢!

第六章 "没有围墙的研究所":全美亚洲研究所的战略实践①

全美亚洲研究所(The National Bureau of Asian Research,以下简称NBR)是一家非赢利的、不隶属于任何政党的研究机构,主要研究亚洲地区(主要包括东亚、中亚、东南亚、南亚以及俄罗斯)的重大政策问题以及这些政策问题对美国的影响。NBR一直将自身定位为连接学界、商界和政界的"桥梁",致力于在美国外交政策的制定者,美国乃至国外的大学、研究协会的学者以及商业人士之间起到沟通的作用。

一、全美亚洲研究所(NBR)情况简介

(一) NBR 的由来

NBR的由来可以追溯到美国华盛顿州参议员亨利·杰克逊(Henry M. Jackson)的身上。亨利·杰克逊认为有必要成立一所机构,这一机构能够在充分结合美国国家利益的前提下,不断发掘和利用国家一流的有关亚洲和俄罗斯研究的专门知识。之后,在亨利·杰克逊基金会和波音公司的大力资助下,NBR于1989年正式成立,其后在与其他机构的密切合作下积极推进自身的宗旨。

(二) NBR 的宗旨和基本价值观

NBR致力于在影响美国与亚洲关系的战略、政治、经济、全球化、健康和

---

① 本文参考资料及数据,除特别注释之外,均来自全美亚洲研究所官方网站:http://www.nbr.org/default.aspx。

能源等领域进行独立的研究。通过依靠广泛的世界顶尖专家网络和借力最新的技术,NBR 致力于在美国学界、商界和政界之间搭建桥梁。

NBR 的基本价值观是由亨利·杰克逊的遗产塑造的:正直、诚实、关怀他人、忠诚、重视外交政策、将现实主义和理想主义一起融入到外交政策中、重视中国以及大国之间的关系以及在制定政策时重视美国两党合作。

(三) NBR 的组织架构

NBR 的组织架构包含董事会、顾问委员会和行政团队,具体情况如下:

董事会负责管理 NBR 的运作,这是一个由在亚太区域拥有长远利益的全国性杰出领导组成的组织。现今,NBR 的董事会共有 20 人(其中 4 名为名誉董事)。其中几乎有三分之二的董事来自商界高层,如 NBR 董事会主席查尔斯·布雷迪(Charles W. Brady)是美国景顺集团的荣誉主席,董事会副主席约翰·林德老布(John Rindlaub)为富国银行亚洲区业务的区域总裁,其他董事会成员则来自罗素投资公司、通用电气公司、波音公司、埃克森美孚公司、优尼科石油公司和微软公司等的现任或前任高层。除了商界人士,NBR 的董事会还包含几位来自美国大学的学者,如曾任 NBR 董事会主席的理查德·艾令思(Richard J. Ellings)同时是美国华盛顿大学亨利·杰克逊国际研究学院的兼职教授,NBR 的创始主席肯尼思·派尔(Kenneth B. Pyle)也是来自华盛顿大学的亚洲研究学教授。此外,值得注意的是,前中央情报局助理局长、美国前太平洋司令部司令、在 2009 年 1 月到 2010 年 5 月 20 日曾任美国国家情报局局长的丹尼斯·布莱尔(Dennis C. Blair)也在其董事会成员中。

顾问委员会负责协商制定 NBR 的研究议程,这一顾问团由来自研究中心、大学和公司的专家组成。NBR 现有 30 名顾问委员。与其董事会的人员构成相比,NBR 顾问委员会的"商业"色彩显得相对淡薄,纯粹的商界人士不多,但"政治"色彩浓厚,几乎全部的委员都曾经在美国政界担任过职务。其中比较著名的有:美国前助理国防部长约瑟夫·奈(Joseph Nye);于 1977 年 1 月到 1978 年 7 月担任美国国家安全委员会的成员、于 1989 年到 1993 年担任过美国驻华大使以及在 1982 年至 1984 年担任过美国驻菲律宾大使的迈克尔·H·阿马科斯特(Michael H. Armacost);如今担任 NBR 沙利卡什维利国家安全研究主席的托马斯·法戈(Thomas B. Fargo),他于20世纪末到21世纪初在美国海军和国防部门担任过重要职务;亚伦·弗里德伯格(Aaron L. Friedberg)是普林斯顿大学伍德罗威尔逊公共和国际事务学院的政治和国际事务专家,其自2003年至2005年在美国副总统(切尼)办公室担任国家安全顾问以及政治计划主任,在2012年10月的那场美国对中国政策的辩论中,他还是罗姆尼竞选团队的代表;曾担任美国负责亚太事务的副助理国防部长理查德·劳力斯(Richard Lawless);于1997年到2001年任职美国国务院东亚事务助理国务卿的陆世达(Stanley Roth)以及于1995年到1997年担任美国国防副部长的约翰·怀特(John P. Wright)等。

最后,在行政团队方面,NBR设有一个包含8名行政领导的小组(主要涵盖了NBR的创始主席、主席、副主席以及不同研究中心的主席等),以及2名法律顾问、7名资深顾问、2名高级助理、15名员工和12名实习生。

(四) 对NBR影响力的总体评价

NBR如今在美国国内与国际上均有一定的影响力。自2009年3月至今,NBR总共发布了42篇新闻稿,向外界宣传自己的活动以及研究成果。NBR的努力得到了外界的关注与回应。以NBR出现在新闻中的具体数字为例,根据NBR自己的统计,自2009年3月8日到2013年10月24日,与其相关的国内、国外新闻消息(以英文为主)共有229篇,其观点、时评、报告等不同形式的成果被美国《华盛顿邮报》《国会山报》《外交政策》《外交季刊》《纽约时报》《华尔街日报》,英国《金融时报》《经济学人》《卫报》,法国《路透社》、法新社,中国新华社、《中国日报》,日本《外交学者》等知名媒体报道和引用。在上述的时间段里,这229篇有关NBR的新闻消息由不同国家、地区媒体和国际组织的报道分布如下图所示(为方便计算,将欧盟成员国作为欧洲计算;非洲的国家记为非洲),相信随着它的不断壮大和成熟,其国际影响力将更上一层楼。

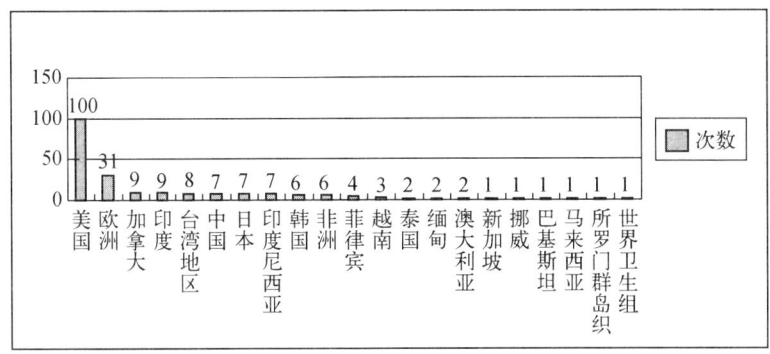

NBR 报道分布

二、NBR 的发展历程

NBR 的创始与美国参议员亨利·杰克逊分不开。他不仅塑造了 NBR 的基本价值观，其审时度势的思考还直接决定了 NBR 建立之后的研究核心。NBR 自 1989 年创立以来经历了两个发展阶段：从 1989 年到 1993 年，是其创始阶段；而自 1994 年到现在，NBR 处于发展壮大阶段。

（一）起点：美国参议员亨利·杰克逊的战略眼光

NBR 的创始起于美国参议员亨利·杰克逊审时度势的关注与思考。观其一生，杰克逊总共在议会中与九任总统（从小罗斯福到里根）共事，这一时间跨度超越了美利坚合众国建立以来五分之一的时长。作为团结美国坚持到底以取得冷战胜利的关键人物，杰克逊将被永远铭记。正是他对加强亚洲研究以实现更加有效的外交政策这一信念的坚定，才有了后来 NBR 的成立。

在 1972 年和 1976 年经历两次总统竞选的失利后，杰克逊将注意力转回到外交政策上，并深深地置身于中美关系正常化的背景下。作为议员中著名的中国、俄罗斯问题专家，杰克逊对中国的着迷远远超越了冷战战略，并多次访问中国。他预见了中国的崛起将对亚洲以及美国在亚洲的存在带来深刻的影响，并意识到将这一新兴力量顺利纳入国际体系将面临不小的困难。他频繁发表有关美国政府对处理与亚洲关系准备不足的评论，并认为其中的部分原因在于麦卡锡主义的影响。因此,杰克逊提议建立一个"全美中苏中心"(National Sino-Soviet Center)以培养有关亚洲的专业知识并将这些知识传播给美国的政策制定者。

在1978年,派尔教授(NBR的创始主席)被任命领导华盛顿大学国际研究学院(后来改名为华盛顿大学亨利·杰克逊国际研究学院)。他联系杰克逊以寻求其对筹款和重建学校项目的帮助,并在随后的一段时间里与杰克逊保持了密切的接触。派尔陪同杰克逊于1983年访问中国,还一起参加了与邓小平及其他亚洲领导人的会议。在这一期间,派尔逐渐熟知杰克逊有关亚洲地缘政治的思考及其想要创建专门机构的想法。而从一开始,杰克逊就希望能由他的母校——华盛顿大学来帮助实现他的设想,因为这一大学在国内已经拥有了俄罗斯和远东研究方面的良好声誉。在这样的背景下,杰克逊和派尔谈论了建立中心的种种途径,并开始组织汇集研究俄罗斯和中国问题的思想先驱的国内会议。他们致力于探索出能将这一区域的专业知识注入华盛顿政策制定领域的机制——一种在外交政策领域的决策者和国内外大学和研究机构专家之间搭建桥梁的方法。

1983年杰克逊逝世后,派尔及其他人员还未得出"搭建桥梁"的办法。但正是他这一宏远的战略眼光使得随后建立的亨利·杰克逊基金会的董事会能够获得建立一家机构以实现其愿望的机会。因此,在这一基金会和波音公司的拨款下,NBR在1989年正式成立,其继承了杰克逊对亚洲的关心和重视,成为杰克逊遗产的重要体现。

(二) NBR的发展之路

1. 第一阶段(1989—1993):NBR的初创阶段

1989年到1993年是NBR的初创阶段。NBR最初建立时的名称为"全美亚洲、苏联研究所"(The National Bureau of Asian and Soviet Research),后来考虑到苏联的解体,其于1992年正式更名为"全美亚洲研究所"。在这一时期,从董事会到顾问委员会,NBR建立了自身的组织架构,并在国际社会上开始小试牛刀。具体的重要事件有NBR为国务院和国家安全委员会组织了一次与"八九政治风波后的美国对华政策"相关的高级会议,与亚洲基金会联合举办了国际研讨会,与美国新闻署在中、日、韩三国联合组织会议,并出版了第一份NBR分析。总体来说,这一阶段的NBR实力还相对有限,但其在一开始就注重国际合作,利用合作的手段开拓自己在国际社会上的作为,为以后的大放异彩奠定基础。而且,在成立初期,NBR就开始了其关于成为连接美国政界、学界和商界的"桥梁"方面的战略实践。

以1991年NBR为美国国务院和国家安全委员会组织的高级会议为例。中国发生八九政治风波后,布什政府内部对美国的对华政策争论不休。在时任国家安全委员会亚太事务主任包道格(Douglas Paal)的征求下,NBR于1991年为国务院和国家安全委员会组织了一次"次内阁会议"(a Sub-cabinet Meeting)。会议的召开是为了将处于"外部"的专家们引入"内部"来帮助政府官员一起研究和解决重要议题,这包括美国的利益、中国的领导班子、中国在东北亚的战略地位以及中国经济改革的现状。与会人员共有20名,其中有7名专家学者,其余都是政府相关部门的人员,包括美国前驻华大使恒安石,他们在会上进行了激烈的讨论与交流。其中,中国问题专家拉迪攻击了传统的观点,他争论道,"改革仍在广泛的战线上继续进行,而且实际上……在一些关键的领域里已经加速了……为了成为世界经济中的积极参与者,中国仍然是唯一一个改革中的社会主义经济力量"。拉迪及其他人员关于美国应该对中国"谨慎地增强接触"的观点对政府产生了影响。在1991年到1992年之间,布什政府深化了中美之间的联系。在这次会议中,NBR扮演了学者与政府政策制定之间的沟通"桥梁",促进了政策制定和专业知识之间的联系,为其以后发展"没有围墙的研究所"模式奠定了基础。

2. 第二阶段(1994—今):NBR的发展壮大阶段

从1994年起至今是NBR的发展壮大阶段。NBR在其原有的架构上逐渐开发了自己的特色中心和项目,著名的"战略亚洲"项目就是在此期间建立的。简而言之,在这一时期,NBR通过举办一系列会议和出版大量的高水平研究成果,取得了不俗的成绩,全面拓展了自身的国际影响力。

在1994年,克林顿政府做出延长1995年对华最惠国待遇并将其与人权脱钩的决定,标志着美国对华政策明显朝着更加务实的方向发展。因此,从这一期间开始NBR更加加深了对中国问题的关注和研究。NBR启动了为时5年的中美正常贸易研究，并多次举办相关会议，出台了大量报告，后者在华盛顿亚洲政策社团中广泛流传且具有相当的影响力。同时，NBR还与中国现代国际关系研究所联合举办研讨会，吸引了大量政府人士和学者参与。然而，NBR也没有忽略其他的问题领域，其或是与不同的协会或机构联合组织，或是自己主办大型的会议，讨论亚洲区域的不同议题，不仅涵盖政治、安全事务，还愈来愈关注贸易、经济、恐怖主义和健康卫生等问题，涵盖范围之广，可谓无所不包。而且，随着科学技术的发展，这一时期NBR开始充分利用互联网技术的便利性和影响力。除了借助传统的报告、会议、吹风会和电视等渠道，NBR还建立了自己的网站和电子邮件讨论论坛，大量的研究成果在网站上公布，甚至还将录音和视频采集上网，大大拓宽了传播渠道，增强其国际影响力。

NBR在这一时期逐渐发展壮大并走向成熟，它的有关"桥梁"作用的战略实践也在这一时期完全实现。在2002年的春天，NBR董事会的成员和战略亚洲研究小组与美国太平洋司令部的高级官员一起到火奴鲁鲁参加一次战略会议。两天下来的讨论显示不论在反恐战争期间或是以后，印度尼西亚都将在美国在东南亚的利益中扮演关键角色。然而，美国的政策制定团体对印尼知之甚少。意识到这一情况后，NBR认为有必要立即作出改变。因此，在与其他协会合作的基础上，NBR立即邀请了位于华盛顿的美国印尼协会和斯坦福大学亚太研究中心一起"组装"美国—印尼关系全国委员会。之后，委员会出台了一份共识报告。报告概述了美国在印尼的利益，并提出了发展双边关系等政策建议。随之在一年间，委员会的成员——前政策制定者、外交官、军事领导和顶尖的学界专家——在华盛顿与雅加达与政府部门的官员进行了广泛的谈话。上述的这份报告涵盖了大量的议题，从民主化到贸易、从安全合作到政府腐败，范围非常广。报告得出了教育的普及和提高是印尼成功转变为民主国家和提升美国—印尼关系的钥匙这一结论，并建议委员会的主席与布什政府的官员就这一问题密切商量。NBR及其合作机构以及委员会的努力得到了回报。在2003年10月对印尼巴厘岛的访问中，布什总统宣布了美国对印尼1.57亿美元的教育援助计划。可见，这份报告成为了美国政府、私营部门和分析家之间政策讨论的基础。美国国际开发署、雅加达美国商会和印尼驻华盛顿使馆都认为这份报告提出的倡议促进了美国—印尼双边关系的发展。此次美国—印尼关系全国委员会的工作深刻地体现了NBR的"桥梁"作用。NBR能够捕捉到美国政策者需要注意的信息,并及时且主动地汇集一批高水平的人员进行相关的研究,并与其他两个协会的密切合作,达成广泛且有深度的共识,再将成果有效地传递给相关政策制定者,真正做到了在政界和学界之间的"桥梁",所以这一研究成果才会有如此广泛深远的影响。

三、NBR的具体运作:"两大支柱"

简要回顾NBR的发展历程之后,我们有必要具体了解NBR在这一期间取得的成就,以及它关于国际化发展的所作所为。在其创立的二十几年中,NBR已取得了一定的成就,获得了不小的国际影响力,这在很大程度上要归功于它的"两大支柱"——大面积、跨学科的研究议程以及多层面的研究中心。它们既是NBR的成就,更是NBR国际化进程的两大框架。在这两个框架下,NBR分别举办了不同的研究项目、会议,并出版了相应的研究成果,这些都是NBR获取国际影响力的必要手段。我们从这"两大支柱"入手,分析NBR在这两个范围内的所作所为,探寻其国际化道路上的关键支点。

(一)大面积、跨学科的研究议程

NBR致力于熟悉并强化针对亚洲所面临的严峻问题的政策。它的研究议题涵盖的范围十分广泛,基本上已包含这一区域的方方面面,不仅有政治、军事安全这些传统安全问题,也有经济、能源安全、全球健康等非传统安全问题。NBR将它的研究工作组织在三个大主题之下:政治、安全事务,贸易、经济和能源事务,健康、卫生事务。

1. 政治、安全事务

政治、安全事务(Political and Security Affairs,简称为PSA)由NBR的政治、安全事务小组负责进行,这一小组致力于研究亚太区域发生的对美国至关重要的政治、安全问题。PSA的团队网络由来自美国及世界各地的顶级亚洲研究专家和国际关系学者组成。NBR 根据这些学者的专长领域将他们划分到不同的项目小组。这一灵活的措施能激发创新性的研究,有助于直接向政策制定者和领导者传达有关不同战略问题的、可执行的分析。NBR 主要通过以下几个项目、会议和成果展示其 PSA 研究,同时这活动也成为了 NBR 扩大其国际影响力的手段。

(1)"战略亚洲"(Strategic Asia)项目

亚太地区已逐渐成为了全球地缘政治的重心。21 世纪大部分的历史在这一区域书写。在这样的背景下,NBR 的 PSA 小组建立了"战略亚洲"项目。针对美国在亚太地区的国家利益可能面临的一系列机遇和挑战,"战略亚洲"项目通过提供创新的研究,致力于加强和完善美国的战略和政策决定。具体而言,这一项目主要包括以下内容:

A. 对亚洲变化中的战略环境提供权威的评估;

B. 放长眼光,深思这一地区(五年后或更远)的未来;

C. 对亚洲发生的战略格局变化的趋势作一些数据和分析的记录。

"战略亚洲"项目每年都会发表一份《战略亚洲》。《战略亚洲》年册包含对亚洲地区的经济、政治和军事发展趋势的评估以及关注这一地区政策驱使背后的战略考量。在 2013 年 10 月,第 13 期年册出炉。这一期的《战略亚洲》主要探讨和评估了主要亚洲国家大战略中核武器所发挥的作用以及对美国国家利益的影响。

同时,这一项目还建立了一个包含大量的关于亚洲地区力量平衡变化指标的网上数据库。这一数据库包含了 1990 年至 2012 年以来 37 个国家在 10 个不同主题下的 70 个指标。它还提供记录当前亚洲军力发展的交互式测绘工具,这一工具可供这一地区的政策制定者、媒体、商业部门以及学术人士使用以理解亚洲的关键发展趋势。数据库起到了补充《战略亚洲》年册的作用,因为顶尖的亚洲专家和国际关系学者可以借此勾勒出这一地区现有的战略环境,并在此基础上预计这一地区 5 年内的发展趋势。此外,NBR 的"战略亚洲"项目还组织撰写专门为美国的政府机构、政策制定者和产业领导阐释美国亚太政策的简报。

NBR 的"战略亚洲"项目已经产生了广泛的影响。前美国国家安全委员会亚洲事务高管、现乔治敦大学教授迈克尔·格林(Michael J. Green)说道："NBR的'战略亚洲系列'对学生、观察家来说都是无与伦比的资源。我在国家安全委员会任职时,手下的人员经常利用这一资源。而且,它现在还是我在乔治敦大学教课的核心内容。"

(2) "中国新秀领导者"(China's Rising Leaders)项目

在2012年12月,NBR在西雅图、纽约和华盛顿接待了第二批中国新秀领导者(共有八人)。2012年的代表团由广东省东莞市第二人民法院江和平法官,百度副总裁梁志祥,3名来自清华大学、北京大学和外交学院的有影响力的学者,财经杂志主编,凤凰卫视主持人,财新《新世纪周刊》的主编组成。这些代表将参与计划和研究未来美中关系的发展基调。这一项目组织代表团在上述的三地进行了若干次有关不同主题下中美关系的会议和对话。

PSA小组策划的"中国新秀领导者"项目由美国前驻华大使芮效俭(Stapleton Roy)和来自美国布鲁金斯学会约翰桑顿中国中心高级研究员、研究部主任教授、华裔中国问题专家李成博士联合主持的咨询委员会主导。除开上述两位,这一项目的咨询委员会还有13名成员,其中不仅有美国的学者,还有中国现代国家关系研究所崔立如所长、复旦大学国际问题研究院沈丁立副院长和北京大学国际关系学院国际政治系朱峰教授这三名来自中国的学者。

这一项目汇集了处于职涯中期的代表团和来自中国的前程似锦的领导者,他们与美国和政府中核心的政策制定者以及在商业、非盈利性的团体中富有影响力的人物进行会面。这一项目增进了中美领导者在共同关切问题上的相互了解,减少互疑,增加合作,并在中美之间创设了一些新的合作网络。

(3) 中国人民解放军研究会议(People's Liberation Army Conference)

NBR意识到,中国军事能力的快速现代化已改变了亚洲地区的力量平衡,逐渐开始主导亚太地区的军事战略、军事态势和这一地区国家对军事的投资。因此,在与美国陆军战争学院战略研究所(the Strategic Studies Institute of the U.S. Army War College)和美国太平洋司令部(U.S. Pacific Command)的合作下,NBR的PSA小组每年都会在宾夕法尼亚州的卡莱尔组织召开一次关于中国人民解放军的受邀参加的会议。为了推动中国人民解放军研究的必要发展,会议每年都会设立不同的话题。会议通常汇集来自世界学界、政界、军界和政策智囊团的领导专家来一起讨论和研究有关中国的军事发展。随后,每次会议的讨论结果由美国陆军战争学院战略研究所整合成册并发布。自1990年创立以来,这一会议已经成为了对中国人民解放军分析和研究的宝贵来源。

(4)《亚洲政策》期刊("Asia Policy")

PSA小组主编的《亚洲政策》是一份经同行审查的学术期刊,2006年创刊,半年刊,逢一月、七月出版,其主要展示对亚太区域相关政策的学术研究。期刊内容除了有圆桌讨论、政策问答和述评,还包含三种形式的文章:1)社会科学研究文章:通过使用社会科学理论、概念和方法得出相关政策对这一地区重要问题的意义及影响;2)研究笔记:对政策制定者展示有用的框架和信息,尤其注重在过去的文献中未被引起充分重视的话题;3)政策分析:在对关键政策问题争论的基础上,进行独创且有说服力的、分析缜密和清晰的研究。

《亚洲政策》期刊为今天的政策制定者提供了清晰简明的结论。其已被法国《国际政治科学文献目录》(IPSA)和美国《亚洲研究书目论文索引数据库》(BAS)全文收录。

(5)沙利卡什维利国家安全研究主席(John M. Shalikashvili Chair in National Security Studies)席位的设立

在2006年,NBR设立了沙利卡什维利国家安全研究主席以表彰陆军将军约翰·沙利卡什维利(John M. Shalikashvili)对美国所作的贡献。沙利卡什维利将军,作为美国前任参谋长联席会议主席,对美国长达39年的兵役服务得到了美国人民的尊敬和认可。他作为NBR的理事成员一直为NBR的发展出谋划策,并在NBR的"战略亚洲"项目中担任高级顾问。这一主席职位的设立以提高对国家安全问题的研究以及强调美国在亚洲的核心利益为目的。这一主席职位为国家安全领域的杰出学者和从业人员提供了一次宝贵的机会——熟悉、深化和塑造美国政策制定者对亚太领域关乎美国当前、长期国家安全的问题的理解。

如今,NBR政治安全事务的研究与分析已在美国政府的重要领导、美国国会山以及学界和商界的团体中广泛传播。NBR的领导与重要的政策制定者积极交流以保证PSA的分析能够处理今天和未来的紧迫问题。

2. 贸易、经济和能源事务

NBR针对这一事务建立了对应的贸易、经济和能源事务（Trade, Economic, and Energy Affairs，简称为TEEA）小组。这一小组的使命是促进美国和亚洲在贸易、经济和能源领域所遭遇的共同问题的协同解决。在内部的研究小组和精挑细选的一批资深顾问的领导下，NBR的TEEA研究主要关注三大模块的问题，分别为能源安全及政策、能源和环境、贸易、投资和经济合作。

在这一领域中NBR模式——"没有围墙的研究所"得到了很好的体现。通过构建一个专家网络，TEEA小组联合了大量的来自商界、学界和政界的美国和亚洲专家，进行创新性的研究和高水平的交流并提供可行的政策建议。TEEA专家的观点经多种渠道向社会分享，包括研讨会和会议、出版物、时评以及企业和政策方面的简报。通过这些努力，TEEA小组在商界和政界之间搭建了桥梁。具体来看，NBR的TEEA小组主要通过以下活动为其增添国际影响力：

（1）"接触亚洲"（Engaging Asia）项目

亚洲在世界经济与政治中的重要性逐渐提升，这一情况的发生使得奥巴马政府调整了其在亚太地区的贸易、知识产权和军事等相关政策。而对美国的国会议员来说，了解当下亚洲发生的转变及其对美国的战略、经济和外交利益的含义是非常必要的。因此，TEEA小组提出了一项"接触亚洲"的倡议，并自2008年起每年举办相关的项目活动，汇集来自政府部门、学界和外交团体的顶级人士，为美国维持未来在这一地区的活动提供分析和政策建议。2012年4月18日，NBR举办的"接触亚洲2012：世界重心向亚太转移的战略应对"会议在华盛顿举行。会上令人瞩目的事件有来自美国众议院军事委员会并代表夏威夷的民主党籍议员科林·汉纳布莎（Colleen Hanabusa）针对美国的亚太再平衡战略所作的相关评论。除了汉纳布莎女士，与会人士还包括美国贸易代表副助理和跨太平洋伙伴关系协定（Trans-Pacific Partnership Agreement，简称为TPP）副首席谈判代表、新西兰驻美国大使、美国参议院委员会顾问、智库机构进步经济项目部主任、布鲁金斯学会资深学者和美国海军军事学院的教授等7人。

（2）"缅甸地区作用"（Myanmar's Growing Regional Role）项目

缅甸近来的国内改革及其与美国、欧盟、日本和东盟关系的改善为其打开了一扇新的大门——缅甸成为了地区的重要参与者。缅甸外交政策的发展及其逐渐增强的地区作用不仅对其自身的经济发展有影响，还对东盟的力量与凝聚力产生重大意义。而缅甸首都奈比多于2014年成为东盟轮值主席国。因此，探寻缅甸再兴背后的动力，并塑造其新的外交政策的时机已经成熟。在此背景下，TEEA小组设立了"缅甸地区作用"项目，这一多年期的项目带领来自美国、缅甸和亚太的专家一起发掘缅甸地区作用的再兴，及其正在进行的政治经济改革所面临的挑战和机遇。这一项目举办了以下活动：1）项目的资深顾问带领学习观察团在缅甸会见了其政府官员、商业和民间团体利益者；2）学习观察的相关成果发现及其对美国政策的意义通过公共报告的形式在华盛顿发布；3）在华盛顿和西部太平洋沿岸举办了两次研讨会——为学者、民间团体代表人、商业领导和政府官员提供了讨论缅甸再兴的平台。

（3）"适应能源新时代"（Adapting to a New Energy Era）项目

随着美国和加拿大对页岩气的开发，美国对中东地区石油和天然气的进口逐渐降低，但中国、日本和亚洲的其他国家成为了中东石油和天然气的主要进口国。因此，TEEA小组设立了"适应能源新时代"项目，通过一系列的活动（包括实地研究、论文、研讨会和对话）来研究美国、日本、韩国、中国和其他国家如何加强外交、战略和经济合作以满足它们在能源安全方面的共同利益。在2013年到2014年之间，这一项目的实施以在华盛顿、哥伦比亚特区和日本举办的一系列重大的研讨会组成。

（4）"能源安全"（Energy Security）项目

"能源安全"项目汇集资深的政策、产业领导和亚洲能源专家进行有关亚洲能源政策及其地缘政治含义的高水平讨论。这一项目主要有一下活动：1）召开春季年度能源安全研讨会；2）出台年度能源安全报告；3）在美国国会山召开秋季发布会。

(5) 太平洋能源峰会(Pacific Energy Summit)

面对亚太地区持续增长的能源需求,为了增强亚太的经济和能源安全,NBR的TEEA小组举办了一系列峰会,为应对近来日益增长的能源需求和全球气候变化等挑战提供切实的解决方案。其中最重要的是其自2009年起每年举办一次的太平洋能源峰会,会后还会出台有关会议讨论的报告。这一峰会将大约150名来自全球各地的政府、商业领导聚集一堂,交流自身对地区能源需要和机遇的理解。通过消除商业、公共和非盈利部门之间的鸿沟,太平洋能源峰会推动了有关保持经济可持续发展的合作。在2013年4月2日到4日,加拿大亚太基金会和NBR在加拿大温哥华共同举办了第四次太平洋能源峰会,峰会的主题为"在新能源时代促进跨太平洋合作"。

(6) 有关中国对知识产权、技术标准和创新的战略政策研究

TEEA小组认为,自从中国改革开放以来,其知识产权领域的相关规定和发展十分复杂和具有争议性。同时,中国的看法影响着全球在知识产权领域的进程。此外,有关知识产权、标准和创新的国内政策日益影响着国际贸易的发展,这些问题都对未来全球经济的发展发挥着举足轻重的作用。因此,TEEA小组意识到有必要对中国在这一领域的相关政策及其对美国利益的影响进行研究。

自90年代中期开始,NBR一直在分析和研究中国知识产权制度和产业政策(包括技术标准、创新政策和知识产权保护)方面处于前沿位置。凭借学者、实践者和政策制定者形成的综合网络,TEEA小组针对这一问题进行了重要研究,并将成果通过一系列高水平的简报、会议、研究报告和研讨会与美国和中国的领导分享。

3. 健康、卫生事务

除了关注亚洲地区的战略与外交关系、区域经济一体化与发展、商贸、全球化等时事热点,NBR还抓住了时代发展的新趋势,议程中特别关注健康和卫生事务。针对这一话题,NBR出版了不同的报告和问答文献,从关注印度水危机、缅甸基本卫生设施、中国的医疗改革等实际问题,到探讨健康照顾政治学等理论层面的问题。

(二) 多层面的研究中心

除了制定广泛的议程，NBR 还设立了多个层面的研究中心，这包括派尔东北亚研究中心、戈顿国际政策中心、沙利卡什维利国家安全研究主席和健康与老年研究中心。这些研究中心帮助 NBR 凝聚广大资源和专业人才，为大量的政策问题提供创新观点和解决思路。

1. 派尔东北亚研究中心（Kenneth B. and Anne H. H. Pyle Center For Northeast Asian Studies）

派尔东北亚研究中心全称为肯尼思和安妮·派尔东北亚研究中心，其名称是为了纪念 NBR 的创始主席与他的妻子。派尔东北亚研究中心致力于促进在这一地区与安全、政治和经济动力有关的综合研究。这一中心主导的项目研究非常具有前瞻性，着重分析涉及这一区域中长期未来的重要话题，并努力创造出推动和重塑东北亚的深层动力和进程的相关创新知识。研究项目寻求填补存在于关心东北亚的学界人士和政策制定者之间的裂缝。派尔中心主要通过举办以下活动扩大了 NBR 的国际影响力：

（1）2012 派尔中心会议

自 2011 年底，朝鲜、俄罗斯、日本、中国、韩国以及美国都进行了领导层的更替。为了深入探寻这一更替对东北亚地区产生的政治、经济和社会影响，NBR 的派尔中心、亨利·杰克逊基金会以及华盛顿大学亨利·杰克逊国际研究学院于 2012 年的 11 月 13 日在华盛顿大学的校园里联合举办了一场主题为"转变中的东北亚：新领导，新动力"的会议，其他的协同组织有日本驻西雅图总领事馆、福特基金会等。会议邀请了一批经过仔细挑选的来自美国、中国、韩国、日本和台湾地区的专家学者参与到由三个专题组成的讨论会中。这三个专题分别为：领导层的更替对东北亚的意味和含义，美国亚洲政策的区域视角，新兴的区域动态。毋庸置疑，这些讨论为学界、商界以及政界人士提供了讨论东北亚国家领导层更替可能带来的复杂风险的平台和机会。

（2）朝韩统一和美韩合作会议

2012 年东北亚地区领导层的更替也为国际社会带来了一个宝贵的机会以重新审视和调整其对促进朝鲜半岛和平和稳定以及最终实现朝韩和平统一所作的集体努力。而且，东北亚地区的安全与联盟体系一直是派尔中心的研究重点。因此,在这样的背景下,NBR 派尔中心和韩国统一研究院在韩国统一部的支持下,于 2012 年 11 月 27 日在西雅图合作举办了一场高水平的会议,主要讨论了朝韩统一对美韩联盟以及整个亚太区域的意义。讨论汇集了大量来自韩国和美国的专家,他们谈及了广泛的问题,主要包括:美韩总统大选之后的对朝政策,朝鲜当前的政治经济状况,战略再平衡与朝鲜半岛,朝韩统一的战略意义以及朝韩统一的战略准备。

2. 戈顿国际政策中心(Slade Gorton International Policy Center)

在 2010 年,为表彰前美国参议员斯莱德·戈顿为美国和华盛顿州所作的杰出贡献,NBR 建立了以其名字命名的戈顿国际政策中心。中心有三个工作重点:(1) 吸纳并结合 NBR 现有的活动,赞助其对经济与贸易、能源安全、资源与环境以及其他重要议题的研究;(2) 在 NBR 现有的与恐怖主义研究相关的项目基础上,借助戈顿作为第一位被终身任命的"9·11"事件独立调查委员会成员的影响力,研究并处理美国如何组织应对当今面临的情报问题;(3) 寻求理解亚洲背景下自由与安全的关系。

虽然戈顿国际政策中心成立的时间尚短,但其已小有作为,并吸引了一定的国际关注。在 2011 年 9 月 9 日美国 9·11 事件十周年的前夕,戈顿中心举办了"9·11 会议:未来十年的安全应对办法"。会议召集了美国政府部门官员(如 9·11 事件独立调查委员会成员、联邦调查局助理司长、华盛顿州军事部国民警卫队总指挥),商界人士(如微软公司的高级主管),高级学者(如西北太平洋国家实验室的主任,华盛顿大学、西雅图大学的教授)一起讨论如今最紧迫的恐怖主义威胁和实现"更安全世界"的办法。此外,在 2013 年,NBR 及其戈顿中心还赞助了美国知识产权委员会在华盛顿的新闻俱乐部发布其最后一份报告。

3. 健康和老龄化中心(Center for Health & Aging)

健康与老龄化中心成立于 2004 年,其致力于促进科学、产业和政策之间对更健康世界的对话与交流。为此目的,中心在有关全球健康和老龄化的人口、经济、社会、政治和医学发展趋势中协同研究和对话。其策划并主办了大量的活动,包括在 2005 年到 2012 年创立并组织太平洋健康峰会。此外,中心还在北京、东京、新加坡、孟买、伦敦和华盛顿等城市多次组织大型会议,在鼓励来自科学界、产业界、医学界、公共卫生和政府部门的领导关注世界上最重要的健康挑战问题中发挥了独一无二的作用。在结合其作为"受信赖的召集者"的角色基础上,健康与老龄化中心建立了一个包含大量案例、问答、采访、报告、白皮书、简报文件和其他出版物的"文库",这加大了NBR国际影响力的传播力度。其中,中心最吸引国际社会关注的作为当属由其主办的太平洋健康峰会。

太平洋健康峰会致力于召集来自科学界、商界的高水平领导和政府政策制定者,促使他们以建设更健康的世界为目标,达成共识并形成新的合作关系。举办8年以来,这一年度峰会召集了250名高级领导,讨论如何实现有关更健康的未来这一梦想。每年的太平洋健康峰会都会关注一个特定的为解决全球健康问题而提出的主题,如健康费用负担能力与技术(2012)、疫苗(2011)、孕产妇和新生儿健康(2010)、耐多药结核病(2009)、营养不良(2008)、大流行性感冒(2007)和早期健康预防及检测(2006和2006),随后还会出台相应的峰会报告。此外,峰会还是领导人建立开拓性方案和倡议的平台。比如,世界卫生组织的总干事在2007年的峰会上宣布建立大流行前流感疫苗储备;在2009年的峰会上,赛诺菲安万特药厂保证给予世界卫生组织一亿剂供发展中国家使用的H5N1型流感疫苗。

四、NBR的成功经验和启示

国防部副部长阿什顿·卡特(Ashton B. Carter)这样评价NBR:"对公共领域的事实和观点,我和NBR抱有同样的信念。NBR的研究帮助我们理解这个世界并对其做出决定。(要是能看到)你们(NBR)发布的出版物、举办的会议,亨利·杰克逊一定会为你们产生的作用感到自豪。"那么,NBR成功发挥作用、产生国际影响力的经验是什么呢?笔者认为主要有其背后的关键核心——NBR文化、有效的运营模式以及它所建立的坚实的内部和外部支撑这些因素在共同支持它的良好发展。

(一)一个核心:NBR文化

众所周知,一家机构可以选择不同的路线以到达其所属领域的顶峰。

但每个机构成功的背后总有一种文化在起作用。NBR 也不例外。在致力于实现 NBR 使命的同时,其人员也十分关心如何实现自己的人生使命。NBR 的人员经常被告知,NBR 不仅需要巨大的才干和效率,也需要拥有幽默感的、真诚的心,这就是 NBR 的核心文化。

作为一位受人爱戴的慈善家、社区活动家以及 NBR 主席乔治·罗素的妻子,简·汤普森·罗素一直是 NBR 发现并深化自身信仰体系的背后动力和源泉,她孕育了 NBR 组织的文化。罗素女士对 NBR 的人员们传达的是一种积极向上的人生观和价值观,这些观念提倡人们注重自身的提升和满足,而非一味地、机械地工作。在她的影响下,NBR 努力营造可与国会办公室相匹敌的环境:一群已取得成就的熟手和大量年轻人相结合,共同抱以激情和活力去处理问题,并避开那些烦腻且消极的问题。此外,NBR 还致力于捕捉这些人一贯拥有的真诚和幽默。NBR 的核心文化成功塑造和影响了人员的品质。反过来,这样积极乐观、注重自我修养和提升的团队一同保证了 NBR 战略的顺利实践。正是在他们的领导下,NBR 才会在众多智库存在的今天继续保持良好的发展。

(二)创新模式:"没有围墙的研究所"

通过分析 NBR 的既有成就,不论是其创立的特色项目、研究议程和中心,还是它在这些框架下开展的会议和论坛,我们都不难发现 NBR 有其独树一帜的运作模式。这一模式被称为"没有围墙的研究所",同时是对其"桥梁"作用的概括。

简而言之,NBR 模式就是善于发现需要美国政策制定者关注的问题,接触优秀的人才并创建专家网络,开展将他们汇聚一堂的会议和项目,进行相关的研究,注重广泛和频繁的交流,以促成可行政策建议的产生。随后,它将这些观点通过不同的渠道向国际社会展示,包括研讨会和会议、出版物、时评、企业和政策简报,以此将政策建议有效地传达给政策制定者。

"没有围墙的研究所"模式发挥了深远的影响。NBR 的荣誉主席乔治·罗素这样评价 NBR 模式,其"是一个作用巨大的方法,低成本、却能对公共利益问题提供最优生产的分析"。这一模式帮助 NBR 吸引了最全面的知识和建议,并在全国和全世界实施了最佳的影响。

(三) 内外的双重支撑与保障

除了文化和模式的作用,NBR 的成功与其建立的内外两重保障也分不开。通过对内凭借高水平的研究团队和坚实的基金来源,对外依靠国际合作及其产出的高质量研究成果,NBR 逐渐在国际社会中发出了自己的声音。

1. 内部支撑

(1) 实力雄厚的研究团队

NBR 的研究团队实力雄厚,其中大量的研究学者都是来自美国的知名大学,并且在经济学、政治学、国际关系学方面造诣颇深的顶级教授。比如,在 NBR2013 年到 2014 年的"战略亚洲"研究项目中一共有 10 位研究人员,他们都是通过全国性的竞争选拔出来的,任职两年。这些研究人员均来自美国的高等学府,如麻省理工学院、蒙特瑞国际研究学院、哈佛大学肯尼迪学院和哥伦比亚大学等。

(2) 广泛的资金来源

NBR 的科研以及项目的成功实施有赖于外界对其长期而稳定的资金支持。NBR 的研究基金来源非常广泛,其中包括基金会(如布兰德利基金会、亨利·杰克逊基金会、亨利鲁斯基金会等),公司(如通用电气公司、微软公司和康菲石油国际公司等),政府机构(如日本贸易振兴机构),其他机构和个人群体等等。广泛的资金来源一直帮助 NBR 针对美国在亚太区域的政策和利益等问题产出高质量的研究成果,助其汇集全世界政界、商界和学界的重要人士。据统计,在 NBR2011 年的总支出中,慈善捐款占 11%,运作费用占 17%,而 72% 的花销用在了项目研究上。这一必要的物质保障为 NBR 不断扩大国际影响力奠定了基础。

2. 外部保障

(1) 多种形式的国际交流与合作

NBR 拥有浓厚的合作取向。具体来说,NBR 的合作单位有基金会、大学、智库等。首先,NBR 开展的项目合作十分广泛。从其研究所承担的项目来看,大部分为合作型项目,以此确保其能发挥更大的影响力。除了上述提到的一些合作项目外,NBR 还与伍德罗威尔逊国际学者中心联合组织了"全美亚洲研究"项目,以重振和提高与当代亚洲政策相关的研究。在这一项目的框架下,NBR与伍德罗威尔逊国际学者中心以研究水平为标准共同挑选两年一期的专家团队,联合举办年度亚洲政策集会、若干地区会议,并出版联合署名的研究成果。此外,NBR还经常与其他国家的研究机构合作开办研讨会。比如,在2009年10月,NBR派尔东北亚研究中心与复旦大学中国外交研究中心合作,召开了"建国60周年之际的中国外交"国际研讨会。在此过程中,NBR与其他的研究机构、研究和教育协会进行了战略对话,建立了牢固的关系,并增强了它的国际影响力。

(2)高质量的研究成果

NBR对外发挥国际影响力最重要的渠道是其定期或不定期发布的大量高质量研究成果,成果形式包括一系列公开发行的研究报告、同行专家审稿期刊、简报和时评,以及在主要媒体上发布的大量通稿,这都致力于为政策制定者、学者和商界领导出谋献计。除了上述的NBR年度《战略亚洲》和《亚洲政策》期刊,还不定期出版NBR报告和NBR分析,前者是由世界上亚太事务研究专家撰写的基于具体话题的不定期论文,而后者则提供和如今亚太区域最重要的经济、政治和战略问题相关的发人深省的短论和简报。在这些成果中,不仅有NBR自己的研究人员和世界其他学者的观点,美国一些重要的政界人士也多次撰文。这些高水平、高质量的研究成果不仅是美国亚洲问题研究者学习的资源,也为美国的企业人士、政府官员提供了可行的政策建议。

总之,在核心文化的影响下,NBR利用带有其自身特色的运营模式,对内依靠高水平的研究团队和广泛的基金保障,将世界上最好的专家学者汇聚一堂,对亚洲区域的发展趋势进行研究,对外频繁举办重要的国家会议、进行国际合作,并以其出版的高水平研究成果为最佳的宣传手段,不断拓展国际影响力。这些因素共同发挥作用,使得NBR成为联接美国政界、学界和商界的桥梁。

创始人身世与智库特色

余万里*

全美亚洲研究所(NBR)的华盛顿特区办公室座落在宾夕法尼亚大街1301号大楼的三层,门前正对着自由广场,向西500米是白宫,向东约两公里便是国会山。不过,必须注意的是,这里并不是这家智库的总部,它的总部远在千里之外太平洋沿岸的华盛顿州的西雅图市。这一点使得NBR区别于布鲁金斯学会、卡内基和平基金会、战略与国际研究中心、威尔逊中心等诸多我们熟知的智库,构成了NBR独树一帜的风格。

从美国智库的发源以及发展现状来看,绝大多数的智库都源自美国的东北部,尤其是集中在首都华盛顿特区和纽约市。这是美国政治、经济的历史地理决定的,除了首都华盛顿之外,从历史上看,美利坚合众国最早由东北部的13个殖民地组成,这个区域奠定了美国宪法和文明的底色,在相当长的一段时间里也是美国的经济中心。东北部政治与经济双重中心的地位,为现代智库业的诞生和发展提供了得天独厚温床,也在情理之中了。

20世纪60—70年代之后,美国经济与政治板块开始出现变化。首先是经济上的后工业化,传统制造业日渐凋敝,东北部老工业区变成了"铁锈地带",而中西部电子信息产业崛起形成了"阳光地带"。其次是政治上,以1968年第一位来自阿拉巴契亚山以西的总统尼克松当选为标志,东北部自由派与南方民主党的"新政"联盟瓦解,南部与中西部的政治力量崛起,联手推动了美国政治的保守化潮流。

了解了这个大背景之后,我们就可以对NBR的身世及特色有更深的理解。正如文章里提到的,这家智库的诞生与一位参议员密不可分——亨利·

---

* 余万里:察哈尔学会高级研究员。

M. 杰克逊,代表华盛顿州的民主党联邦参议员,1912 年出生的他在 1941 年当选联邦众议员,1952 年当选联邦参议员,此后连选连任直到 1983 年去世。美国政治历史上像杰克逊这样在岗位上终老的参议员并不多见,而且通常都来自南方或者中西部,因为这些选区的政治结构相对稳定,容易制造这样的"超级元老"议员。

杰克逊参议员不仅资格老,而且在战后美国的内政外交方面留下了诸多名垂青史的事迹。他是 1969 年美国首部《国家环境政策法》的起草人,为美国的环保事业做出了奠基性的贡献。1972 年,他在美国贸易法上留下了以自己的名字命名的修正案,即著名的"杰克逊-瓦尼克修正案"。这个修正案的本意是关注苏联犹太人的移民自由问题,以最惠国待遇为手段干预苏联的人权,不过在 1989 年之后,这个修正案却一度成为中美关系的大麻烦,直到 1999 年美国通过《对华正常贸易关系法》为止。

如果杰克逊在世的话,他一定会恼火万分,因为他本人是最积极推动中美关系正常化的议员之一。1979 年 8 月他来华访问见到了邓小平副总理,为随后在国会通过中美贸易协定发挥了作用。1983 年 8 月,杰克逊再一次,也是最后一次访问中国,回到家 4 天后心脏病骤发。他在最后一次同家人见面时说,他刚从东方旅行回来,身体不大舒服,抱歉先告辞了,几小时后便离开了人世。当时的《世界知识》杂志发表了一篇纪念文章哀悼说:"美国失去了一位正直的政治家,中国失去了一个真挚的朋友。"

杰克逊的个人政治生涯以及华盛顿州的地方政治经济风貌造就了 NBR 的特色。首先,作为来自中西部民主党背景的智库,NBR 的政治色彩中间偏右,不像布鲁金斯学会这些东部的民主党智库那么自由化,而是相对比较保守,跟他们的工作人员接触甚至会感觉到某种乡村的"老土"气息。其次,NBR 总部设在太平洋沿岸的西雅图,历史上就与亚洲和中国有着密切的贸易来往,为它提供了世界性的眼光尤其是对亚太地区的密切关注,将自己的名字改为"全美亚洲研究所"便体现了这个倾向。最后,西雅图拥有波音、微软、UPS 等诸多世界级的大企业,是当前美国尖端制造业、军工产业、信息产业、服务业最为发达的地区,这些企业同时也是 NBR 的重要捐助人,为它的发展注入了源源不断的活力以及前瞻性的视野。从某种意义上说,NBR 的发展浓缩了最近 30 年美国政治的潮流,是华盛顿"圈外"的智库成功挤入美国政治"圈内"①的范例。

---

① Inside the beltway,本意是环绕美国首都华盛顿的 I-495 号高速公路以内的区域,引申为知晓美国政治内幕的"圈内"人物或机构。

第七章 学术与官方身份并行:挪威人权研究中心

一、挪威人权研究中心简介

(一)挪威人权研究中心的成立过程

根据1992年联合国人权委员会的第54号决议和1993年的联合国大会48/134号决议(巴黎原则)的建议:国家应该建立一个独立的国家人权机构,其主要任务是为国际认可的人权的执行和实现提供咨询、研究和信息协助。① 挪威政府在1999—2000年的政府白皮书《关注人的尊严:人权行动计划》(*St. Meld. No. 21, 1999 - 2000*)中指出政府将为挪威国家人权机构的设立提供各种资源和便利,以使该机构能在2001年获得授权。挪威议会在其随后的委员会报告(*Innst. S. No. 23, 2000 - 2001*)中指出可在现有的挪威人权机构中进行改组成立一个旨在保护和促进人权的国家人权机构,并强调应该让其具备有独立的国家权威,并且不仅仅是一个职能机构,还应该是一个研究、咨询、监督、分析优先型的研究机构②。

为了促使其尽快进入国家人权机构这一新角色,挪威议会还决定在其2001年预算中多加350万挪威克朗的拨款。③ 同时,这份文件还提出了要求

---

① National institution-key documents,http://www.jus.uio.no/smr/english/about/national-institution/about/.
② Royal Decree of 21 September 2001,http://www.jus.uio.no/smr/english/about/national-institution/docs/kgl-res-eng.pdf.
③ Royal Decree of 21 September 2001,http://www.jus.uio.no/smr/english/about/national-institution/docs/kgl-res-eng.pdf.

拟成立的人权机构作为一个国家人权机构应当参与人权领域的教育和宣传工作,也应当同相关领域的专家以及非政府组织合作,增强和加快挪威人权共同体及其构建。

2002年12月3日,挪威人权研究中心(The Norwegian Centre for Human Rights,以下简称NCHR)章程由挪威奥斯陆大学理事会通过,宣告成立。章程在2005年由挪威奥斯陆大学董事会进一步修正。

很快NCHR就被联合国人权高级专员下的国际协调委员会批准成为一个国家机构,这就说明NCHR具备文档和财政的自主权。在这种背景下,从2007年起,NCHR的财政拨款来源由原来的教育和研究部转到了外事部,而且拨款用途也被标注为NCHR的运营预算。目前,NCHR同联合国在日内瓦的人权高级专员关系密切,有很多事务上的来往。

(二)挪威人权研究中心的独特双重身份与职能

挪威人权研究中心具有独特的双重身份,既是挪威奥斯陆大学中的一个研究中心,同时也是挪威官方国家人权机构。

一方面,NCHR是国际认可的在人权领域领先的一个国际研究机构,NCHR的活动是以研究和教学为基础的,开设有人权理论和实践方向的课程,招收两年制硕士生,并取得了一定的成果。另外,NCHR还参与奥斯陆大学法律专业的以及其他专业学生人权知识和国际人道主义法课程的讲授和教学。从研究领域看,NCHR研究计划中有四个主要主题,分别为:人权和权力,人权和发展,人权和多样性,人权和冲突。机构的研究人员包括律师、政治科学家、社会人类学家、社会地理学和哲学家。NCHR作为一个研究型机构除了开展国际项目外,还负责编辑北欧人权杂志,和为人权机构协会杂志选题。

另一方面,NCHR作为挪威人权委员会这一国家机构参加的活动是基于联合国巴黎原则的,NCHR还参加联合国人权事务高级专员的国际活动或项目(挪也是成立人权机构协会初始倡导国之一)。NCHR每年出版的挪威人权年鉴(旗舰出版物),为大家提供了一个独立审查挪威紧迫人权问题的视角。NCHR除了执行挪威国家机构的人权活动外,还开展大量的国际项目,NCHR的国际项目是与挪威外交部和挪威发展合作机构(NORAD)签约并由它们资助的,目前项目开展的主要国家在中国、印度尼西亚和越南,其项目经费超过8000万挪威克朗。

作为国家人权机构，NCHR是一个国际和地区的国家机构网络中的一部分。该网络由一个国际协调委员会(国际间国家保护和促进人权机构协调委员会，ICC)运营，该机构与联合国日内瓦人权事务高级专员有着密切的合作。作为国家人权机构的NCHR，它主要履行以下两项职权：

1. 人权监测

NCHR作为一个国家人权机构有责任和义务去尊重和保护国际惯例、国际条约规定的基本人权，其中最主要的就是联合国、欧洲委员会和国际劳工组织各项条约中规定的人权。为此挪威人权机构定期向联合国的各类监督委员会提交各类报告。例如：提交《联合国经济社会文化权利国际条约》挪威的执行情况报告和建议；类似的条约还包括《联合国公民权利和政治权利国际条约》《联合国消除一切形式的种族歧视的条约》《联合国消除一切形式歧视女性的条约》《联合国禁止酷刑和其他残忍、不人道或有辱人格的待遇或处罚的公约》《联合国儿童权利条约》《联合国残疾人权利条约》等。

NCHR在人权监测中的职责主要是发现挪威的各类人权问题、法律缺陷，以及为政府提出解决的建议和办法。例如在第17和第18期挪威执行《联合国消除一切形式的种族歧视条约》的报告中它就明确指出了挪威人权法的缺陷并建议政府修正挪威人权法第二部分，加入消除一切形式的种族歧视这一条款。[①]

2. 提供法律援助信息

NCHR是根据挪威皇家法令成立的一个独立研究机构，它并没有被赋予处理个人案件的权利，所以它不直接处理个人案件或者侵犯人权的诉讼，但是它可以监督各项人权的保护状态，一旦遇到了侵犯人权的行为，可以利用自己在该领域的关系网络帮助推荐法律援助办法和引荐相应的挪威自愿者组织，帮助受害者维护自己的相关权益。比如在其官网中就列出了不少法律援助的办法和相应的挪威自愿者组织，包括：律师帮助你(Lawyers helping you)，

[①] NCHR's statement during the Committee's consideration of Norway's 17th and 18th periodic reports on CERD, http://www.jus.uio.no/smr/om/nasjonal-institusjon/overvakning/fn-rapportering/cerd/innlegg-17-18-periodiske-rapport-cerd-20060810.pdf.

免费法律援助(Free Legal Aid)、挪威寻求庇护者组织(Norwegian Organisation for Asylum Seekers)、挪威红十字会(Norwegian Red Cross)等。

(三) 挪威人权研究中心的组织架构

根据 NCHR 章程的规定,NCHR 设有董事会、董事会主席、董事会副主席、主任及专门委员会(包括一个顾问委员会)等机构。

董事会是中心的最高权威机构,它负责科研、学术发展和按照规则和指导方针展开培训。按照 NCHR 章程规定,董事会成员应不少于 5 人且不多于 10 人,且董事会成员由奥斯陆大学法学院提名。一般来说董事会成员的构成情况如下:

1. 三名来自奥斯陆大学的长期任教的老师,且这些老师有人权方面的研究或者工作专长,一般是一名来自法学院,一名来自社会科学学院,一名来自艺术学院,如果想要其他学院的老师入选董事会的话,则要从社会科学学院或则艺术学院分配一个名额出来。

2. 三名人权中心的员工,一名是永久任职的工作人员,一名是定期任用的工作人员,一名是来自中心技术部或者行政部的员工。

3. 两名来自学生的代表。

4. 两名来自人权中心外的市民社会代表。

董事会设有主席和副主席职务,奥斯陆大学法学院的董事会成员一般来说就是董事会的主席,而副主席则是从董事会中其他的奥斯陆大学的学术机构中产生(包括人权中心代表)。

人权中心的主任负责管理中心的日常事务和正常运营。主任的职权和责任应该由董事会来决定。主任任期为 4 年,可以通过选举连任一届。中心现任主任是 Nils A Butenschøn,国际项目的负责人则是 Siri Skåre。

人权中心专门委员会下的顾问委员会是 NCHR 作为一个国家人权机构履行咨询职责和活动的平台,这个顾问委员会是与挪威的人权问题紧密相关的公民社会组织和机构的广泛代表组成的,包括大赦国际(挪威)、挪威赫尔辛基委员会、挪威拯救儿童组织、挪威工商业联合会、挪威的寻求庇护者协会等组织和机构①。

二、挪威人权研究中心的海外项目介绍

目前，NCHR已有多个致力于促进人权工作的国际合作伙伴，其中，许多学术和教育机构是其最重要的合作伙伴，同他们的合作计划主要是通过不同的国际项目来实现的。这些项目多是以研究为基础的交流、对话和联合行动。目前NCHR的国际项目主要分为两类，一类是海外国家项目，另一类是主题项目。

（一）海外国家项目

1. 印度尼西亚项目

NCHR印尼海外项目运行与挪威-印尼人权对话相结合，在印尼开展一系列旨在进一步提高印尼的人权状况、解决人权相关问题的活动。

NCHR在印尼项目中与印尼的政府机构、学术机构和非政府组织进行合作并展开活动。其中能力建设是几乎所有开展的项目的核心。印尼项目的主要关注领域是：人权教育（尤其是高等院校的人权教育），司法行政、执法，人权在军事和国防领域改革中的作用，宗教信仰自由，企业和人权。

在人权教育领域，NCHR同印尼的多所大学合作，尤其是与印尼伊斯兰大学的人权研究中心合作紧密，旨在扩大和提高印尼人权教育的覆盖面和质量。同时，NCHR也在挪威开展研究和能力建设活动，包括为印尼研究学者访问提供便利、为印尼研究生提供奖学金，为印尼公务员作培训以及其他一些相关活动。

在司法行政领域，NCHR一开始就关注印尼的司法状况，因为一个运行良好、透明的司法系统是有效实现人权的重中之重。自2004年起，NCHR的印尼项目就开始同印尼国家人权委员会和最高人权法院下的粗暴侵犯人权检查办公室合作开展能力建设活动，活动主要关注案件电子管理系统的发展和国际刑法方面的培训。从2007年起，NCHR又与印尼司法委员会在

---

① 参见 Statutes of The Norwegian Centre for Human Rights(NCHR)，http://www.jus.uio.no/smr/english/about/statutes.html。

研究和能力建设活动方面展开合作,目的是加强印尼司法系统的透明度和可预见性。

在军事和国防领域,NCHR希望能通过培训和其他能力建设活动向印尼武装部队大量输入人权意识和《武装冲突法》的内容。合作主要集中在军队和与平民的交互最为密切的单位。目前,人权和武装冲突法律的课程已经在亚齐(Aceh)、马鲁古群岛(Maluku)、巴布亚(Papua)边防部队司令部以及军队的战略储备司令部(KOSTRAD)和特种部队司令部(KOPASSUS)开设。

NCHR在印尼宗教、信仰自由领域项目的开展背景是印尼在保证不信教者宗教自由,以及反对宗教歧视方面仍存在问题,并且亟待解决。在印尼,人权受到来自宗教信仰方面的挑战包括对所谓异教宗教群体的攻击,限制少数信众宗教的活动场所和自由集会等其他宗教活动。目前,NCHR的印尼项目并没有开展专门针对宗教信仰自由的活动,而是将这些活动渗透到其他活动中去,因为宗教信仰自由是很多其他活动和项目的重要组成部分,比如对大学讲师和司法系统人员培训的能力建设活动就大量渗透了宗教、信仰自由的内容。另外,奥斯陆宗教信仰自由联盟也在印尼有开展项目,但是NCHR在印尼的项目与奥斯陆宗教信仰自由联盟的项目不同,NCHR寻求与奥斯陆宗教信仰自由联盟的工作相协调,并且支持奥斯陆宗教信仰自由联盟开展的各项工作。

在企业与人权领域,由于印尼私营部门的扩张导致了人们对印尼私营企业侵犯人权的行为增加了担忧。在联合国层面,企业和人权的指导原则,已成为一个重要的参考。指导原则包括三个部分:国家保护人权的责任,企业尊重人权的责任,拓宽企业侵权受害者获得援助的途径。在印尼,私营企业对人权的影响主要与土地纷争有关,而其中从事采掘业和种植业的公司更容易卷入这种纷争。为此,NCHR同印尼的合作伙伴一道,进行研究和开展能力建设活动,这项活动的目标人群既包括潜在侵权方又包括潜在受害方,旨在提高双方的人权意识和责任意识。

NCHR在印尼各个不同领域开展的各项不同活动取得了不小的成果,对于印尼人权意识的觉醒和人权状况的提升都起到了重要作用,对于印尼宗教问题的解决也注入了活力。

2. 中国项目

NCHR 在中国的项目从 1997 年开始运营，目前中国项目的负责人为 Cecilie Figenschou Bakke，除了 Cecilie Figenschou Bakke 外中国项目组还有三名员工。自项目运营以来，NCHR 就与中国的合作机构在教育和研究领域开展各项项目，以促进国际人权标准在中国的发展、理解和应用。这些活动对于中国国际人权法教育和研究的发展有非常重大的意义，活动包括：开设实践人权的培训课程和研讨会，致力于人权教材发展，进行重要人权著作的翻译，支持访问学者项目，支持中国和挪威相关研究人员和学生的活动。

这些活动的顺利开展与中国合作伙伴的支持密不可分，NCHR 与中国学术伙伴长期密切的合作是其在中国开展各项工作的基石。这些合作伙伴主要是中国的大学和学术机构。同时，NCHR 的合作伙伴还有来自欧洲的学术机构。自中国项目启动以来，NCHR 就与瑞典拉乌尔研究所（Swedish Raoul Wallenberg Institute，RWI）和丹麦人权研究所（Danish Institute for Human Rights，DIHR）合作联合组织活动促进中国的人权教育和研究。

NCHR 在中国的项目根据开展领域分可以分为：人权教育，司法正义和法治，人权研究和能力建设。

（1）人权教育

NCHR 中国项目开展工作意在进一步促进中国大学和其他高等教育机构人权教育水平。通过与重点大学的合作，项目开展的人权教育活动对国际人权法律教育在中国的发展具有重要作用。

中国正处于广泛而漫长的法律改革过程。NCHR 的中国项目通过培训中国法律学者、从业者，营造和发展良好学术网络，为这一变革提供推动力。其中，在中国高校的法学院学习和研究人权可以提高中国法律界在中国保护人权领域的参政议政能力，特别是提高在提倡和建议中国人权保护法律和政策制定中的建议能力。下面提到的很多中国项目活动都由北欧的合作伙伴组织、支助或合作：

A. 教师培训。这项活动每年为中国大学教师提供国际人权法、课程开发和教学方法方面的培训,这项培训课程在超过60所中国大学都有开设,到2015年这项培训活动已培训近500位中国教师,并且将培训的受众扩大到了其他人群,例如法官、记者和媒体工作者。

B. 人权电子课程的开发。NCHR中国项目组将同瑞典拉乌尔研究所和北京大学法学院及其人权研究中心合作开发高质量、免费和简易的人权电子课程,让更多的人能够接触到这方面的知识。这一电子课程主要面向学生,但也对其他人群开放,比如法官、警察、公务员和检察官等。

C. NCHR短期人权课程。NCHR每年面向世界各国开设人权短期课程,将有5—7位来自中国的学者、市民社会工作者或者公务员被邀参加这一课程。这一课程是大家讨论新国际背景下人权发展及其新方向的良好平台。

D. 国家人权教育系统会议。为了满足中国人权教育工作者表达自己想法的机会,中国项目组同北欧合作伙伴合作召开每年一度的人权教育系统会议,邀请60到100所中国大学的教师参加并共同讨论人权教育课程开发、教学方法和课程结构方面的问题。2011年会议是由NCHR中国项目组同云南大学法学院合办的。此次会议,新建的人权教育国家基地——中国政法大学、南开大学和广州大学向NCHR展示了他们正在进行的相关活动和未来工作计划。来自超过50所大学的100位教师参加了此次会议,讨论了全球和区域人权教育发展计划,人权研究的新发展,以及女性和残疾人人权教育问题。

(2) 人权研究

人权相关领域高质量的研究成果能促进人权法律和政策的发展,提高人们对人权的尊重。为了促进人权的研究,NCHR积极支持中国项目,参与各项合作,为中国学者进行人权相关问题研究创造机会和条件。目前,NCHR每年都有两项访问学者计划,一项是奥斯陆访问学者计划。目前,该计划已经选送了超过70位访问学者到NCHR去交流学习,这些学者回到中国后,为中国人权事业的发展做出了重要的贡献。另一项是香港访问学者计划。NCHR资助中国西部的教师去香港学习以便日后能更好地同国际接轨,参与国际合作和交流项目。

(3) 司法正义和法治

中国项目极力推动法律从业人员和学者人权意识的提高,以促进中国的司法公正。2014年,中国项目组对500名来自县级法院和中级人民法院的法官进行了培训,培训基于2010年新修订的《刑法》和2013年修订的《刑事诉讼法》,提升了他们的业务水平和职业道德,预防通过酷刑或不正当手段获取证据,以保证司法正义。同时,中国项目组也组织翻译了一些相关的外文书籍,以加强司法正义思想的普及。

总的来说,NCHR开展的各项活动目的是推广挪威较为先进的人权理念和经验,促进中国人权事业的发展、改善中国人权问题和提高中国人人权意识的提升。

3. 越南项目

越南项目关注公民和政治权利,并根据法治和人权原则,寻求支持越南民主治理的发展。通过为讨论营造空间和促进知识经验交流,该项目旨在促进越南自身来引导的这一过程,正如该项目对普遍定期审查制度的反应。

自从1986年改革开放以来,越南在很长的一段时期开始着手经济、法律和社会变革。最重要的是,在这一时期,越南加入一些重要国际人权条约,包括1982年的《公民权利和政治权利国际公约》。

越南已承诺,通过法律改革、国际领域合作和参与普遍定期审查制度,将不断致力于改善公民权利和政治权利。

越南项目,作为挪威和越南之间的官方人权对话的学术内容,成立于2008年3月。符合越南政府支持下的普遍定期审查制度的要求,该项目的关注点体现在三个关键领域:人权教育和研究;法治:刑事司法改革和法律援助;能力建设和对话支持。

通过与各个国家、学术机构和国际机构的合作,该项目能促进越南对国际人权的更好理解以及越南和挪威间信息的双向传输。越南内外举办的研讨会和培训,教育和研究都成为该项目支持的核心活动。

(二)主题项目

1. 中国自治项目

NCHR对中国特别重视,除开展中国项目外,还开展有中国自治主题项目,目前中国自治项目的负责人是Yong Zhou。中国自治项目是一个专注于在中国实现少数民族权利的研究项目。项目与来自中国和挪威双方的中央和地方研究机构合作,研究项目的一个特定的焦点是在一个比较视野下去审视民族区域自治制度的执行。项目的活动包括学术论文、会议、培训和教学。

NCHR 在中国开展的中国自治项目目前与中国的四所研究机构已建立起正式机制合作关系,这四所研究机构分别是云南大学法学院(LSYU),内蒙古社会科学院(IMASS),凉山彝族自治州民族研究所(INS)和国务院国家民族事务委员会少数民族问题研究中心(SEAC)。

该项目的目的是为实现中国少数民族事务良好的治理和为中国民族事务的民主转型提供基础知识。项目开展的活动包括:

(1) 研究。在研究领域,其潜在的成果包括:第一,达到对保护少数民族权利,提高少数民族待遇的法律和现实措施的更好的理解。第二,对现存的能源开采、环境保护、人权保护的政策、法律制定和执行进行批判。第三,同中国自治项目的合作伙伴、有影响力的学术研究机构之间建立一个更广泛的研究网络,发挥协同效应,更好地完成研究目标。第四,构建和提高中国自治项目合作伙伴的研究能力,加强挪威和中国长期合作关系。

(2) 教育。NCHR 中国自治项目开展的教育活动,通过对律师和法官的人权知识、少数民族人权知识方面的训练以使他们形成法律原则。教育活动潜在的成果包括:第一,使特定的中国硕士研究生增强人权法、少数民族权利和土著居民权利方面的知识。第二,整合并提高中、挪两国在少数民族、土著居民权利方面的教育能力。第三,扩大参与该项目的高校的知名度和国际影响力。

教育方面的核心活动是云南大学的法律和民族事务方面的研究生项目,这个项目由 NCHR 牵头,与特罗姆瑟大学萨米中心和云南大学法学院合作,其中,土著居民研究和国际法中的少数民族权利这两门课由特罗姆瑟大学和奥斯陆大学联合开设。

(3) 政策、法律建议。项目在政策、法律建议方面开展的活动目的是在参与各方之间建立建设性的沟通,起草自治区和少数民族语言使用上的政策和法律建议。

政策、法律建议研究计划是 NCHR 中国自治项目组与中国国务院国家民族事务委员会少数民族问题研究这个一流的中央政府研究机构合作的。

项目开展以来,中国自治项目开展了一系列政策/法律建议活动。例如:主题为"经济发展中自然资源开发、环境和少数民族文化"的会议,主题为"中国少数民族自主使用少数民族语言权利的政策和法律建议"的会议,以及主题为"经济发展和少数民族文化"的会议等。

2013年9月22—23日,主题为"经济发展中自然资源开发、环境和少数民族文化"的会议在奥斯陆召开,此次会议由中国项目组资助,会议就少数民族地区经济发展中的资源开发、环境可持续性、文化认同和传承三者关系展开深入讨论。20位来自中方和挪威的研究人员和中国自治项目组成员参加了会议,与此同时,来自瑞典、美国、英国、德国等国的相关领域专家和学者也参加了会议。另外,会议还邀请了非政府组织(例如中国云南省大众流域管理研究和推广中心,Green Watershed)和国际组织(例如世界银行)。会议传递了参会各方对正确处理好经济发展、资源开发、环境保护、文化遗产保护关系问题的长期关注和担忧。

2. 社会经济权利项目

过去二十年来,人们的经济、社会和文化权利受到越来越多的认可,但是系统性贫困和歧视的全球挑战依旧很严重。探索如何最好地解决这些问题一直非常有必要。

社会经济权利项目开始于2009年6月,旨在国家和国际层面支持社会经济权利的研究、政策制定、宣传和教育。它试图建立和发展NCHR在这一领域长期和传统的研究。社会经济权利项目的具体目标有:在社会经济权利领域,产生高质量的研究成果;帮助学者和从业者增加知识;为决策者和非政府组织提供有用的工具,法律体系和指导方针;为挪威政府提供战略性建议。

目前社会经济权利项目组参加了一系列不同领域的项目,包括:教育、平等权利、监督裁决、千年发展计划(MDGs)和人权、人权标准和战略诉讼支持等项目。社会经济项目获得了挪威外交部和福特基金会的资助。此外,联合国人权事务高级专员办事处、联合国儿童基金会、德国艾伯特基金会、挪威计划、奥布学院等机构也对一些特殊项目提供支持和帮助。

3. 奥斯陆宗教信仰自由联盟

NCHR同时是奥斯陆宗教信仰联盟的秘书处。奥斯陆宗教信仰联盟成立于 1998 年,是由奥斯陆宗教信仰自由会议的参会者发起成立的,该会议于 1998 年 8 月 12 日到 8 月 15 日举行,旨在纪念世界人权宣言颁布 50 周年。这次会议是由挪威的非政府组织和机构发起并由政府资助的。除了建立一个国际联盟,该会议的另一个目的是开发一个行动计划,加大对特别报告员在处理宗教不宽容问题的授权,以此实现《世界人权宣言》第十八条的规定,保障公民权利和政治权利,消除一切形式的宗教或信仰不容忍和歧视。

奥斯陆宗教和信仰联盟汇集了一大批不同宗教团体、非政府组织、研究机构和市民社会的专家和学者以监督和促进宗教和信仰自由以及国际跨宗教、跨信仰合作。奥斯陆宗教信仰联盟运用基于项目的方法强调教育、交流和倡议活动来共同维护国际人权水准。其主要项目在地域上分为中亚项目、高加索地区项目、印尼项目、中国项目。主题项目包括伊斯兰思想和实践新方向项目、促进宗教或信仰自由项目、传教活动和人权项目、宽容教育项目和自由的宗教或信仰项目。它同世界上其他国家的类似组织、机构合作,在宗教信仰自由方面,构建新的宗教网络,召开会议并倡导共同学习。具体来讲,其主题项目的主要内容包括:

(1) 伊斯兰世界思想新方向项目

这个方案的目的是通过出版书籍、发表学术文章和信息在伊斯兰思维改革中传播新的想法和策略。这一项目推行的背景是:许多穆斯林在当今世界经历着作为社会公民的和他们的宗教信仰之间的角色冲突。他们在应对当代挑战时缺乏必要的神学和教法的基础参考。奥斯陆联盟提供了一个论坛,穆斯林改革思想家可以出席并讨论想法以达成谋求进一步发展的策略。所以联盟从 2004 年到 2012 年召集了一大批穆斯林专家去讨论穆斯林家庭法下的妇女平等地位问题。这些专家包括来自宗教界的学者,社会学、人类学和法律专家以及非政府组织活动家。这些专家学者都抱有改革穆斯林传统以适应当代平等正义号召的共同期许。[1]

通过该项目,联盟达成了以下几项成就:在项目的第一阶段(2004—2008),联盟在萨拉热窝和伊斯坦布尔举行了两次会议。这两次会议推动了

---

[1] A report on the Oslo Coalition's Muslim Family Law project,http://www.jus.uio.no/smr/english/about/programmes/oslocoalition/docs/justice-through-equality.pdf.

《伊斯兰世界思想新方向：探索改革和穆斯林传统》一书的出版。在第二个阶段(2008—2011)，项目集中关注一个中心议题和对于这一议题的辩论：法律面前平等的女性。联盟在马拉喀什和开罗召开了三个会议，带来了在道德和法律程序上的性别平等正义，以及产生了一个指导法律面前人人平等的报告。目前联盟在这一项目中处于第三阶段(自 2012 年起)，项目集中议题是信念自由和言论自由。①

(2) 东正教思想和实践中的新方向

在俄罗斯和高加索地区，奥斯陆宗教信仰自由联盟经常遇到宗教信仰自由方面的挑战。虽然宪法规定公民享有宗教自由，但是宗教少数派仍然会受到歧视，受到来自传统教会的阻挠和敌视。当前该地区的挑战还与复杂的国家认同传统观念，与国教的关系、宗教版图有关。由于历史的紧张关系，来自西方分支关于宗教不宽容的警告往往无法产生积极的效果。

奥斯陆宗教信仰自由联盟开展这一项目的目的是通过促进东正教内部的自由辩论来提升宗教信仰自由，明确东正教与其他信仰团体之间的关系，并且传播变革意识。

该项目的参与者包括著名的东正教学者和宗教领袖，让他们去挑战彼此，并在现实挑战下去批判性的反思传统。通过神学的辩论和批判，东正教学者们能够为这些问题的解决做出重要的贡献。从 2012 年到 2014 年，项目开展的活动可以被分为三个阶段。第一阶段，"宗教版图：一个现代的挑战"，该活动于 2012 年 12 月在奥斯陆举行。基于这些讨论，东正教与宗教少数派的关系这一更广泛的主题"东正教和其他宗教"被选为第二阶段开展的活动。第三阶段，根据前面项目的开展情况，一系列的出版物将要出版，更好地去传播处理宗教间关系的新视角和宗教自由，并寻求让些本书适合学习和讨论有关教会设置和教育的问题。

(3) 宗教信仰自由的能力建设

这个项目的目的是增强宗教信仰自由方面的学术知识。奥斯陆宗教信仰自由联盟成立后不久，很显然，人们对于宗教信仰自由和人权领域的能力

---

① New Directions in Islamic Thought, http://www.jus.uio.no/smr/english/about/programmes/oslocoalition/.

需求提升,因此,对于教学用的书面材料的需求更加迫切,特别是一本能够涵盖宗教信仰自由各方面知识的百科全书。这就带来了《促进宗教信仰自由:一本工具书》(*Facilitating Freedom of Religion or Belief*:*A Deskbook*,也被称为《奥斯陆宗教信仰自由联盟工具书》)的产生。这本书阐述了怎么使互不相容的宗教和人生立场能从他们各自的教义出发来支持宗教信仰自由的原则,为什么这个多元的阐述对不同宗教和不同人生立场的团结这么重要。这本书在由奥斯陆宗教自由联盟开展的许多课程和研讨会上都作为一个根基性的读物被提及到。目前,该书的简明版已经被翻译成俄语、印尼语和中文等多国语言。

这个项目面向的目标群体是高校、政府机构、宗教组织领导和非政府组织。能力建设活动使用宗教信仰自由联盟的工具书,为学术机构和非政府组织开展宗教和信仰自由的课程、研讨会和工作提供帮助和支持。项目当前的焦点:在印尼,支持开发"伊斯兰教法和人权:当代印尼的背景和核心问题"的硕士课程;在哈萨克斯坦,谋求宗教信仰自由和跨信仰合作。

(4)印尼工作小组

奥斯陆宗教信仰自由联盟印尼工作组的关键词可以概括为:宗教信仰自由、妇女权益、宗教少数派、宗教信仰间宽容和平相处、反对宗教极端主义。

印尼是一个极其多样化的国家,这就使其经历了很多的宗教极端主义和各宗教间和宗教内的不宽容。多年来,奥斯陆宗教信仰自由联盟一直焦聚于为宗教积极派和温和派创造更多对话的机会,防止宗教隔离和宗教极端主义的发生。2011年开展的一系列活动将这些人聚在一块进行交流,并将从这些活动中取得的建议和主题运用于2012年的工作中去。印尼工作小组当前关注的焦点和2013要执行的主题有:对妇女和原教旨主义研究成果的信息传播;推行公民教育计划、减少不宽容和宗教暴力;在当地为公务员提供伊斯兰教法和人权教育;在印尼达到一个宗教自由的实用神学境界,开展不同的宗教信仰的专家和活动家研讨会,搜集各类相关文章。

(5)中国工作小组

该项目旨在激励中国项目执行者把中华人民共和国政府宗教和信仰立

法和政策与国际人权标准保持一致。

目前,中国工作小组的成员有 Egil Lothe(佛教协会主任)、Koen Wellens、Hanne Havnevik(研究宗教史、佛教、西藏寺庙史、佛教文化、性别与宗教)、Knut Espen Arnesen 等。

(6)学会宽容项目

自 2004 年起,奥斯陆宗教自由联盟一直在寻求通过宽容教学,开发全球跨学科网络,来为 2001 年马德里协商会议关于学校教育在宗教或宗教信仰自由方面的最终文件的推荐作出了贡献。

从历史上看,奥斯陆联盟发表了论文,并支持国际和地区活动。奥斯陆联盟的大多数贡献集中在收集和分类教育资源以及在机构和网络方面传播信息。但是,建设宽容与和平需要知识、技能和态度的综合能力,知识本身是不够的。2013 年,学会宽容项目开始注重实践技能,包括沟通、积极倾听和跨文化的能力。在与印尼的 Percik 合作的过程中,奥斯陆联盟支持以改变印尼群体为目标的包括物质和训练的转换和发展。为了老师们和受训者更好的使用,这些材料将被用来创建一个印尼教育网站或和平网站,希望用此方式来关注技能的发展。

(7)传教活动和人权

基于人权,这个项目的目的是为避免因传教活动而造成冲突。项目关注政府和教会,并且他们在国际标准能确保人权方面发挥重要作用。

自 2006 年起,奥斯陆联盟在传教活动和人权方面,一直在探索怎样的伦理和人权可能导致传教活动的公认准则。一份约束传教活动的基本道德规则的建议书于 2009 年 12 月成功出版。这份基本规则有英语、德语、阿拉伯语、俄语和印度尼西亚语等几个版本。此建议书并非旨在制定规则使他人遵守,而是旨在刺激传教组织对于他们的活动的道德方面进行内部讨论。

三、挪威人权研究中心的经验启示

(一)借力学术与官方的双重身份

NCHR 成为人权领域具有较大影响力的国际研究机构除了与其将机构

设在奥斯陆大学,以大学为依托,具备深厚的研究实力和研究功底外,同它的国家机构身份也是密不可分的。作为挪威的人权国家机构,NCHR依照国际条约和国际惯例,代表挪威参加一系列国际活动,与很多的国际组织、国际机构、国家代表有着良好的沟通、互动和合作,成为国际间国家机构网络的不可或缺的一部分。同时作为一个国家人权机构,NCHR还负责监测和提高挪威的国家人权状况,使其具有了官方色彩,具备了某种权威性,而挪威出色的人权状况也为NCHR的研究和工作加分。当然,作为国家机构,NCHR每年还能从挪威政府拨款中获得大量的研究经费和研究课题。因此,NCHR研究机构和官方机构的两重身份使其具备了成为一个国际领先人权研究机构的得天独厚的优势。

(二)项目为主导的运作方式

NCHR作为一个人权研究机构开展了大量的国际项目。目前,中心开展的海外国家项目直接涉及的国家就包括中国、越南和印尼三个。除此之外,中心开展的主题项目尤其是奥斯陆宗教自由联盟开展的项目涉及的国家就更加广泛了。目前,NCHR以研究机构开展的长期的项目最少有12项,这些项目的推进,研究成果的出炉使得挪威人权中心的国际影响力得到有效地提升和传播。

(三)海外的合作经验。

NCHR开展的研究项目大多都是国际项目,与国际上许多国家的国家机构、高等院校、研究机构、国际组织和非政府组织都有着密切的合作。这些合作经验对于中心影响力的获得,研究成果的推广都有极大的益处,使得中心同各个组织能够实现优势互补、相互促进和共同发展。另外,中心开展的访问学者项目和两年制硕士课程对于中心的对外交流、接触新鲜血液和长远的发展都非常有益,这两个项目的开展对于中心人才培养、人权领域人才的继承、人权研究的发展,以及形成中心独树一帜的研究流派具有重要的推动作用。

第八章 立足双边 放眼世界：印度—中国研究所[①]

一、印度—中国研究所简介

（一）成立背景与宗旨

进入 21 世纪，国际形势不断发生新的变化，大国关系重新调整，在这其中，中国和印度的发展势头强劲，美中印在国际社会的地位举足轻重。在多极化和全球化的时代，三国相互依存度不断提高，相互之间有很多的共同利益，但同时三国在很多方面也是相互竞争的关系，尤其是在亚太地区，中印"龙象"之争以及美国不断加强在亚太特别是亚洲的存在，使得三边关系面临着很多的挑战。无论是双边关系还是多边关系，都应该通过对话和协商来解决相互的问题和矛盾，不过从现实来看，三国间联系还不够紧密，相互间的对话协商也有待加强。印度—中国研究所（The India China Institute，以下简称 ICI）正是在这一大背景下应运而生，致力于加强中国、印度、美国之间的联系并开展为促进相互关系而进行的相关调查研究。

印度—中国研究所（ICI）于 2005 年在纽约的新学院大学（The New School）成立。ICI 成立之初就受到了斯塔尔基金会（The Starr Foundation）的大力支持和慷慨赞助，为研究所的工作提供资金支持。ICI 的成立也受到了新学院大学校长鲍勃·克里（Bob Kerrey）的赞赏和支持。新学院大学原来就有关注全球化议题的研究项目，亚洲地位不断提升之后，该项目的关注

[①] 除特别标注外，本文参考资料均来自印度—中国研究所官网。

重点由拉丁美洲转到了亚洲,成立了中印学者计划,因此对于印度—中国研究所的成立也很是重视。① ICI的宗旨是分析印度、中国、美国之间的主要问题和趋势,希望能帮助这三个国家的领导者、管理者、公共舆论的参与者、知识分子以及学者通过共同的方法来应对面临的挑战;在新学院大学提供一个活力、人员和理念不断循环的平台来促进知识和技能的发展,从而促进社会的变化和进步。② 自成立之初,印度—中国研究所不断强调它的研究和项目始终关注人与人之间的关系,坚信人与人之间的动态关系和思想是强大的,也希望更多的人参与到印中美三边关系的研究中,来增进人们对印度、中国和美国差异及共同点的理解。

（二）团队

ICI的人员由研究员、访问研究员、斯塔尔基金会的学生、新兴学者、顾问委员会、日常行政人员和编辑部人员组成。ICI的所有人员均由来自印中美三方人员构成,以更好的设计和展开涉及三方的项目和活动。一般每年都会有不同的人员加入到ICI中,除了负责日常工作的行政人员主管外,其他部分每年都会有些许的变动。分析主要人员的构成有助于我们更好地理解研究所展开的一系列的活动和项目,这些活动和项目的内容和设计与主要研究人员息息相关。

1. 创始人

印度—中国研究所有两位创始人,分别是李湛忞(Benjamin Lee)和阿巴杜赖(Arjun Appadurai)。

李湛忞(Benjamin Lee)是一位华裔教授,在约翰霍普金斯大学取得心理学专业学士学位,之后在芝加哥大学获得人类发展专业硕士和人类学博士学位。他于1995—2004年任莱斯大学人类学系教授,并兼任詹姆斯·贝克政策研究所(the James A. Baker Institute of Policy Studies)跨国际中国项目主任,1999—2001年在香港大学比较文学院任访问教授,2004—2006年任美国纽约新学院大学人类学和哲学教授、社科研究院院长,2006至今任该校教务长及主管学术的副校长。他不仅是ICI的创始人,目前也是该研究所

---

① 参考 http://www.globeedu.com/News/readNews.aspx?newsID=21836。
② ICI网站 http://www.newschool.edu/ici/subpage.aspx?id=10024。

的编辑部的成员之一。2004年,"他接受新学校大学的职位,最主要的原因之一,是该研究所有一个中印学者交流计划,该计划的主要工作,是把中国大陆和印度的学者带到新学校大学里,让他们能在美国有对话的机会"。①而他在中国北京和香港都有研究计划。他的研究领域涉及了当代中国文学、全球化时代文化交流等,因此也发表了多篇相关领域的文章。曾经在北京大学做过演讲,并以此为底稿出版了《全球化时代的文化分析》(*Cultural Analysis in an Age of Globalization*)。

阿巴杜赖(Arjun Appadurai)目前是纽约大学波莱特戈达德教授,当代社会文化和人类学家,同时是ICI的编辑委员会成员。2004年担任新学院大学的教务长和主管学术事务的副校长,2006年卸任。ICI在他担任教务长期间成立。阿巴杜赖出生于印度的孟买,并在印度孟买接受中学教育并获得了中级艺术学位,之后前往美国求学。他的研究领域也涉及了国际政治的历史研究、社会文化人类学以及大众媒介、国际组织等等,并且对印度有一定的研究,出版了专门介绍印度的书籍。

2. 日常工作人员

日常的行政工作人员共10名,他们的研究领域也大都涉及文化、人类学和政治学,而且很多人曾经访问过中国和印度,在中国和印度有相关的研究项目。其中Ashok Gurung是ICI的高级主管,Grace Hou是办公室负责人。

Ashok Gurung是ICI的高级主管同时是顾问委员会的委员,尼泊尔人,拥有哥伦毕业大学国际关系学院国际和公共事务专业的硕士学位,加州西部世界学院的国际服务和发展专业学士学位和挪威奥斯陆大学的挪威文化和社会专业证书。目前负责ICI在中国、印度和美国的所有项目的开发管理和协调。他是教育家、研究者、管理者、政策分析师和活动家,曾经供职于全球40多个国家的多个社会团体、学术机构、基金会、多边组织和政府,有着超过15年的国际发展经验。他对于项目和活动的设计有着成熟的经验和方法,为ICI相关项目的设计提供了重要的指导意见。

---

① 参考http://www.globeedu.com/News/readNews.aspx? newsID=21836。

3. 顾问委员会

顾问委员会的人员主要有 Mark Frazier、Sanjay Reddy。这两位均是在 2012 年任命的。

马克·弗雷泽(Mark Frazier)是印度—中国研究所的学术指导,2012 年加入新学院大学任新学院大学的政治系教授和 ICI 学术指导,主要研究中国的政治经济,著有 The Making of the Chinese Industrial Workplace(Cambridge University Press,2002),《社会主义的不安:中国养老金和发展不均衡的政治问题》(2012)。他的关注点有一个非常重要的方面是中国社会的不平等问题,近年来关注中国农村的养老保险制度,2013 年 2 月在《纽约时报》发表文章来探讨中国的养老金制度和面临问题,分析指出中国城市和农村的不平等问题。[①] 马克·弗雷泽作为 ICI 的学术指导,他本身的研究兴趣和关注重点也影响到了研究所的关注项目,其中一个就是中国的繁荣和不平等。

4. 编辑委员会

编辑委员会的人员较多,其中有一些是研究所的创始人和顾问委员会人员,主要人员为阿克巴·阿巴斯(Ackbar Abbas)。

阿克巴·阿巴斯(Ackbar Abbas)是香港大学和加州大学欧文分校的比较文学专业的教授,也是 ICI 的高级研究员和新学院大学帕森设计学院的客座教授。此外他还是《公共文化》杂志的特约编辑,这份学术性杂志由杜克大学出版社出版。他的研究领域和关注重点主要有中国及香港的文化、建筑、电影、后殖民主义以及批判理论,它的大部分研究以及出版的书籍都与香港的文化、建筑和电影等有关。代表性著作是《香港——文化和政治的消失》(Hong Kong: Culture and the Politics of Disappearance)等,同时有与人合著的由北京大学出版社出版的《国际文化研究选集》。因此,他有着非常丰富的经验,为 ICI 的出版工作出谋划策。

5. 合作伙伴

印度—中国研究所在成立初期就不是单打独斗,而是与中国和印度的学校、集团、研究会以及美国的一些基金会展开了合作。主要的合作伙伴

---

① Mark Frazier《如何养活老龄化的中国?》,《纽约时报》中文网,2013 年 2 月 20 日 转引自新华网发展论坛 http://forum.home.news.cn/thread/114591909/1.html。

有:新学院大学的国际事务研究生项目(Graduate Program of International Affairs),美国的福特基金会(Ford Foundation)、亨利·卢斯基金会(The Henry Luce Foundation)、斯塔尔基金会(The Starr Foundation),中国云南大学国际关系学院、零点咨询集团(Horizon Research Consultancy Group),印度的加尔各答大学、新德里政策研究中心、PUKAR(Partners for Urban Knowledge Action Research)(印度)。2007年新增印度的锡金大学(Sikkim University)为合作伙伴。研究所开展的活动和项目一直受到美国三大基金会的大力支持,在新学院大学内部举行的活动除了与国际事务研究生院大力合作之外,也与其他的相关院系以及哥伦比亚大学和伦敦经济学院等进行了很多的合作。在中国或印度进行实地的考察调查时与云南大学和加尔各答大学合作紧密。

(三) 倡议主题

ICI制定了不同的发展主题和倡议,为每一时期的项目活动的开展提供指导。主要有:

1. 经济和社会(Economies and Societies)

2013年春开始,为与"经济和社会"相关的课题提供奖学金计划,探索学者研究奖学金是1万美元,学生研究奖学金是1500美元。对于"经济和社会"这个话题,不同的人有不同的理解,该计划的目的是研究中国和印度这两个国家的"经济和社会"以及相互间的对比研究。关注亚洲这个主要经济体的未来角色,21世纪的"经济与社会"面貌等问题。

2. 印度中国奖学金项目(India China Fellowship Program)

这是ICI的核心项目,旨在建立一个由专家学者组成的团队,利用严谨的和多学科的方法探究再次登上世界舞台的印度和中国。自2006年以来,共有三期项目三组人员参与其中,去解决具有挑战性的问题。这一计划目前共有三个主题,第一个是城市化和全球化(Urbanization and Globalization)(2006—2008),第二是繁荣和不平等(Prosperity and Inequality)(2008—2010),第三是环境可持续发展的社会创新(Social Innovation for Sustainable Environments)(2010—2013)。这也是ICI项目关注的重点问题。ICI的这一项目被认为是促进新学院大学、印度和中国学者进行研究、交流与合作的基石。

3. 新学者计划(Emerging Scholars)

促进中印关系发展,关注这两个国家的新兴学者包括研究生和博士生,不同阶段不同学科的不同职业的学者的交流。

4. 喜马拉雅山地区的日常宗教和可持续的环境(Everyday Religion and Sustainable Environments in the Himalaya)(2013年3月)

该项目探寻环境发展以及全球环境政策的新维度。在宗教发挥重要作用的前提下,创造有利于环境的知识和生产方式,实现环境的可持续发展。由于这一地区环境、宗教等具有多样性,喜马拉雅山地区成为关注的焦点。通过实地调查,对这一地区人文和自然环境加深了解,将有助于政府、企业和个人参与当地解决问题,实现环境的可持续发展。

5. 印度和中国的知识能力建设项目(India China Knowledge and Capacity Building Initiative)

这一项目在与ICI合作的三所大学即云南大学、加尔各答大学和新学院大学间展开。多年来受到福特基金会的资助,主题就是"中印交流",以新的视角看待历史上和当代的印度和中国。2010年的项目获得很大的成功,设计的课程涉及到很多不同的方面,从女性在高等教育中的地位一直到经济稳定等各方面。2013年夏季新一期的项目也已举行。

(四) 出版物

ICI的很多研究人员是他们所在领域的知名学者,加入研究所后,发表了很多与研究所项目相关的报纸文章,他们的很多文章出现在印度、美国的很多报纸上他们还出席各种国际会议,例如ICI研究员查建英2011年作为专家团中的中国代表会见奥巴马,探讨与中国相关的一些问题;发表演说,将他们对中国和印度的最新的研究和理解传达给更多的人。ICI还有自己的出版物,共有三份:

第一份是 *Working Paper Series*,这份刊物上发表的文章主要是代表了研究所对这两个国家的最新研究成果包括这两个国家内部的变化、相互间的关系以及对地区及全球的影响力变化和表现等。这份刊物涉及多个学科,作者也一般是研究所的研究员或者是参与研究所项目和会议的人。

该刊物创办的目的是提供这样一个平台,将学者和实践者对中国研究而得出的新的观点看法集结并传播出去,以加深拓展人们对这两个国家的了解。

第二份是 *Parallax Visions*,这本刊物主要是 ICI 奖学金计划时,被选拔的学者、经济学家、城市规划者等发表的文章、诗歌的合集。2006 年,印度中国奖学金计划第一期关注城市化和全球化,来自中国、印度、美国的学者将中国和印度未来面临的问题列出,然后通过讨论寻求创新性的解决办法。代表着研究的事物方向的不同,因而导致了研究者立场的变化,以不同的立场看待彼此的国家。这本刊物上的文章都以不同的视角来看待中国、印度和美国的政治、经济、城市化以及全球化。刊物文章分为四大类:第一类,"超越第一印象"(Beyond First Impressions),以不同的角度看待旧问题;第二类,"交织发展路径"(Intertwined Development Paths),深入探讨特定领域的专业问题,加深学者们的理解;第三类,"烦扰的都市生活(Vexing Urbanisms),关注因为经济政策、移民和社会行为等而变化的土地和人民之间的关系;第四类,"治理和民主化"(Governance and Democratization),涵盖了少数人或者是弱势群体的权利以及他们与意识形态的关系。

第三份是 *Growing Cities in a Shrinking World*,这是一本新的刊物,因 2010 年的签名奖学金计划开始发行,这本刊物关注的也是中国、印度的全球化和城市化。

二、印度—中国研究所发展历程

ICI2004 年开始筹备,2005 年 1 月成立,2005 年只展开了一次关于印度种姓制度和贱民问题的演讲。2006 年开始 ICI 正式步入正轨,之后开展了大量的涉及方方面面的项目和计划。ICI 涉及的内容非常的广泛,受到创始宗旨以及主要创始人的影响,主要集中在人文科学和社会科学领域,包括政治经济研究、传统文化和现代文化、城市建设、文学艺术等。此外,ICI 在运作相关项目时一般是采用的比较研究的方法,将中国和印度作比较以对这两个国家有更好的了解。

（一）成立初期（2006—2007）

虽然是成立初期，这一阶段已经开展了丰富多彩的活动和项目，各种活动加在一起，共32项，其中22次在新学院大学进行，6次在中国，4次在印度。其中有对尼泊尔的关注，探讨尼泊尔包容性民主对中国和印度的影响，进而探讨南亚民主的相关问题。也有一些是对印度和中国做单独的研究，例如，探讨印美关系或者是就一本新书 *Power, Desire, and Woman in the Asian Diaspora: Madame Chiang Kai-shek Reconsidered*？讨论中国的第一夫人宋美龄。作比较研究的项目比较多，例如，印度和中国的居住权问题，21世纪中国和印度的发展道路，全球化和民主视角下中国和印度的联系，中国和印度谁更领先等。就形式而言，这些活动大部分是以演讲的形式进行的，有些重点关注的问题通过研讨会进行了讨论，实地的调查走访还相对较少；就地点而言，因为是ICI主办，大部分的是在新学院大学内部，极个别的是在中国北京大学、云南大学或西安大学以及印度孟买；就合作方而言，大部分是ICI自己主办的，与其他大学或者是新学院大学内部机构的合作还不是很多。但是在这一时期，ICI就已经开始与政府官员保持一定的关系，在主办的活动中，当时的参议员约瑟夫·拜登（Joseph R. Biden）、当时负责奥运会筹办的北京市副市长陈刚、时任印度驻中国大使鲁帕玛·拉奥（Nirupama Rao）、印度前驻华大使 Naresh Chand 等都被邀请为ICI的相关活动做演讲。

围绕这一时期的倡议主题"城市化和全球化"，ICI集中关注了全球化过程中的城市问题，举办了与此相关的活动。例如，迁移变动世界中的城市发展、印度和中国两个国家的边远地区对于城市化的感知等。首先是在2006年举行了题为"迁移变动世界中的城市：全球化视角下的印度和中国"（Cities in a World of Migration: India and China in Global Perspective）的论坛，21世纪，中国和印度这两个东方大国的经济获得快速的发展，经济的发展不但带来了社会的变革、文明的变化，也使得这两个国家城市发生了变化，改变了城市的自然景观和城市的内容。而当今世界全球化过程中的城市化的规模和紧迫性给这两个国家以及世界上的其他地区带来了巨大的挑战。这就需要从不同的角度和维度——社会、经济、环境来了解和探讨城市化和全球化过程中的机遇和挑战。新学院大学的校长鲍勃·克里(Bob Kerrey)做了开场的演讲。做主题演讲的是来自特拉华州的民主党参议员约瑟夫·拜登(Joseph R. Biden),他将印度和中国的国家内部的公民迁移与世界其他国家前往美国的移民做了对比分析,尽管这两个崛起中的大国在发展中产生了很多的问题,亟待解决,他依然呼吁美国与这两个国家发展战略关系。在很多领域例如能源领域的技术支持,中国为美国提供了重要的机遇。此外,拜登指出美国移民时期的经验教训可以为解决中国和印度的大规模迁移问题提供借鉴。在之后的两天里,小组成员分别就不同的话题进行了讨论,这些话题包括:活力(Dynamics),在中印美三个国际中城市的活力和作用表现是什么？这种活力如何从地方、国家和全球的观点进化而来的？循环(Circulation),应该怎样去理解城乡迁移变动的活力？治理和规划(Governance and Planning),中国、美国和印度的城市都有各自不同的物质和政治环境,这些差异如何影响我们的城市治理和规划？居住和发展(Dwelling and Development),房地产的反应是怎样的？人们是否会被管制？新的住房以及基础设施的发展对社会的影响是怎样的？畅想未来(Imagining the Future),未来世界新型的城市怎样可以有一个民主的未来,有哪些机遇和限制？

2007年ICI又与中国中央美术学院(CAFA)合作在北京举办了题为"城市未来:印度和中国的人口与规划"的国际性会议,这一时期恰逢中国准备北京奥运会的最后阶段,关于北京的城市建设和新的规划、城市压力和人口等问题有了不同的看法。这次会议邀请到了北京市负责奥运会事宜的副市长陈刚以及时任印度驻华大使的鲁帕玛·拉奥(Nirupama Rao)参加,由新学院大学的教务长李湛忞(Benjamin Lee)和CAFA校长潘公凯做开场演讲,他们都强调学术上需要通过专注于严肃的研究和共同合作来应对城市化的挑战。之后,印度驻华大使鲁帕玛·拉奥(Nirupama Rao)进行了中国和印度的包容性增长的演讲。陈刚在会上作了主题性的发言,主要关注北京的城市化压力,认为城市不仅仅是物质文化中心,也应该是精神文化中心,为了使北京成为一个适于居住的国际化的大都市,政府计划将北京的城市人口限制在1800万,组织城市地区中心,通过建立众多的区中心来减轻城市中心的压力,创建绿色带,提高公共交通和服务移民,促进可持续农业发展等。

来自印度、中国和美国的专家分三组分别讨论了关于城市未来的不同问题。第一个讨论是关于"思考和保存"（Speculation and Preservation），这次讨论关注的是城市发展的规划和管理，万通集团主席冯仑、住总集团主席张桂林、前世界银行官员迈克尔·科恩（Michael Cohen）参与了讨论。小组成员主要分析了能够决定城市未来的主要因素——政治力量、市场力量和公众参与。在中国，原来只属于技术领域的城市规划现在已经变成重要的公共决策；城市规划师也成为服务与公共管理机构的服务人员。第二个讨论的主题是"抱负和机构"（Aspiration and Agency），小组成员讨论了在城市建设过程中的意外情况以及公民的参与问题。民间古城保护人士和活动家华新民（女）从历史的角度分析了从1950年代土地改革之后的土地产权的变化以及对城市规划和社会发展的影响。北京大学中国经济研究中心主任教授兼ICI研究院的姚洋则讨论了由于利益相关方的影响产权成为社会工程和建设的抵消力量；大众的抗议和抵制以及来自学者的挑战，这些都会影响政府的态度。阿巴杜赖（Arjun Appadurai）则表示过去是城市需要住房，而现在是住房需要城市。房地产行业不断需要财力人力的增加，而这需要人口的不断增加以及穷人的不断生产。第三个会议是关于"技术和创新"（Technology and Innovation），探讨城市规划的未来要考虑技术和创新因素。浙江大学管理学院的吴晓波教授讨论了杭州数字管理技术的使用以及整合了人类行为和技术的软实力的挑战。ICI研究员、印度的TARU创始人Revi列出了4个必要的城市转换：社会转型，强调种姓、性别和少数民族的包容性和权利；经济转型，这使得市场为穷人工作；城镇转型，保持社会经济系统（secosystem）的功能，平衡城市和农村；制度转变，需要一个功能和反馈分散的政府架构，新的专业性的管理人才的建设以及缓解城市经济、规划和设计的风险集成。

（二）初步发展期（2007—2008）

这一阶段的活动共有25项，其中大部分也是新学院内部进行的，但是相对于第一阶段来说，有了一些新的变化，首先是展开了广泛的合作，在新学院大学内部除了继续加强了与国际事务研究生项目（Graduate Program for

International Affairs)的合作外,与其他的院系和机构例如尤金梁学院(Eugene Lang College of Liberal Arts)、施瓦兹经济政策研究中心(Schwartz Center for Economic Policy and Analysis)、经济学系、社会学系等也有了更多的合作,此外也与新学院大学之外的大学机构进行了友好合作,例如哥伦比亚大学、伦敦经济学院、纽约市立大学以及鲁宾艺术博物馆(Rubin Museum of Art)等,活动举办的地点也开始扩展到这些大学和机构。第二是活动内容和领域的变化,在第一阶段的项目主要关注的是印度和中国国内或者是相互的关系和比较,涉外的内容也只有尼泊尔的相关项目,在这一阶段,ICI开始关注印度和中国的国际影响力,比如,国际视角下中国对非洲的援助,印度和中国崛起对发展中国家的影响,中国迅速崛起对拉丁美洲的影响等等,已经不再局限于这两个国家的内部研究。相对于第一阶段较多的比较研究而言,这一阶段对中国的研究更多,共有8项活动单独研究中国的相关问题。第三是在原来学者的实地考察研究的基础上加入了学生交流的部分,与云南大学的国际关系学院进行了学生交流活动。此外形式方面,除了小组话题讨论,就某本书的演讲和讨论外,开始加入电影的放映和对电影主题的讨论。这一时期加强了与大学的合作,与政府官员的联系则很少。

这一时期继续深化对"城市化与全球化"这一主题的研究,开始分为农村和城市两个部分单独深入的考察研究。

其中为了对中国的农村有更多地了解,2007年10月,ICI邀请到了中国北京大学对中国农村经济和发展有深入研究的经济学教授姚洋做了题为《中国农村的选举、问责和福利》(*Elections, Accountability, and Farmers Welfare in Chinese Villages*)的报告,这一报告从农村选举的背景、相关的数据、由此带来的行政支出费用、总的收入变化和收入再分配、健康冲击、消费平滑等方面探讨了中国的农村选举及其相关内容,最后得出结论。姚洋教授对中国村民委员会(VC)的组成、选举过程作了详细的分析,之后分析了选举存在的问题包括党委会(PC)与村委会(VC)的矛盾、VC与上级政府的矛盾以及选举过程中的贿选问题。他又利用两个图表说明了现在中国农村数量不断增加但却实现了100%的选举,公共支出有增加但行政支出有一定减少。此外姚洋教授分析了收入不平等问题,选举对农村的基尼系数产生了一定影响,基尼系数降低了 0.027 个百分点,但是这一变化不是通过收入再分配产生而是由于其他诸如更多的公共投资和工作机会的增多等。最终得出结论认为,农村的选举额增加了农村政府的适应性和责任意识,改善了收入分配等。①

针对城市的部分,2008 年 2 月在新学院大学举行了题为"深圳:中国增长最快的城市"的活动,不同于中国其他的城市,深圳见证了中国过去三十年的巨大变化,作为中国的第一个经济特区,仅仅一代人的时间,深圳就从农村而一跃成为拥有千万人口的大都市。这种令人窒息的城市爆炸性变化是全球生产和秩序过剩的试验品,是市场转型和社会控制的试验场,当然最重要的集体创造的过程。小组成员认为,这一系列的活动为他们提供了研究全球化下这个城市风貌变化以及由此带来的人们的焦虑等心理变化的可能性。这一活动包括小组讨论,电影放映,从深圳商业中心到边远农村,特别是建设环境,公民参与设计以及农村的社会问题等的展览。2008 年 2 月 13 日所播放的电影来自中国独立电影导演刘高明的《排骨:我只是卖盗版 DVD 的》,这部影片讲述的是一个名叫排骨的人的生活。在全球化浪潮下,中国经济飞速发展,排骨像很多农村年轻人一样由农村来到深圳寻求发展机会,来到深圳之后开始和朋友一块卖盗版 DVD,而且都是艺术片,这虽然侵犯知识产权,但是由于正版昂贵,而且又不放映艺术电影,认为这是市场的需要。② 这部电影体现了深圳这个中国发展最快的城市矛盾的一面。2 月 14 日进行的小组讨论的主题是中国人的艺术问题(Chinese Art for the Chinese? Chinese Art between the Local Scene and the Global Market Place)。2 月 7—27 日的展览的主题是"深圳:城市规划与城市中的村庄"。2 月 15 日举行的研讨会的主题是"烦扰的都市生活",关注城市设计与社会的关系。这个研讨会的内容涵盖了深圳的方方面面,小组成员探讨了深圳以及其他的由韩国扩展到印度的特殊经济圈一直到迪拜的城市群中的新兴城市所体现出的"即时"都市的现象("instant" urbanism)。这些城市是全球化的前沿阵地,这些基础设施相对完善的城市对于经济的持续发展抱有不切实际的

---

① 相关数据来自姚洋报告 Elections, Accountability, and Farmers Welfare in Chinese Villages。
② 参考新浪博客 http://blog.sina.com.cn/s/blog_4863873001017kir.html。

幻想。这些城市在精心规划自己的影响力和生产时，无论愿意与否，都会是与其他城市集体协作、分配和重组的过程。在全球化的背景下，这些城市需要协调相互之间的关系，但是在这些协作的过程中，总会存在不平等的情况。在这种情况下，城市的规划者和设计者就要根据城市居民的生活经验等来更好地理解和规划城市，同时考虑由此带来的一系列架构、连接等问题以创造一个更好的全球化下的城市（"global" city）。这次的活动主要就是探讨全球化下的城市存在的问题，反思城市规划和建设。

（三）加速发展时期（2008—2009）

这一时期的项目秉承前一阶段的主题"城市化和全球化"以及2008—2009年的主题"繁荣和不平等"设计展开。对于尼泊尔的持续关注是ICI的特点之一，这一阶段也不例外，进行了两项涉及尼泊尔的活动，并分别邀请到了尼泊尔的新任总理Pushpa Kamal Dahal和外交部长Upendra Yadav进行演讲。对中国和印度的研究也开始挖掘不同的角度，对中国的研究活动会更加的微观视角和可视化，例如放映了贾樟柯的电影《三峡好人》（*Still Life*），这是一部凭借其人文关怀而获得威尼斯电影节金狮奖的电影。[①] 另外还放映了独立电影人简艺的纪录片《超级女声》（*Super Girls*），这部电影反映的是当时中国流行的选秀节目所反映出的年轻人的叛逆和当时的流行文化。导演想要关注的是社会中的弱势群体，作为独生子女的80后们怎样看待所谓的主流文化，这部影片反映了中国迷失一代人青春的迷惘。ICI通过这一些电影放映来加深人们对中国的全面了解。印度方面，ICI在这一时期则主要关注了印度与周边国家的水资源问题。喜马拉雅山区是南亚次大陆九大水系的发源地，这一地区的水资源问题一直是敏感话题。因为当时有关于这一问题的并购，因此引起了ICI的关注，邀请到了原印度水资源部部长Ramaswamy R Iyer作主题演讲，演讲主要内容是印度与尼泊尔的水资源关系，介绍了2008年的水资源灾害以及对这类灾害的控制等问题。[②] 从

[①] 参考维基百科http://zh.wikipedia.org/wiki/三峡好人。
[②] 参考演讲文章Ramaswamy R. Iyer, WATER IN INDIA-NEPAL RELATIONS, The Hindu, 17 September 2008, Ramaswamy R. Iyer KOSI FLOODS 2008: SOME PERSPECTIVES, The Tribune, Chandigarh, 14 September 2008, Op-ed, PERSPECTIVE, Ramaswamy R. Iyer, THE FALLACY OF FLOOD CONTROL, The Indian Express, Op-ed, 19 September 2008。

举办活动的实践来看，ICI2008年举办的活动数量较多，且都进行的了非常认真地准备工作，活动内容丰富多彩，深入挖掘与印度和中国相关的内容，并促进相互间的交流。

从ICI成立开始，就对中国的文化以及与丝绸之路相关的内容给予了很大的关注，第一时期就关注了中国元朝时期蒙古统治下的艺术，认为当时就已经沿着丝绸之路展开与波斯、印度等的文化交流，第二阶段也举行了与丝绸之路相关的研讨会。到了这一阶段关于丝绸之路的研究更加深入。2008年8月在印度的加尔各答召开了题为"南部丝绸之路：历史联系和当代遗存"（Southern Silk Route：Historical Links & Contemporary Convergences）的研讨会，这次研讨会受到了很大的重视，有多个组织共同举办，包括泰国曼谷的亚洲奖学金基金会（Asian Scholarship Foundation）、加尔各答大学的南亚和东亚研究中心、新德里的观察家研究基金会（Observer Research Foundation）等。同时参与的人员数量也是庞大的，超过ICI举办的任何一次活动，共有各个领域的30名专家学者参与了此次的研讨会。

对亚洲各部分间的相互联系的研究是现代研究的重要主题。在当今全球化的时代，由于移民和商业交往而塑造的人们的跨界身份认同和多元化社会的形成是重要的议题。当区域政治影响到民族国家时，文化的发展会超越政治边界。该研讨会的目的就是研究丝绸之路上不同文化的交流，去发现连接中国的西南省份像四川、云南和印度东部的古老的以及还未被发现的贸易路线。这些参与其中的研究人员和将对丝绸之路进行首次的全面的了解，这对于过去、当代以及未来亚洲间的联系将具有重大的意义。此外，也将会对重新开放南部丝绸之路的政策的影响进行讨论。

研讨会的主要目的是通过讨论与南部丝绸之路相关的问题加深对中国、印度和东南亚国家的理解。这三个国家和地区文化具有多样性，历史上也有共同的贸易路线。所以无论是在历史上还是现在，他们都有着紧密的不可分割的联系。对于这项研究的意义来说，这项计划的愿景就是这条正在恢复的古老的丝绸之路继续促进国际贸易、加强区域合作，促进参与人员观点的交流和碰撞，为以后的研究打下基础。

研讨会的人员从历史和现代两个方面来进行讨论。就历史部分而言，研讨会人员探讨的是这一地区在沦为殖民地之前的"无边界的文化空间"和"文明纽带",通过探讨使参与者有对这一地区从殖民时期到现在的固定边界流动性和重要性的深入理解。同时将不同时期边界的变化进行对比,以便能更好地理解地理和政治条件变化对国家变迁的影响以及对社会和未来重要性的理解。丝绸之路涉及了各种各样的文化、语言、习俗和民族。而更关键的是丝绸之路上存在的中间国家和社会的作用和贡献。所以该次研讨会对于处于中间位置的缅甸给予了很大关注。这些国家在向其他国家商品交换和思想交流的过程中发挥了重要作用。同时它们也受到了其他国家商品和商业的影响。丝绸之路上有商品的交换和人员的往来、有游牧民族和定居民族沿着不同线路的相互作用以及如何适应了、更广泛的迁移模式的问题。他们的研究同时还涉及了在丝绸之路上的一些特殊的族群,例如 the Haws,the Bais,the Kachins,the Ahoms,and the Khamtis。从当代研究来说,亚洲已经先于欧洲成为世界经济的中心。现在亚太想要重新建立过去的那种由他主导的秩序。冷战的结束消除了两个超级大国间的意识形态的冲突,也使得亚太地区政治体系的结构和活力发生了很大的变化。据估计亚洲占据了全球总收入的 50%,而中国和印度引领着这个地区经济的发展,对于亚洲的一体化人们似乎可以抱有乐观的态度。但是"新亚洲"仍然只是一个想法,是一些区域内集团的假定,或者说对一些人来说,至多是经济和社会协同加强的"联合的新亚洲"。

从该计划的实施来看,主要分了小组进行讨论并且有电影《缅甸:被遗忘的战争》的放映,讨论的议题主要有:1) 历史联系的分析:贸易和文化交流;2) 民族、思想和身份认同的迁移变化;3) 当代政策制定中的共识和分歧以及昆明计划:走向协同? 4) 南部丝绸之路的社会经济影响;5) 正在形成的亚洲内部联系:理论工具和和可行性。

从会议的内容来看,丝绸之路是否存在首先就是个争议的话题。在研讨会上不同的学者专家就给出了不同的看法,来自纽约城市大学的 Tansen Sen 教授认为没有足够的证据证明丝绸之路的存在,而来自伦敦东方及亚洲研究中心的伊利莎白·摩尔则认为丝绸之路是存在的,这可以从缅甸的一些文章中找到证据证明缅甸与中国的云南省确实存在着联系。通过对各种问题的讨论,参与人员一致认为,虽然还需要更多的证据去证明历史上丝绸之路的存在,但他们更愿意将"丝绸之路"看作是一个"隐喻"而不一定是历史上确定存在的一条线路,它代表的是历史上曾经可能存在而后消失了的贸易路线。对于为加强区域联系而提出的昆明倡议(the Kunming Initiative),中国明显要比印度积极,起码印度不是完全的参与其中。印度的一位政府官员指出印度由于存在对中国的担心,不会轻易打开印度和缅甸边界的通道。这种对中国的恐惧主要来自两个方面:一是担心中国的商品会倾销到印度的东北部,二是担心中国利用这一地区的华侨华人改变印度东北部的政治形势。①

(四)平稳发展期(2010 至今)

ICI一如既往的进行印中美三边关系的研究,在这一时期的一个重大变化是,ICI 任命了两名新的董事——Mark Frazier 和 Sanjay Reddy,他们的加入拓展了 ICI 研究的宽度和深度。此外,2012 年 ICI 网站运营也发生了重大变化,ICI 的官网内容更加丰富清晰,原有的新学院大学之下的网站内容只是对 ICI 的简单介绍以及 2010 年之前活动的总结。在独立的官网上按照主题的形式将历年举行的活动进行了分类,不再是按年份划分。

这一时期的项目内容更加的丰富多彩,涉及的面也在不断拓展,实地的考察项目也在不断增多例如对中国四川省的实地考察,了解当地的生活环境等。研究所会根据与中印两国相关的时事热点的发生来涉及相关的项目和活动,并前瞻性地探讨相关问题,例如探讨中国、印度和东盟的关系以及他们的未来发展。由于环境问题的日益严峻,加之中国和印度这两个发展迅速的发展中国家在发展的过程中也面临着越来越多的环境问题,解决这些问题需要新的思路和方法,尤其需要用创新的理念来思考解决的办法,因此这一时开始关注的主题倡议是环境可持续发展的社会创新(Social Innovation for Sustainable Environments)。针对这一主题,研究所展开了多项活动。其中包括中国的环境主义和公民行动、从历史和创新的角度看待中国和印度的环境、四川以及生态学与喜马拉雅山为主题的秋季课程等。此

---

① 参考 ICI 演讲文章 International Workshop on Southern Silk Route。

外,ICI也一直在关注前两期的议题即城市化与全球化、繁荣与不平等的问题,这一时期的很多活动也是就此展开的,例如印度的亚城市化,认为印度的城市化是独特的,不仅包括人员的迁移,地方也在不断变化,而这些是人们自己来选择的;印度中国对话项目关注贫穷和不平等中的繁荣。

2012年4月ICI举办了印度中国对话项目关注贫穷和不平等中的繁荣问题,主要分为两个阶段,第一阶段探讨这一问题的原因、存在形式和带来的后果,第二阶段主要探讨不同国家和社会对此的反应和回应。

在第一阶段主要关注的问题有:1)印度政治的不平等。2)中国成立后的历次改革过程中中国政治经济的不平等,由约翰霍普金斯大学的Kellee S. Tsai做主题演讲。他回顾了中华人民共和国成立之后的历次改革,包括经济改革和政治改革。首先是毛泽东时代包括土地改革、大跃进和"文化大革命"在内的中国的变化,然后进入到中国的改革开放时期,涉及多个方面,经过这一系列的改革中国经济获得了很大的发展。他进而分析了多种发展模式,包括苏南模式、温州模式等,但是由此带来的是不平等,包括东中西部的不平等,以及政治上的民众骚乱等问题。3)中国经济实力增强、国际影响力增加与国内繁荣共享的脱节。这一演讲认为,中国经济的快速发展已经显著改变了国际经济的平衡,但是这与国内繁荣的共享却是不成比例的。在过去的30年里,中国的GDP增长了14.5倍,成为世界上最大的商品出口国,但与此成反比的却是国内收入分配不平等的不断扩大,然后进一步分析了中国是否能解决以及如何解决这种脱节问题。4)印度经济新自由主义时代:包容性增长还是不平等的增加?

第二阶段主要关注中国和印度社会对这一问题的反应,主要有:1)不稳定的力量:中国基层政府如何解决民众骚乱问题(The Power of Instability: How the Grassroots State Absorbs Popular Unrest in China),美国密歇根大学社会学副教授、普林斯顿高等研究院研究员李静君(Ching Kwan Lee)探讨中国的维稳问题。李教授认为中国维稳的压力越来越大,"根据官方统计,1993年抗议人数是10万人,而到了2010年则攀升到了180万人;在

1993 年每天发生 24 起,而在 2010 年每天会发生 500 起的抗议事件"①。之后李教授使用实证主义的方法对上海与深圳 2008—2010 年基层官员与民众发生的冲突做了统计和分析。2) 印度国家的能力陷阱(The Capability Trap of the Indian State),研究印度的复合不平等和政治暴力等。

针对于环境问题,ICI 在 2012 年 11 月举行了题为"印度和中国的环境:历史和创新"的活动,分成了三个部分:生态、历史和创新。

第一部分中主要探讨了以下问题:1) 印度和中国的环境问题。2) 创新工作者利用生态科学作为工具的含义方式(Meaning, Model, and Metaphor in Ecological Science as Tools for Interacting with Innovators)。3) 以青藏高原为例,强调如何为了改善政策进行科学和文化的整合,主讲人是北京大学教授、山水自然保护中心的创始人吕植。② 在这篇演讲当中,吕植教授首先探讨的就是青藏高原所特有的一种鸟类——藏鸦,由于其分布生活习性与当地文化的关系等,这种鸟被看做是一种新的圣鸟。然后探讨了当地的绿地政策。吕教授列举了措池村的例子来说明,保护政策应该与当地实际情况以及当地居民相结合,当地的治理决定可以由村民共同决定,他通过数据分析认为传统文化浓厚的村庄鸟类多样性更高,最后分析了三江源地区——独特的生态文明带,应该由当地社会进行自下而上的成本适中又基于文化基础的保护,综合考虑文化意义和生态意义的发展,同时它的发展又应该是当地收入的基本来源,保证当地居民的生活。

第二部分从历史的角度分析:1) "书写亚洲的环境历史:气候、水和可持续发展"议题,由印度维德雅瑟格大学的 Ranjan Chakrabarti 主讲,探讨南亚的水资源问题。水资源问题是南亚个国家政治中心议题之一,在南亚关于水资源的争端很多,水资源也是南亚发展的关键。而喜马拉雅山冰川的融化又会给印度中国这样的国家里可能有几百万人会受到洪水灾害的影响。他进一步说明由于气候异常会产生"环境难民"。因此他呼吁人们关注印度的气候和水的问题。2) "中国改革过程中对自然的征服:借鉴中国寻求可持

---

① 参考 Ching Kwan Lee THE POWER OF INSTABILITY: How the Grassroots State Absorbs Popular Unrest in China,http://indiachinainstitute.org/wp-content/uploads/2012/10/Ching-Kwan-Lee-PPT-4-. 28. 2012. pdf。
② 参考山水自然保护中心网站 http://www.hinature.cn/Landscape/。

续发展"。这里作者用了众多的图片说明中国经济的大发展与环境恶化之间的对比,经济发展了,环境形势却越来越严峻,面对这样的问题,中国政府已经开始寻求一些方法,民众也纷纷行动起来要求改善环境,减轻污染。3)"印度和中国的环境历史"。这次是在人民大学举办的中印两国学者探讨人与自然关系的研讨会。

第三部分主要有四个主题演讲,分别是:1)创新的努力:抱树运动(The Chipko Movement)的追溯。主讲人 Sanjay Chaturvedi 强调"生态是永远的经济"。抱树运动是上世纪70年代的一场社会运动。当时喜马拉雅山区的森林被大量砍伐,而当地的妇女是以此为生的。因此,她们抱住大树阻止树木被砍伐以此抗议政府,最终保护了喜马拉雅山地区的大片森林。于是人们又将这一方法运用到其他的方面,例如候鸟的保护、抵制转基因食品、海洋的保护等等,进而探讨了这一方法存在的问题,以及这一方法是否可成为一种创新。他最终得出结论认为,是有创新的可能性和可行性的,显示了政治参与的重要性。2)资源可持续利用的可行方法。来自北京师范大学的董世魁教授探讨了以兴都库什—喜马拉雅地区草原保护为例的面对全球变化可行性的保护自然资源的管理办法。无论从生态角度、动植物种类的丰富性还是自然景观等方面来看,这一地区的草原环境都具有非常重要的作用,但是全球气候变化也已经导致冰川融化、植被退化等环境问题,随之而来的是干旱、荒漠化。当地居民不得不去适应这种变化。董教授进而提出了解决问题的一些策略。3)设计城市环保活动。4)政治创新:以印度和中国为例。

三、经验与启示

印度—中国研究所从成立至今不足10时间,经过近十年的发展,逐渐有了自己发展的特点,开始受到一些关注。但是,作为成立不到10年的研究机构来说,ICI 也确实存在很多不足之处,国际影响力还远远不够。

(一)合作伙伴多元、合作类型多样

ICI 依托于美国新学院大学,是一个学术型的研究机构,非常重视与印

中美三国大学的合作。与印中美三国的很多大学都有较为密切的联系,每次活动邀请的专家学者除了ICI研究人员外,很多是这三个国家知名大学的学者教授,因此使得ICI的研究具有了很强的学术性和前瞻性。除原有的长期合作伙伴云南大学和加尔各答大学之外,ICI的董事人员等也对印中美两国更多的大学进行很多的友好访问,加深相互间的了解,为ICI与他们的进一步合作奠定基础。例如,2013年1月ICI高级主管Ashok Gurung访问四川大学巴基斯坦研究中心,洽谈四川大学与ICI的学生交流项目。[①] 2012年11月ICI与纽约州立大学布法罗分校(UB)合作,准备共同举办2013年的夏季教师学者计划,从新的角度来看待印度和中国这两个古老的国家。[②]

从成立开始,ICI不断拓展合作伙伴的类型,合作伙伴逐渐多元化。除了与众多的大学以及最初的零点咨询集团合作外,ICI还与环保方面的NGO,例如中国的自然之友和山水自然保护中心展开了关于环境可持续发展的合作。与其他的一些机构,例如鲁宾艺术馆和摩天大楼博物馆以及独立的出版机构Anthem Press等进行合作。邀请做演讲、参与项目和活动的人员也不再局限于学者和学生,还有很多是来自这三个国家公司主席,例如中国万通集团主席冯仑、住总集团主席张桂林等。此外,"引进来"与"走出去"相结合,ICI还参与到与中印关系研究或者是ICI项目内容有关的机构组织的活动中,Ashok Gurung成为Anthem Press中印研究编辑委员会成员,并共同组织编写了 *India and China: Interactions through Buddhism and Diplomacy*。[③]

ICI最初举办的活动大都是在新学院大学内部,与之合作的也仅仅是新学院大学内部的各院系,随着它的不断发展,开始将合作地点扩展到其他的大学和国家,尤其是在印度和中国的实地调查的项目增多。

(二)项目涉及面广又紧扣主题

ICI项目内容涉及的非常广泛,政治、经济、文化各方面均有涉及,但是因为每一阶段都会根据形式的发展来确定新的倡议和主题,因此,ICI的活

[①] 参考四川大学巴基斯坦研究中心网站 http://www.pscscu.com/ViewNews.aspx? N_id=10&id=1090。
[②] UB to Host India-China Institute for Teachers Next Summer UB官网 http://www.buffalo.edu/news/releases/2012/11/13783.html。
[③] 参考 http://www.anthempress.com/anthem-iseas-india-china-studies。

动和项目并不是杂乱无章的,而是会紧扣主题。而且在整个发展过程中,它的项目是有连续性的,例如对尼泊尔的持续关注。此外,项目的一脉相承表现也是明显的,每一时期都有每一时期的主题,但是并不是说到了新的时期有新的主题之后原来的议题就不再关注了,是持续性的,都有对三大倡议——全球化和城市化、繁荣与不平等、环境可持续发展的社会创新的不断深入的研究。而且ICI特别重视人的作用,因此他所倡议的新学者计划也在不断进行,2013年11月将进行第三次的新学者计划。ICI的这一项目得到了其他一些机构和智库如SIID的赞赏和支持,并给予了关注。①

(三)影响力略显不足

由于是一个学术性较强的NGO,与政府的联系相对较少。虽然ICI每年都会举行大量的活动,对活动内容的介绍也较多,有相应的较为完备的资料,但是对于一些重点项目和活动的总结不够,仅仅是这些活动的召开时间地点人物和简单的内容介绍,这些活动的后续发展和影响很少涉及。受到的关注还不是很多,从中国方面来看仅仅是2010年在印度举行的《驻加尔各答总领事毛四维出席"印中再思考"国际研讨会》的报道受到了中国外交部的关注,但是这次活动是十多个基金会及NGO合作举行的,ICI仅是其中之一。② 从印度方面来看,《印度时报》(*The Times of India*)有一个主题涉及了ICI,从内容来看主要是与印度和中国相关的新闻,而不是对这个研究所的介绍。③ 从美国方面来看,主要是受到了一些大学的关注,对于政府之类的影响则较小。所以总体来说,ICI的国际影响力还不是很大,有待进一步的发展。

---

① 参考 SIID 网站 http://www.cprindia.org/seminars-conferences/4634-third-interdisciplinary-emerging-scholars-symposium-india-china-studies。
② 参考《驻加尔各答总领事毛四维出席"印中再思考"国际研讨会》,中国外交部 http://www.fmprc.gov.cn/mfa_chn/wjdt_611265/zwbd_611281/t726667.shtml。
③ 参考《印度时报》http://timesofindia.indiatimes.com/topic/India-China-Institute。

多国互动研究的一种智库尝试

赵瑞琦*

源自美国的印度和中国研究智库,明眼人一见便知,这肯定是关注三大国间互动的。没错,印度—中国研究所(ICI)成立的初衷就是化解美、中、印三国互动中的挑战与矛盾,促进认知、理解与对话、协商。

这并不是一个很有名气的智库,无论是搜索中文世界还是英语世界,所得结果都不令人满意。不过,考虑到它成立尚不足10年,正式、规范化的操作更是最近几年的事,有现在的成绩已属不易。所以,理解它的操作哲学与运作模式,并将其中具有普遍意义的元素加以学习和引进,正当其时,也最有价值。

为了探究美、中、印关系的实然与应然,ICI探索出了有普遍意义也具有针对性的活动和发展路径:

1. 随行就势地依据形势变化调整研究方向

国际形势总是变动不拘的,为了能够了解行情、抓住大势,ICI总能从社会基本层面出发、掌控热点,根据形势发展制定不同的主题和倡议,从中印对比的角度出发,为每一时期项目活动的开展提供指导、确定新的倡议和主题。难能可贵之处还在于,ICI能够以不变应万变,紧扣主题、保持项目的连续性。这一点对于品牌的树立非常重要。

2. 形式多样地开展学研活动

人才是智库最重要的资产。为了提升人才储备,ICI提供的奖学金既包括促进成熟学者去解决现实问题,也关注中印新兴学者包括研究生和博士生,

---

* 赵瑞琦:察哈尔学员研究员,中国传媒大学副教授。

注意促进阶段不同、学科有别和职业各异的学者间的交流。为惠及更多学生,ICI 还专门设计课程,对中印大学生进行培训,以促使他们以新的视角看待彼此。考虑到印度精英阶层普遍存在的对华"悲情意识",这种经历对于消除刻板成见非常重要。

3. 不拘一格地吸纳合作伙伴

ICI 的成员均来自印、中、美三国,这样可以消除文化差异,避免隔靴搔痒,更好地设计和展开工作。国别问题专家可不是自封的,写几篇关于某国的文章只是入门级的小儿科,要懂当地语言、在当地生活过、和当地有较密切的联系、发表过论著,才叫专家,一般的记者或商人,那不能算专家。

4. 关联政治视野确定研究方案

ICI 所涉国别包括美、中、印三国,所涉用户包括政治领导者、社会管理者、公共舆论操控者以及知识分子和学者,所要解决的问题是如何用共同、共通的方法来应对面临的挑战,从而促进社会的变化和进步。为了贴近现实,ICI 注意从关联政治视野来确定研究方案和开展活动:注意美中印的关联性,它们与亚洲其他部分的关联性;尤其是,在研究国家间关系时,超越表层的波浪,并不就外交谈外交,而是注意从社会、文化、经济、历史的层面着手,注意历史河床对于河流的规定性。

他山之石,可以用来琢磨自家璞玉。中国智库可以从 ICI 的实践中得到如下启示:

1. 在研究定位上,要高屋建瓴、适度超前,避免"大帝国、小心眼",以更强的责任感和更广阔的大国视野,来研究和思考问题,形成中国气象。这种气象要注意思维独立、公共意识和创新精神的建构,不要一味地论证本国政府的合法与正当、报喜不忧。

2. 组建融合各个学科的研究共同体,运用科学实证的研究方法、研究工具,以理解复杂的现实和不断出现的新问题,进而从综合的视野提出政策建议、服务决策。

3. 走国际化的路线,进行国际合作,聘请国外研究员,派遣访问研究员。在此基础上,更大范围内、更高频次地举办研讨会、调研等各种活动,并注意传播方式和效果,确立国际话语权。

4. 要跳出外交研究外交。分析国家间关系互动的变量,不能满足于看资料和听汇报,更不能浮于泡会议和喝咖啡,要深入一国基层社区,查究毛细血管和内部肌理。惟其如此,才能真正把握影响一国外交方向的内部博弈,进而说出值得一听的话来。

目前,中国面临巨大的国内转型与国际转型——从地区大国走向全球大国。国家不幸诗人幸,面对转型中的挑战和问题,在全球化和信息化的复杂背景下,那些能够从多边互动角度出发,研究中外利益之间错综复杂的结构,并制订有效政策方案的智库,必将脱颖而出。

第九章 专业的影响力:欧洲对外关系委员会

一、欧洲对外关系委员会简介

欧洲对外关系委员会(the European Council on Foreign Relations,简称ECFR)成立于2007年10月,是第一个泛欧洲性的智库、独立的非政府组织,与欧盟及其所属机构没有直接隶属关系。其宗旨是对以欧洲价值观为基础的连贯有效的欧洲外交政策的发展进行研究,同时促进泛欧洲性的讨论①。

在其成立初期(2007年—2009年秋),欧洲对外关系委员会隶属于开放社会基金会(the Open Society Foundation,截止目前,开放社会基金会仍是欧洲对外关系委员会最重要的捐款来源)②。2009年秋开始,欧洲对外关系委员会向独立法人组织过渡,至2010年2月11日成为完全独立的法人组织,已分别于2010年和2011年在德国和英国注册成为慈善法人实体(不需缴纳公司税务,英国境内捐款人对ECFR捐款即可获得纳税优惠,同时,捐款人每向ECFR捐款1英镑,ECFR将会从英国皇家税务及海关总署获得额外的25便士③),开始构建自身的运作和管理体系,逐渐成熟并高效运作。

欧洲对外关系委员会成立6年来,从一个新兴智库迅速发展为具有显著

---

① ECFR 官方网站:http://ecfr.eu/content/about/。
② European Council on Foreign Relations, *Report and Financial Statements Period ended* 31 *December* 2010, p.4, June 14, 2011.
③ ECFR 官方网站:http://www.ecfr.eu/donors/join。

影响力的全球知名的国际性智库。在由美国宾夕法尼亚大学发起的全球智库综合性排名中,欧洲对外关系委员会从 2008 年起到 2012 年,一直保持在第 9—13 名(非美国智库排名),同时连续两年(2008 年和 2009 年)被评为"近 5 年内最优秀的新兴智库"①,2012 年在"最具创新性政策理念"的全球智库排名中名列第 9。2010 年,欧洲对外关系委员会还被《展望杂志》(*Prospect*)评为"英国境内处理非英国事务最优秀的智库"②。

二、欧洲对外关系委员会独特的人员构成

欧洲对外关系委员会主要由执行董事会及其领导下的理事会、专家库以及驻 7 国首都办公室构成,其独特的人员构成是欧洲对外关系委员会取得显著成就的关键。

(一)执行董事会的人员构成

欧洲对外关系委员会由其执行董事会管理,执行董事会负责委员会的风险评估与管理,并按照委员会章程定期召开会议与年度退休会议,同时根据英国法律相关规定,负责制定董事会及经济状况报告③。

作为委员会的主要决策机构,执行董事会的董事是以在欧洲政治领域里的能力、经历以及影响力为标准,通过邀请而聘用产生的。目前,执行董事会共由 10 名董事构成,芬兰前总统、2008 年诺贝尔和平奖获得者 Martti Ahtisaari,德国前副外长 Joschka Fischer 与欧洲和平行动委员会前总裁、开放社会基金会布鲁塞尔分支机构执行董事 Mabel van Oranje 为欧洲对外关系委员会执行董事会共同主席。在委员会执行董事会中,政府前高级官员

---

① University of Pennsylvania, *2008 THE GLOBAL "GO-TO THINK TANKS"*, PA USA 19104-6305, January 19,2009; University of Pennsylvania, *2009 THE GLOBAL "GO-TO THINK TANKS"*, PA USA 19104-6305, January 31,2010; University of Pennsylvania, *2010 THE GLOBAL "GO-TO THINK TANKS"*, PA USA 19104-6305, JANUARY 18,2011(Updated 1/25/11); University of Pennsylvania, *2011 THE GLOBAL GO TO THINK TANKS REPORT*, PA USA 19104-6305, JANUARY 18,2012; University of Pennsylvania, *2012 GLOBAL GO TO THINK TANKS REPORT AND POLICY ADVICE*, PA USA 19104-6305, January 28,2013.
② "Think Tank of the Year Awards—the winners", *Prospect*, NOVEMBER 5,2010, http://www.prospect-magazine.co.uk/blog/think-tank-of-the-year-awards-the-winners/#.Umco-aKBSgm.
③ European Council on Foreign Relations, *Report and Financial Statements Period ended 31 December 2011*, p. 2, May 31,2012.

及国际政府间组织成员共 4 人,占董事会总人数的 40%,如前总统、外交大臣或欧盟共同外交与防务政策高级代表、世界银行组织高级官员以及诺贝尔和平奖获得者等;非政府组织、智库或基金会高级成员共 4 人,占董事会总数 40%;公共知识分子共 1 人,占董事会总数 10%;国际投资公司主席共 1 人,占董事会总数 10%①。

执行董事会中,董事们具有极其显赫的社会背景、丰富的人脉资源以及长期的工作经验,确保了董事会以及整个对外关系委员会的高效运作,也为委员会的迅速发展集聚了充分的社会、政治和经济资源,为委员会的成功奠定了坚实的基础。

(二)理事会的成员构成特色

理事会是欧洲对外关系委员会的主要机构之一,由执行董事会领导,现已集聚了来自欧盟成员国以及候选成员国近 206 位社会影响力卓著的会员。理事会每年举行一次全体成员大会,讨论当前欧洲外交政策面临的挑战,并通过地域性分配以及专题研究,向 ECFR 工作人员提供关于政策理念的建议和反馈意见,并且协助 ECFR 在其国内展开活动。同时,英国、德国、西班牙、法国、意大利、罗马尼亚和波兰的理事们还在 ECFR 驻 7 国首都办公室从事研究及相关活动。理事会成员每届任期三年,并可由 ECFR 执行董事会再次邀请而获得连任②。理事会为欧洲对外关系委员会的课题选择,项目设立以及其他活动的展开予以积极协助,同时向 ECFR 的运行等提供各种意见和建议。

从理事会的发展历程来看,2007 年理事会共有 50 位成员,至 2013 年时,已经发展成为 206 名成员(2007—2009 年,ECFR 隶属于开放社会基金会),增长了近 312%,年均增加 26 名成员,年均增幅为 52%。4 年时间里,理事会发展迅速,人数增加了 63.5%。从理事会的成员背景来看,欧洲对外关系委员会明显不同于其他主要以学者为主的智库,前任或现任政府及政府间国际组织高级官员共 108 人,如爱沙尼亚现任总统 Toomas Ilves 和保加利亚外长 Nickolay Mladenov 等,占理事会总人数的 52.4%;原属或现任

---

① ECFR 官方网站:http://www.ecfr.eu/content/council/board。
② ECFR 官方网站:http://ecfr.eu/content/council/about。

其他智库、基金会或非政府组织成员共59人,如多瑙河与中欧研究所主席Erhard Busek等,占理事会总人数的28.6%;公共知识分子(高校教授、学者与作家)共19人,如雅典大学教授Loukas Tsoukalis和牛津大学国际关系教授Kalypso Nicolaïdis等,占理事会总人数的9.2%;商界领袖共12人,如宙斯资本管理有限公司(Zeus Capital Managers Ltd)首席执行官Stelios Zavvos和瑞典瀑布能源公司(Vattenfall AB)首席财务官Ingrid Bonde等,占理事会总人数的5.8%;新闻行业共6人,如葡萄牙知名记者Teresa de Sousa等,占理事会总人数的3.0%;其他2人,占理事会总人数的1.0%①。

具体来讲,在理事会中,具有政府及政府间国际组织背景的成员比例高达50%以上,从官员级别来看,有前任或现任总统、总理、外长或外交大臣、驻外大使、财长、国防部长或防卫大臣、各国国会议员、国内央行高级官员、欧洲议会议员、欧洲委员会成员、欧洲央行高级官员、欧盟高级官员、北大西洋公约组织高级官员、联合国前高级官员等等。如此庞大且具有显赫政府背景的成员,大多数是欧洲各国对外政策的制定者(或曾经参与制定),自身拥有极为广泛的社会与政治影响力,为理事会乃至对外关系委员会的运作、课题及项目的选定、驻7国首都办公室在所在国活动的展开、资金的募集、丰富的社会和政治资源的获取提供了巨大的支撑作用。欧洲对外关系委员会名义上及运作方式上是独立的非政府组织及智库,但其与欧盟的关系极为深厚,联系也极为密切,这为欧洲对外关系委员会的实力和地位以及社会影响力创造了极为有利的条件。

在理事会中,具有其他智库、非政府组织以及基金会背景的成员占到了总数的29%,这些成员们具有丰富的国际组织工作经验,为ECFR的高效运作提供了极有价值的资源。另外,在理事会中,世界知名高校的教授、学者及作家等公共知识分子、商界精英以及新闻行业人员(记者、编辑等)占总数的18%,这些来自牛津大学等世界一流名校的知名教授、学者、知名作家以及在其他著名智库或基金会从事相关研究的人员以及商界与新闻行业的精英们是理事会乃至委员会各项研究项目的支柱。

---

① ECFR官方网站:http://www.ecfr.eu/content/council/members#austria。

欧洲对外关系委员会成员的背景特色正是其与其他类型的智库的显著不同之处，也是其取得今天成就的关键。超过半数具有官方背景的成员，为ECFR带来了得天独厚的优势，ECFR的高效运作、研究课题与项目的设置和展开、在欧盟各成员国的高端会议及其他活动的举办、资金的募集、社会影响力的提升，均与其成员的背景特色密切相关。

（三）专家库的成员特色

专家库是欧洲对外关系委员会的主要研究人员，其成员来自整个欧洲，专家库成员是各项课题及项目的主要承担者与参与者，是欧洲对外关系委员会的支柱，负责通过泛欧洲性的创新性研究项目推进ECFR的目标的实现，其活动还包括年度政策报告的出版，公共辩论，私人聚会以及在欧盟成员国首都举行"ECFR之友"聚会等。

专家库现有35位专家，均来自欧盟成员国以及候选成员国。专家库的成员有着极为深厚的学术背景与科研能力，平均每位专家擅长4个领域的问题，同时精通3门语言，如Fatima Ayub女士，擅长于安全与选举领域改革、冲突分析、伊斯兰运动、人权、妇女权利和市民社会发展等6个领域的问题研究，同时擅长使用英语、法语和波斯语三门语言。在专家库中，擅长2—5个问题领域的成员共计27人，占总数的77%，精通2—3种语言的成员占总数的68%，精通4—5种语言者达到了总数的23%[①]。专家库成员的学术背景保证了欧洲对外关系委员会各研究项目的高效运作以及研究成果的水准与价值，也是欧洲对外关系委员会取得的成就的核心所在。2010年，欧洲对外关系委员会的专家被邀请向欧盟外交政策高级代表凯瑟琳·阿什顿（Catherine Ashton）以及欧洲理事会常任主席范龙佩（Herman Van Rompuy）作报告，这是欧盟对ECFR专家的研究水准以及ECFR的实力地位的认可。

三、欧洲对外关系委员会的项目运作

欧洲对外关系委员会汇聚了来自欧洲的杰出研究者和政策实践者，依

---

① ECFR官方网站：http://www.ecfr.eu/content/experts/。

托于其驻欧洲7国首都办公室,通过泛欧洲性的创新性研究项目推进其目标。作为支撑平台,ECFR驻7国首都办公室承担了欧洲对外关系委员会的基本研究工作。作为ECFR的品牌研究项目,"欧洲对外政策积分卡"是欧洲对外关系委员会最具特色的研究项目,其年度出版物受到了广泛的关注,尤其受到了欧盟及其成员国的关注。ECFR的重点研究项目现有9个,分别根据欧洲对外政策的需要以及国际形势的变化而设置,每一个项目的设立、推行以及研究成果的出炉,都具有ECFR鲜明的运作特色。

(一)欧洲对外关系委员会的支撑平台:驻欧洲7国首都办公室

欧洲对外关系委员会最重要的实体机构是设立在欧洲7个国家首都的办公室,这7个办公室承担了欧洲对外关系委员会的主要研究项目与课题,是委员会的日常运营机构,是欧洲对外关系委员会展开研究、辩论、咨询以及交流的主要平台,负责在所在国举办各种活动与私人聚会,并与各国媒体展开深度互动,为ECFR拓展社会影响力,同时,驻各国办公室就欧洲对外政策以及欧洲一体化等问题展开泛欧洲性的讨论,并将其反馈至委员会分析研究。

欧洲对外关系委员会在2007年分别在英国首都伦敦、法国首都巴黎、德国首都柏林、西班牙首都马德里、保加利亚首都索菲亚设立了办公室,在2010年1月驻意大利首都罗马办公室成立,2011年9月,驻波兰首都华沙办公室正式设立运行。ECFR还计划未来在欧盟总部所在地——比利时首都布鲁塞尔设立办公室。

欧洲对外关系委员会驻7国首都办公室由驻伦敦办公室领导,就ECFR泛欧洲性的分析与研究通力合作,积极展开泛欧洲性的讨论。同时,在所在国拓展社会与政治影响力,并促进资金来源的多元化和稳定化,为ECFR的高效稳健运转提供充实的保障。

1. 欧洲对外关系委员会驻英国伦敦办公室

欧洲对外关系委员会驻英国伦敦办公室负责管理ECFR泛欧洲性的研究与分析、ECFR的资助方与ECFR的关系以及ECFR媒体宣传活动的运营,同时向ECFR在欧洲其他国家的办公室提供战略性的意见和建议[①]。

---

① ECFR官方网站:http://ecfr.eu/content/london。

欧洲对外关系委员会驻伦敦办公室由 Mark Leonard 负责管理，Mark Leonard 是英国前首相托尼·布莱尔资助的智库——"对外政策中心"的创建者。目前，ECFR 驻伦敦办公室由 1 名办公室经理、1 名财务与运营人员、16 名 ECFR 理事会成员、4 名高级管理人员、12 名政策研究人员和 6 名负责对外宣传与交流协调人员组成。

伦敦办公室的特色活动是负责举办 ECFR 的"黑咖啡之晨"（Black Coffee Morning）系列讨论活动，该活动主要是聚合来自 ECFR 的专家们对涉及欧洲以及欧洲在全球扮演的角色的问题进行广泛的讨论①。"黑咖啡之晨"活动已经成为政策制定者与专家进行互动交流、辩论与加深理解的平台。此外，伦敦办公室单独或与 ECFR 驻其他国家办公室一同承担了 ECFR 的研究项目与课题。

2. 欧洲对外关系委员会驻法国巴黎办公室

欧洲对外关系委员会驻法国巴黎办公室以法国的视角展开分析研究，帮助 ECFR 促进关于欧洲对外事务问题的泛欧洲性的辩论，同时，法国办公室协助 ECFR 专家在法国进行相关研究，并为 ECFR 专家们提供机会与平台向法国公众表达观点与看法②。

欧洲对外关系委员会驻巴黎办公室由《金融时报》布鲁塞尔前总编辑、《欧洲之声》前记者 Thomas Klau 领导，共有 3 名主要工作人员和 19 名 ECFR 理事会成员组成。

欧洲对外关系委员会巴黎办公室自 2008 年以来已经组织了一系列影响较大的活动，如举办 ECFR 理事会全体会员大会、新闻发布午餐会以及与其在法国的其他合作组织如 Calouste Gulbenkian Foundation、EUISS、CERI at Sciences Po 和 Asia Centre 等一道举办公共辩论。巴黎办公室的特色活动是与"EuropaNova"和"Friends of Europe"一道推行"欧洲青年领导计划：40 个 40 岁以下青年"项目，该项目旨在为欧洲培养下一代意见领袖。巴黎办公室还承担了 ECFR 的其他研究项目以及相关课题③。

---

① ECFR 官方网站：http://ecfr.eu/content/london。
② ECFR 官方网站：http://ecfr.eu/content/paris。
③ ECFR 官方网站：http://ecfr.eu/content/paris。

3. 欧洲对外关系委员会驻德国柏林办公室

欧洲对外关系委员会驻德国柏林办公室位于欧盟最大的成员国——德国首都柏林,在推进 ECFR 就欧洲对外政策等问题展开泛欧洲性的谈论方面扮演着至关重要的角色。在基本研究项目——"在欧洲的德国"的框架下,柏林办公室聚焦于研究德国在欧盟中逐渐演变的角色。柏林办公室长期与德国外交部合作,同时也与其他成员国的外事部门以及欧洲的一些基金会保持合作①。柏林办公室举办了一系列的高级别活动,并定期召开公共讨论。

欧洲对外关系委员会驻柏林办公室由德国联邦议会前高级顾问 Olaf Boehnke 负责领导,共有 3 名主要工作人员以及 22 名 ECFR 理事会成员组成。

欧洲对外关系委员会在其他四国首都的办公室都承担了 ECFR 在所在国乃至本地区进行的研究项目与课题,同时发起并展开了一系列泛欧洲性的讨论,并以所在国的视角审视欧洲对外政策,同时为 ECFR 提供各种意见和建议。

欧洲对外关系委员会的成功,其根基在于其泛欧洲性的实体平台支撑下而展开的一系列泛欧洲性的讨论、活动、研究项目及其他课题。欧洲对外关系委员会驻各国办公室的成员中,具有高级别官方背景的所在国 ECFR 理事会成员为各办公室推行各种活动提供了丰富的社会资源。通过驻 7 国办公室,ECFR 得以在欧洲乃至全世界发挥自身的影响力。

(二)独具特色的研究项目:"欧洲对外政策计分卡"

"欧洲对外政策计分卡"(European Foreign Policy Scorecard,以下简称"计分卡")项目是欧洲对外关系委员会最具特色的创新性研究项目。"计分卡"项目通过对欧盟各机构以及欧盟各成员国每年在对外政策中的 6 大主题及其之下近 80 个政策领域问题的表现,进行系统的量化评估,并以相应的分数予以表征,最后以年度报告的形式对外发布②。"计分卡"年度报告以不同的等级分数清晰地反映了在过去的每一年里,欧盟在处理这 6 大主题之下近 80 个政策领域问题的表现状况,为欧盟各机构及其成员国政府以及研究欧盟问题亦或对欧盟问题感兴趣的读者提供了非常客观、便利、有效的视角。

---

① ECFR 官方网站:http://ecfr.eu/content/berlin。
② ECFR 官方网站:http://www.ecfr.eu/scorecard/home。

"欧洲对外政策计分卡"项目已成为欧洲对外关系委员会的品牌项目,为欧洲对外关系委员会赢得了社会各界的赞誉,显著提高了欧洲对外关系委员会的社会影响力与知名度。

"欧洲对外政策计分卡"项目在欧洲最著名的私人基金会之一——意大利的圣保罗银行基金会(The Compagnia di San Paolo)资助下于2010年设立的,由来自欧盟27个国家的ECFR研究人员集体合作完成的[1],至2013年已经出版了三部报告,分别对2010年、2011年、2012年欧盟的对外政策予以量化评估。自"欧洲对外政策积分卡"年度报告出版后,立刻在欧盟乃至世界引起了强烈的反响,引发了世界众多知名媒体以及社会公众、知识分子的广泛关注,欧盟及其成员国也将欧洲对外关系委员会的"欧洲对外政策积分卡"报告作为评估欧盟对外政策的参考资料。

1. "计分卡"评估问题领域

欧洲对外关系委员会"欧洲对外政策计分卡"项目共评估欧盟对外政策中最为关键的6大主题领域:第一,与中国的关系;第二,与俄罗斯的关系;第三,与美国的关系;第四,与更宽广的欧洲的关系;第五,与中东和北非的关系(2011年设立);第六,多边问题与危机管理。(注:2010年,"计分卡"中未设置"与中东和北非的关系"主题,第五个主题为"危机管理",第六个主题为"多边问题")。具体来讲,"欧洲对外政策计分卡"6大主题及其80个政策领域问题具体是:

第1个主题:"与中国的关系",评估了3大类共计12个领域问题(2010年为13个领域),分别是:"贸易自由化与整体关系"、"人权与治理"和"在地区与全球问题上的合作"3大类领域[2]。

第2个主题:"与俄罗斯的关系",评估了4大类共计13个领域问题,分别是:"贸易自由化与整体关系"、"人权与治理"、"欧洲安全问题"和"在地区与全球问题上的合作"4大类领域[3]。

---

[1] European Council on Foreign Relations, *the European Foreign Policy Scorecard* 2010, 2011(London: the European Council on Foreign Relations, 2011), p. 4.

[2] European Council on Foreign Relations, *the European Foreign Policy Scorecard* 2013, 2013(London: the European Council on Foreign Relations, 2013), p. 130.

[3] European Council on Foreign Relations, *the European Foreign Policy Scorecard* 2013, 2013(London: the European Council on Foreign Relations, 2013), p. 130.

第 3 个主题:"与美国的关系",评估了 3 大类共计 13 个领域问题,分别是:"贸易自由化与整体关系"、"欧洲安全问题上的合作"和"在地区与全球问题上的合作"3 大类①。

第 4 个主题:"与更宽广的欧洲的关系",评估了 3 大类共计 14 个领域问题,分别是:"西巴尔干半岛"、"土耳其"和"东部邻居"3 大类②。

第 5 个主题:"与中东和北非的关系"(2011 年开始设立),评估了 4 大类共计 13 个领域问题,分别是:"地区问题"、"北非"、"黎凡特"(Levant)和"波斯湾"4 大类③。

第 6 个主题:"多边问题与危机管理"(2010 年,"危机管理"是第 5 个主题,下设 4 大类共计 17 个问题领域;"多边问题"是第 6 大主题,下设 5 大类共计 13 个领域问题④),评估了 5 大类共计 15 个问题,分别是:"国际体系的关键因素"、"国际正义"、"气候变化和发展"、"人道主义救济"和"维和行动"5 大类⑤。

"欧洲对外政策计分卡"年度报告中也会对欧盟及其成员国在跨领域问题里的表现进行评估,这些跨领域的问题随着时间的演进也随之增加,2010 年,"计分卡"对包括"以色列—巴勒斯坦问题"和"能源政策"等在内 12 个跨领域的问题进行了评估,2011 年则对包括"阿拉伯觉醒"和"欧元危机"等在内的 14 个跨领域问题进行了评估,至 2013 年,则对包括"与亚洲的关系"和"阿拉伯过渡"等问题在内的 15 个跨领域问题进行了评估⑥。

"欧洲对外政策计分卡"项目通过对上述 6 大主题及其之下的近 80 个政

---

① European Council on Foreign Relations, *the European Foreign Policy Scorecard 2013*, 2013(London: the European Council on Foreign Relations, 2013), p. 131.
② European Council on Foreign Relations, *the European Foreign Policy Scorecard 2013*, 2013(London: the European Council on Foreign Relations, 2013), p. 131.
③ European Council on Foreign Relations, *the European Foreign Policy Scorecard 2013*, 2013(London: the European Council on Foreign Relations, 2013), p132.
④ European Council on Foreign Relations, *the European Foreign Policy Scorecard 2013*, 2013(London: the European Council on Foreign Relations, 2013), p146-147.
⑤ European Council on Foreign Relations, *the European Foreign Policy Scorecard 2013*, 2013(London: the European Council on Foreign Relations, 2013), p133.
⑥ European Council on Foreign Relations, *the European Foreign Policy Scorecard 2010*, 2011(London: the European Council on Foreign Relations, 2011), p. 19; European Council on Foreign Relations, *the European Foreign Policy Scorecard 2012*, 2012(London: the European Council on Foreign Relations, 2012), p. 24; European Council on Foreign Relations, *the European Foreign Policy Scorecard 2013*, 2013(London: the European Council on Foreign Relations, 2013), p. 16.

策领域以及对 13—15 个左右的跨领域问题的评估,较为综合系统地对欧盟及其成员国的对外政策进行了客观准确地评价。

2."计分卡"评价方法

以"欧洲对外政策计分卡 2013"为例,在这份年度报告中详细地对欧盟及其成员国在 2012 年期间的对外政策进行了系统地评估。

首先,在"欧洲对外政策计分卡"年度报告中会对欧盟在 6 大主题领域中的整体表现予以评估,表 1 是欧盟在 2010—2012 年期间,在上述 6 大主题领域里其对外政策的计分情况①。

表 1　欧盟在 6 大主题领域中的对外政策计分情况(2010—2012 年)

时间 领域	2012 年		2011 年		2010 年	
	分数/20	等级	分数/20	等级	分数/20	等级
与中国的关系	9.7	C+	8.5	C	9	C+
与俄罗斯的关系	11	B−	10	C+	9.5	C+
与美国的关系	11.7	B−	11	B−	11	B−
与广泛的欧洲的关系	10.3	C+	9.5	C+	9.5	C+
与中东和北非的关系	10.3	C+	10	C+	—	—
多边问题与危机管理	12.6	B	13	B	14/11	B+/B−

资料来源:European Council on Foreign Relations

在表 1 中,欧盟在 6 大主题领域中的整体表现分别以分数和等级表征,如在 2012 年,"与中国的关系"栏目里,欧盟整体得分为 9.7(总分为 20 分),等级为 C+,与其他 5 大领域相比,欧盟在"与中国的关系"领域里,尚有较大发展空间,但与上年(2011 年)相比,欧盟在该领域取得了明显进步。

第二,"欧洲对外政策计分卡"年度报告从具体领域对欧盟的整体表现进行评估,分别以"最成功的政策"和"最不成功的政策"分类,如表 2 与 3 分别是欧盟在 2012 年里最成功的政策和最不成功的政策②。

---

① European Council on Foreign Relations, *the European Foreign Policy Scorecard 2013*, 2013(London: the European Council on Foreign Relations, 2013), p.10.
② European Council on Foreign Relations, *the European Foreign Policy Scorecard 2013*, 2013(London: the European Council on Foreign Relations, 2013), p14-15.

表 2 2012年欧盟最成功的对外政策

领域 \ 分类	整体	资源	效果	总分	等级
37 与美国在伊朗与武器扩散问题上的关系	4	5	8	17	A−
35 与美国在叙利亚冲突上的关系	4	4	8	16	A−
41 科索沃	4	4	8	16	A−
48 与东部邻居在贸易上的关系	4	5	7	16	A−
12 与中国在气候变化问题上的关系	4	5	6	15	B+
27 与美国在贸易和投资上的关系	4	4	7	15	B+
55 突尼斯	4	4	7	15	B+
69 在联合国欧盟的人权政策	4	4	7	15	B+
74 萨赫勒干旱	4	4	7	15	B+
78 索马里	4	4	7	15	B+
13 与俄罗斯的双边贸易	5	4	5	14	B+
33 与美国在阿拉伯过渡问题上的关系	4	4	6	14	B+
39 西巴尔干扩大的政体进程	4	4	6	14	B+
60 黎巴嫩	4	3	7	14	B+
70 国际法庭与国际商会中欧盟的政策	4	3	7	14	B+

资料来源：European Council on Foreign Relations

表 3 2012年欧盟较成功的对外政策

领域 \ 分类	整体	资源	效果	总分	等级
54 安全部门改革	2	1	2	5	D+
11 与中国在全球治理改革上的关系	2	2	2	6	C−
7 与中国在达赖喇嘛和西藏问题上的关系	2	3	2	7	C−
26 与美国在签证程序上的关系	2	2	3	7	C−
34 与美国在中东和平进程上的关系	2	3	2	7	C−
43 与土耳其的双边关系	3	2	2	7	C−
44 土耳其法治、民主与人权问题	3	2	2	7	C−

续 表

领域＼分类	整体	资源	效果	总分	等级
45 与土耳其在塞浦路斯问题上的关系	3	2	2	7	C—
58 阿尔及利亚与摩洛哥	2	2	3	7	C—
66 联合国改革	2	2	3	7	C—

来源：European Council on Foreign Relations

从表2中可以看出，在2012年期间欧盟在15个政策领域里表现最好，如"与美国在叙利亚冲突问题上的关系"，团结性上得分为4分（总分为5分），资源利用上得分为4分（总分为5分），效果上得分为8分（总分为10分），整体得分为16分（总分为20分），等级为A—，所以列为表现最好的政策领域之一。

表3中，2012年，欧盟在10个政策领域里未取得好的成绩，如"联合国改革"问题上，团结性得分为2分（总分为5分），资源利用上得分为2分（总分为5分），效果上得分为3分（总分为10分），整体得分为7分（总分为20分），等级为C—，故列为最不成功的政策领域。

第三，"欧洲对外政策计分卡"年度报告还会就不同的政策领域里，欧盟各成员国的不同表现予以评定等级，分别以"领导者"和"逃避职责者"标示，然后统计每个国家获得的两种标示的数量，最后根据数量，评定整体成绩，同样以"领导者"和"逃避职责者"划分等级。这样，欧盟各成员国在具体对外政策领域里的表现得以清晰地量化，十分有助于各国政策制定者以及相关研究人员分析、引用和评价欧盟各成员国的具体表现。表4是欧盟各成员国的整体成绩评定表[①]。

表4 欧盟各成员国整体成绩评定表

领导者	领域数量	逃避责任者	领域数量
德国	12	希腊	5
法国	11	拉脱维亚	5

---

① European Council on Foreign Relations, *the European Foreign Policy Scorecard 2013*, 2013(London: the European Council on Foreign Relations, 2013), p. 18.

续 表

领导者	领域数量	逃避责任者	领域数量
英国	11	罗马尼亚	5
瑞典	10	西班牙	5
荷兰	8	立陶宛	4
波兰	5	葡萄牙	4
捷克	4	塞浦路斯	3
丹麦	4	斯洛文尼亚	3
芬兰	4	奥地利	2
爱尔兰	4	保加利亚	2
奥地利	3	捷克	2
比利时	3	爱沙尼亚	2
爱沙尼亚	3	法国	2
意大利	3	德国	2
保加利亚	2	意大利	2
匈牙利	2	马耳他	2
卢森堡	2	比利时	1
西班牙	2	丹麦	1
拉脱维亚	1	匈牙利	1
立陶宛	1	卢森堡	1
罗马尼亚	1	荷兰	1
斯洛伐克	1	波兰	1
塞浦路斯	0	斯洛伐克	1
希腊	0	英国	1
马耳他	0	芬兰	0
葡萄牙	0	爱尔兰	0
斯洛文尼亚	0	瑞典	0

来源：European Council on Foreign Relations

表 4 中，欧盟各成员国的整体表现分别以"领导者"和"逃避职责者"标示，如德国是排名最高的"领导者"国家，因为德国共在 12 个领域里获得了"领导者"的等级评定，数量最多，所以列为"领导者"国家行列之首。

第四,"欧洲对外政策计分卡"还对欧盟对外政策的6大主题领域进行了详细的分析说明,将每个领域的计分情况详尽地反映在了报告之中,无论是政策制定者还是相关研究人员都可以看到十分清晰的完整的计分缘由与结果。表5是2012年,欧盟在"与中国的关系"领域里的具体表现与得分情况统计①。

表5 2012年欧盟"与中国的关系"领域计分情况

领域＼时间	2012年	2011年	2010年
双边贸易与整体关系	C+	C+	B—
1 欧中对话形式	B—	C+	C+
2 在中国投资于市场准入	B—	B—	B—
3 欧盟和中国在政府采购准入上的相互作用	C	C	C+
4 与中国的贸易争端	B	B—	B—
5 与中国在欧元危机上的合作	C	C—	n/a
人权与治理	C	D+	C—
6 中国的人权和法治	C	D+	D+
7 与中国在达赖喇嘛和西藏问题上的关系	C—	D+	D+
地区与全球问题合作	B—	B—	C+
8 与中国在伊朗和扩散问题上的关系	B—	B—	B+
9 在东亚与中国的关系	B	n/a	n/a
10 在非洲与中国的关系	B—	B—	C+
11 在全球治理改革上与中国的关系	C—	C—	C—
12 在气候变化问题上与中国的关系	B+	B+	B

来源:European Council on Foreign Relations

表5中,在2012年,欧盟在"与中国的关系"领域里具体得分情况是:(1)"贸易自由化与整体关系"上得分为C+,具体而言,"欧中对话方式"得分为B—;"欧洲在中国投资以及市场进入"上得分为B—;"欧洲与中国在公共采购上互惠"上得分为C;"与中国贸易争端"上得分为B;"在欧元危机上与中

---

① European Council on Foreign Relations, *the European Foreign Policy Scorecard 2013*, 2013(London: the European Council on Foreign Relations, 2013), p. 25.

国的合作"得分为C；(2)"人权与治理"领域得分为C,具体而言,"中国的法治与人权"上得分为C；"达赖喇嘛与西藏问题上与中国的关系"得分为C－；(3)"地区与全球问题上的合作"领域整体得分为B－,具体而言,"伊朗与核扩散问题上与中国的关系"得分为B－；"在亚洲与中国的关系"上得分为B；"在非洲与中国的关系"上得分为B－；"在全球治理改革上与中国的关系"得分为C－；在"气候变化上与中国的关系"上得分为B+。

4."欧洲对外政策计分卡"的社会影响力

欧洲对外关系委员会的年度"欧洲对外政策计分卡",一经发布,就引起了社会的广泛关注,世界一流媒体纷纷予以报道、转载或者引用其中的数据评价欧盟在上一年度中的对外政策,相关研究学者也借助"计分卡"来分析评价欧盟的对外政策,甚至欧盟各机构及其成员国政府也将"欧洲对外政策计分卡"作为评估其对外政策实施效果的评估参考资料。

具体来讲,详细报道或者转载"欧洲对外政策计分卡"的世界知名媒体有:《金融时报》(*The Financial Times*)、《欧盟观察家报》(*EU Observer*)、CNN、《外交事务》(*Foreign Policy*)、《经济学人》(*The Economist*)、《明镜周刊》(*Der Spiegel*)和《华尔街日报》(*The Wall Street Journal*)等近百家知名媒体。图1是"欧洲对外政策计分卡"年度报告被引用的世界知名媒体数量统计图(2011年—2013年10月25日)。

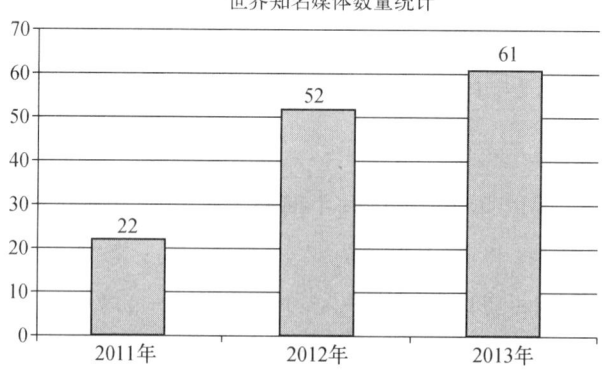

图1 报道"欧洲对外政策计分卡"年度报告的世界知名媒体数量统计

数据来源:整理自ECFR官方网站

图1中,报道欧洲对外关系委员会"欧洲对外政策计分卡"年度报告的世界知名媒体数量,从2011年的22家增加至2013年(截止10月25日)的61家媒体,增加了近177.3%,年均增加13家世界知名媒体的报道与关注,年均增幅约为88.5%。"欧洲对外政策计分卡"年度报告引起了越来越多的世界一流媒体的关注、报道与引用,已经成为欧洲对外关系委员会的品牌项目。

(三) 重点研究项目

欧洲与对外关系委员会根据欧盟对外政策的需要以及国际形势的变化,已经开设了共计9个重要研究项目,分别是:(1)"中东与北非"项目(2011年开设);(2)"中国和亚洲"项目(2007年开设);(3)"更宽广的欧洲"项目(2007年开设);(4)"人权"项目(2010年开设);(5)"在欧洲的德国"项目(2010年开设);(6)"安全与防务"项目(2007年开设);(7)"欧洲再整合"项目(2011年开设);(8)"欧洲问题——来自英国的视角"项目(2011年开设);(9)"欧洲对外政策计分卡"项目(2010年开设)。这9个重要项目涉及欧洲对外政策的主要领域,项目的开设确保了欧洲对外关系委员会对欧洲对外政策问题的客观把握,这9大项目是当前欧洲对外关系委员会学术研究的基础框架。

在9大项目中,以"中国和亚洲"项目为例,该项目即是伴随着中国的迅速崛起,欧中关系愈加紧密之时而于2007年设立的,该项目的设立为欧盟及其成员国提供了较为客观的视角审视对华关系,同时帮助欧盟以更加有效务实的方法处理对华事务,发展对华关系,加深对中国的了解,提高欧盟对中国崛起的认识。

自"中国和亚洲"项目成立以来,欧洲对外关系委员会接连发布了31部影响重大的报告,如2009年4月发布的《欧中关系实力审核》(*A Power Audit of EU-China Relations*)和2012年发布的《中国3.0》(*China 3.0*),这些报告一经发布后,引起了全球知名媒体的纷纷报道,欧洲对外关系委员会因这些引起轰动的研究报告而越发地被社会公众所认识、了解,欧洲的政治精英们也十分关注欧洲对外关系委员会"中国和亚洲"项目所发布的涉中报告。2010年2月1日,欧盟女外长阿什顿出席欧洲议会,入场坐下后随手从手提袋中拿出一本《中国怎么想》(*What Does China Think*? 2007,这本书是欧洲对外关系委员会"中国和亚洲"项目研究人员 Mark Leonard 用 3 年时间走访中国当代知识分子之后撰写而成的),这个镜头恰好被当时的美国摄影记者拍下,巧妙地表达了欧盟对中国的关注以及欧洲对外关系委员会在欧洲的影响力[①]。

四、欧洲对外关系委员会的成果产出与传播

欧洲对外关系委员会自成立之初,就将与世界知名媒体尤其是与欧洲的精英媒体的深度互动视为其品牌塑造的重要策略手段。同时,欧洲对外关系委员会积极利用现代信息技术,将委员会研究者的学术成果、学术讨论、研究项目的最终成果等音频、视频或者纸质文字的形式免费向社会公众发布,发布的方式也是多样化的,诸如通过播客(podcasts)、博客(Blog)、推特(Twitter)、脸谱(Facebook)、优土(YouTube)和邻客音(LinkedIn)等被广泛使用的社交网络或视频音频分享网站以数种语言动态发布,世界各国网友可自行免费下载相关内容。欧洲对外关系委员会智库品牌的塑造离不开其与世界知名媒体的深度互动,更离不开其对互联网技术的高效运用。

(一)研究报告统计

欧洲对外关系委员会自其成立以来,凭借其强大的研究队伍及其杰出的学术水准,每年发布并出版了众多影响深远的高质量的研究报告,截止 2013 年 10 月 9 日,欧洲对外关系委员会已经出版了近 117 部报告。研究报告是 ECFR 的主要成果之一,也是其赢得欧洲社会甚至国际社会广泛影响力的重要路径之一。

从图 2 中可以看出,ECFR 在 2010 年正式独立运作以来,其研究报告的发布量显著提升,与 2010 年相比,2011 年的研究报告增长了近 200%,2012 年比 2011 年增加了近 42%。2013 年(截至 10 月 9 日)已经发布了 23 部研

---

① 李轶海主编:《国际著名智库研究》,上海社会科学院出版社,2010 年,第 233 页。

究报告。2007—2012年均发布近16部研究报告,而自2010年独立运作以来,年均发布24部报告。

图 2

数据来源:整理自 ECFR 官方网站

ECFR 高质量的研究报告一经发布后,便引发社会的广泛关注,国际知名媒体纷纷予以转载,报告的主要发布者被邀请至各机构进行讨论交流,显著提升了 ECFR 的社会影响力。

(二) 博客与播客(音频)发布及其订阅者数量统计

欧洲对外关系委员会对网络以及社交媒体的高效运用,使得其智库品牌得以迅速传播推广,其播客与博客的订阅者数量数以万计,而在推特等国外十分流行的社交网络上,欧洲对外关系委员会的数以万计的全球网友关注。欧洲对外关系委员会通过对现代网络的充分、高效、多样化的运用,使 ECFR 被广泛关注,从而确立了 ECFR 在研究欧洲对外政策领略的地位和影响力。

欧洲对外关系委员会的研究人员以及驻 7 国办公室就涉及欧盟对外政策等问题以五种(英语、法语、德语、西班牙语和意大利语)语言发布了大量的博客(blog),同时,ECFR 还将专家们就各种问题通过五种语言(英语、法语、德语、西班牙语和意大利语)展开的讨论进行录音,并以播客(podcasts)形式发布,其数量呈显著上升趋势。同时,订阅欧洲对外关系委员会发布的博客与播客的拥护数量成倍增加。与 2010 年相比,2011 年,ECFR 的官方网站的访问量增加了 46%,来自 195 个国家近 171000 名网民浏览关注 ECFR,2012 年,官网的访问量更是比 2011 年增加了 134%,达到了 400000[①]。具体见图 3、4、5。

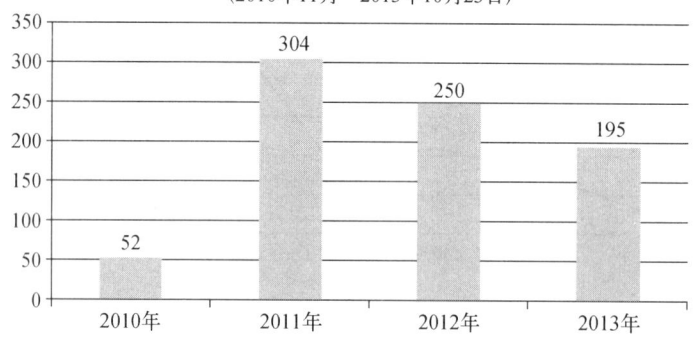

图 3

数据来源:整理自 ECFR 官方网站

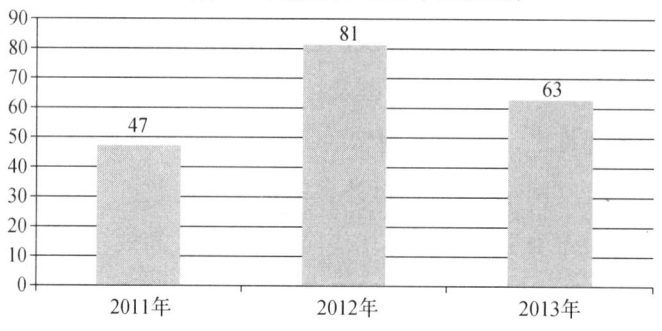

图 4

数据来源:整理自 ECFR 官方网站

---

① European Council on Foreign Relations, *Report and Financial Statements Period ended 31 December 2011*, p. 2, May 31, 2012; European Council on Foreign Relations, *Report and Financial Statements Period ended 31 December 2012*, p. 4, April 23, 2013.

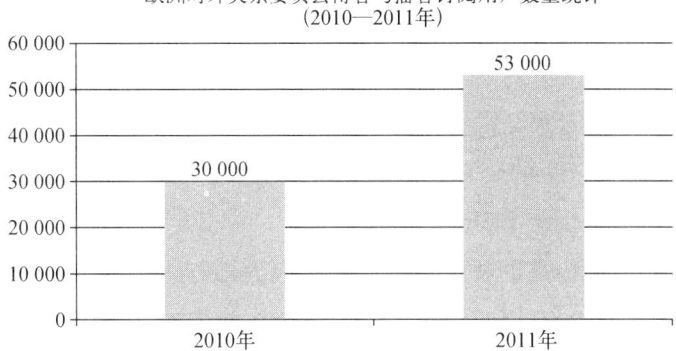

图 5

数据来源:整理自 ECFR 官方网站

图3中,从2010年11月开始,至2013年10月23日,欧洲对外关系委员会发布了近801条博客,年均发布200条高质量博客(2013年数据只统计到10月23日,预计2013年博客发布总量将超过2011年)。

图4中,欧洲对外关系委员会从2011年6月23日开始,至2013年10月23日共发布了191条专家讨论会的录音,年均发布近64条(2013年数据只统计至10月23日,预计2013年的播客发布总量将超过2012年的发布量)。

图5中,欧洲对外关系委员会博客与播客的订阅用户在2010年达到了30000名,在2011年则达到了53000名用户,增加了近76.7%。博客与播客是欧洲对外关系委员会提升社会影响力与知名度的重要方法。

2012年,在由宾夕法尼亚大学发起的全球智库排名中,欧洲对外关系委员会在"全球最善于使用网络和社交媒体"的智库排名中名列第15名。

(三)欧洲对外关系委员会品牌的塑造:与世界知名媒体的深度互动

自2007年成立以来,欧洲对外关系委员会已经与法国《世界报》(Le Monde)、《解放报》(Libération)、英国《金融时报》(The Financial Times)、《经济学人》(The Economist)、英国广播公司(BBC World Service)、路透社(Reuters)、《卫报》(The Guardian)、《泰晤士报》(The Times)、德国《明镜周刊》(Der Spiegel)、意大利知名报纸《印刷品报》(IL Foglio)、西班牙主要日

报《国家报》(El Pais),比利时知名网络报纸《欧盟观察家报》(EU Observer),美国《纽约时报》(The New York Times)、《华尔街日报》(The Wall Street Journal)和《华盛顿邮报》(Washington Post)等一系列世界知名媒体展开合作,ECFR专家经常为上述媒体撰文发表观点和看法,而这些媒体也经常性的邀请ECFR的研究人员参与由其举办的讨论活动或对研究人员进行专访等。同时,由于ECFR理事会成员中,50%以上为政府现任或前任高级官员,他们具有极高的社会知名度和影响力,因此,全球知名媒体十分积极与ECFR展开合作。ECFR与这些世界知名媒体,尤其是西方社会主流精英媒体的深度互动中,大大提升了ECFR在世界的知名度,为ECFR积聚了更多的社会资源。

欧洲对外关系委员会与众多国际知名媒体展开了一系列深度互动,国际知名媒体对ECFR的报道以及对ECFR研究人员的专访及对其文章的发表与转载量,逐年攀升,图6是国际知名媒体对欧洲对外关系委员会的关注与报道量统计图。

图 6

数据来源:整理自 ECFR 官方网站

图6中,2013年的数据只统计至10月24日,因此,仅需比较2007—2012年数据。预计,2013年的报道与转载量将超过2012年的数据。从2007年—2013年10月24日,国际知名媒体对ECFR及其专家的报道及其

文章的转载发表量共计 2909 篇,年均 416 篇,平均每天至少有 1 家知名媒体对 ECFR 及其专家的研究论文予以报道转载。与 2007 年数据相比,至 2012 年,国际知名媒体对 ECFR 的报道量增加了近 738 篇,增幅为 911%,2007—2012 年期间,年均增幅为 78%。如此高密度的报道量以及显著的增幅,使得 ECFR 在国际社会的知名度与影响力大大提升,同时也印证了 ECFR 的研究水平。

五、欧洲对外关系委员会的资金来源与使用状况分析

欧洲对外关系委员会的资金来源稳定,趋向多元化,不同机构的捐款流向不同的项目与课题。这些主要捐款来源有基金会类、政府机构和个人。

第一,基金会类主要有:(1) 开放社会基金会(Open Society Foundations),这是欧洲对外关系委员会最重要的捐款方;(2) 欧洲最著名的私人基金会之一——意大利的圣保罗银行基金会(The Compagnia di San Paolo),主要资助"欧洲对外政策计分卡"项目;(3) 保加利亚的 Communitas 基金会,主要资助欧洲对外关系委员会驻保加利亚首都索菲亚办公室;(4) 德国历史最悠久、规模最大的政治基金会——艾伯特基金会(Friedrich Ebert Stiftung),主要资助"中国与亚洲"项目;(5) 世界上最大的基金会之一——葡萄牙的古本江基金会(Fundacao Calouste Gulbenkian),主要资助"中国和亚洲"项目以及 ECFR 驻法国巴黎办公室;(6) 德国最大的与私营企业相关的基金会之一——罗伯特·博世基金会(Robert Bosch Stiftung),主要资助"中国和亚洲"项目;(7) 波兰的 Fundacja Batorego 基金会主要资助 ECFR 驻波兰首都华沙办公室;(8) 德国最大的私人基金会之一——墨卡托基金会(Stiftung Mercator),主要支持 ECFR 驻德国柏林办公室,"在欧洲的德国"项目与"中国和亚洲"项目;(9) 欧洲最大的银行集团之一——意大利裕信银行(UniCredit SpA),主要资助 ECFR 驻意大利首都罗马办公室。ECFR 还受到其他国际基金会的资助。

第二,政府机构类:欧洲委员会(European Commission),英国文化委员会(British Council),保加利亚外交部,捷克、丹麦、芬兰、德国、意大利、挪威、

波兰、西班牙和英国等国政府以及瑞典国际发展合作局(the Swedish International Development Cooperation Agency)。

第三,个人类:欧洲对外关系委员会也接受全球各国的国民以个人的名义向ECFR定向或不定向的捐款。

欧洲对外关系委员会对收到的捐款严格按照协议规定用途使用,以2012年欧洲对外关系委员会资金收支情况为例,2012年,欧洲对外关系委员会共计收到各类捐款总额为470万英镑,其中,基金会的捐款占捐款总数的61%,政府机构等捐款占总数的20%,公司捐款占总数的8%,个人捐款占总数的1%,实物捐助占总数的10%。基金会捐款是欧洲对外关系委员会的主要资金来源①。

支用了410万英镑,用于驻7国首都办公室的金额占总数的28%,项目支持占总额的20%,"中国"项目占总额的10%,"更宽广的欧洲"项目用去总额的6%,"中东北非"项目占13%,"法治"项目占总额的1%,"欧洲再整合"项目占总额的2%,"跨领域问题"项目占总额的5%,对外宣传占总额的11%,委员会的治理与管理占总额的4%。总的来讲,用于研究项目以及驻欧洲7国首都办公室的资金占总开支的85%,对外宣传占总额的11%,而用于委员会的管理的资金只占总开支的4%,大约为20万英镑,因此,欧洲对外关系委员会较为节约地使用了每一笔捐款,确保捐款主要用于研究项目的开展与泛欧洲办公室的正常运作②。

六、欧洲对外关系委员会的经验与启示

欧洲对外关系委员会自2007年成立以来,在短短的6年时间里,取得了显著的成就,在欧洲对外政策研究领域产生了重大影响,受到了欧洲甚至世界各国的广泛关注,成为了世界知名的国际智库。欧洲对外关系委员会成功的因素,主要有以下几点:

第一,欧洲对外关系委员会自身独特的定位,是其成功的基础。作为第

---

① ECFR官方网站:http://www.ecfr.eu/donors/where。
② ECFR官方网站:http://www.ecfr.eu/donors/how。

一个泛欧洲性的智库,欧洲对外关系委员会聚焦于对以欧洲价值观为基础的连贯有效的欧洲外交政策的发展进行研究,并促进泛欧洲性的讨论,借此,促进欧盟及其成员国制定卓有成效的符合欧洲价值观以及欧洲利益的对外政策,从而稳固欧盟在维护欧洲利益中的核心地位,在变革中的世界格局中,打造一个强大而团结的欧洲。这样鲜明独特的定位,铸就了欧洲对外关系委员会今日成就的基础。

第二,欧洲对外关系委员会独特的人员构成,是其成功的关键。欧洲对外关系委员会中,50％以上的成员具有政府或政府间国际组织的背景,并且绝大多数都是来自欧洲各国政府以及欧盟各机构高级别的现任或前任官员。这些具有显赫官方背景的成员,大多数都是欧洲各国对外政策的制定者(或者参与制定),这为欧洲对外关系委员会创造了得天独厚的社会和政治资源,为其提升社会影响力创设了普通国际智库所无法比拟的先天条件。同时,欧洲对外关系委员会还积聚了一批在对外政策研究领域内世界首屈一指的研究人员从事各项目的研究,这保证了欧洲对外关系委员会学术成果的高水准与高质量,为欧洲对外关系委员会提升自身的影响力打下了坚实的学术基础。另外,欧洲对外关系委员会中还有相当多曾经担任或现在仍然担任其他基金会或国际组织的高级成员,这些成员具有极其丰富的智库或基金会工作经验,为欧洲对外关系委员会的高效运作奠定了基础。欧洲对外关系委员会独特的人员构成,是其取得成功的关键。

第三,欧洲对外关系委员会驻欧洲7国首都办公室,是其成功的支撑平台。欧洲对外关系委员会为展开泛欧洲性的研究讨论,在欧洲7国设立了办公室。实质上,欧洲对外关系委员会驻7国办公室是其开展学术研究及其相关特色品牌活动的平台,也是其展开学术交流,讨论的实体支撑。欧洲对外关系委员驻7国首都办公室是其取得今天成就的支撑平台。

第四,欧洲对外关系委员会独具特色的研究项目,是其成功的支柱。欧洲对外关系委员会依据欧盟对外政策需要以及国际形势的变化,已经设立了9大特色研究项目,如"欧洲对外政策计分卡"、"中国和亚洲"和"中东与北非"等项目,这些独具特色的研究项目,容纳了欧洲对外政策的主要领域,为欧洲对外关系委员会展开欧洲对外政策的研究提供了具体的路径,其研究成果已逐渐成为欧洲对外关系委员会的品牌。欧洲对外关系委员会设立的9大研究项目是其成功的支柱。

第五,欧洲对外关系委员会与世界知名媒体的深度互动以及对现代网络技术的高效运用,是其品牌塑造的主要途径。欧洲对外关系委员会积极与欧洲甚至世界一流知名媒体展开深度互动,大大提升了欧洲对外关系委员会的社会知名度和影响力。同时,欧洲对外关系委员会高效运用现代网络技术,以包括博客、推特、脸谱和视频等形式向世界各国网友传播其研究理念与学术成果,成功地塑造了欧洲对外关系委员会的品牌形象。

第六,欧洲对外关系委员会的资金来源多元、稳定,是其成功的物质保障。欧洲对外关系委员会的资金来源多元、稳定,包括世界知名基金会,政府部门、企业和个人捐款支撑起了整个欧洲对外关系委员会的高效运作,是其成功的物质保障。

正在快速成长中的欧洲对外关系委员会,因为上述重要因素的支撑,在未来,必将会在欧洲对外政策研究领域取得更显著的成就,获得更加广泛的影响力。

理念·机制·专业:智库腾飞的三引擎

王义桅*

中国迎来智库发展的黄金时代,人们往往把目光投向美国,其实美国的经验往往不可学——或者学不来,或者不应该学。出于类似的文化传统、丰富的历史交往,欧洲的经验更值得借鉴,在智库建设方面尤其如此。欧洲对外关系委员会作为近年迅速崛起的欧洲智库,就是其中的杰出代表。

一、ECFR 的腾飞奇迹

欧洲对外关系委员会(The European Council on Foreign Relations,简称 ECFR)取名于美国老牌、大牌智库——美国对外关系委员会(CFR),乍看起来,似乎为欧盟机构,赫赫有名,其实才成立于 2007 年 10 月,是第一个泛欧洲性的智库、独立的非政府组织,与欧盟及其所属机构没有直接隶属关系,其宗旨是对以欧洲价值观为基础的连贯有效的欧洲外交政策的发展进行研究,同时促进泛欧洲性的讨论。从这个意义上,它超越了美国对外关系委员会。

笔者在中国驻欧盟使团任外交官期间,多次参加 ECFR 布鲁塞尔办公室组织或合办的研讨会,拙著《海殇?——欧洲文明启示录》一书中也多次提及、引用其报告,尤其是其主张的欧盟对华"对等接触"政策,被欧盟采纳,深刻影响了欧洲对华舆论。

ECFR 如何迅速崛起为欧洲最著名的智库之一,进入世界著名智库前列的呢?

---

* 王义桅:察哈尔学会高级研究员,中国人民大学欧盟研究中心主任。

二、ECFR 成功秘诀

（一）理念至上，确保先进。ECFR 总部坐落在伦敦。伦敦可谓智库如林，竞争激烈，ECFR 首先要明确自己的定位，这源自先进的理念。在欧洲有泛欧运动、企业和基金会，ECFR 就汲取了这一经验，将自身定位为第一个泛欧洲性的智库，聚焦于对以欧洲价值观为基础的欧洲外交政策进行研究，并促进泛欧洲性的讨论，就是紧紧抓住欧盟将自身定位为"规范性力量"（normative power）的时代机遇。欧盟是一支什么力量？有"软力量"、"社会力量"、"民事力量"等多种提法。2000 年英国学者曼纳斯提出"规范性力量"概念，将其打造为欧盟的身份与认同，得到欧盟官方认可。ECFR 就紧紧抓住从智库层面推动这一欧盟定位的历史进程，倡导欧盟在维护欧洲利益中的核心地位，在变革中的世界格局中打造一个强大而团结的欧洲。这说明，以先进的理念融入、引导历史进程，是智库成功的灵魂。

（二）机制独特，灵活运作。ECFR 的泛欧色彩体现在机制和资金来源等方面。ECFR 驻 7 国办公室是其开展学术研究及其相关特色品牌活动的平台，也是其展开学术交流和讨论的实体支撑。ECFR 的资金来源多元、稳定，包括世界知名基金会，政府部门、企业和个人捐款支撑起了整个 ECFR 的高效运作，是其成功的物质保障。正因为如此，ECFR 常常采取合作办会的方式，机动灵活地雇用员工、制订研究项目，形式多样地完成任务。因此，先进的理念有赖于有效的机制。如果理念是智库成功的灵魂，机制则是智库成功的经脉。

（三）因为专业，所以著名。一是人专业。ECFR 中，50％以上的成员具有政府或政府间国际组织的背景，并且绝大多数都是来自欧洲各国政府以及欧盟各机构高级别的现任或前任官员。这些具有显赫官方背景的成员，大多数都是欧洲各国对外政策的制定者（或者参与制定），这为 ECFR 创造了得天独厚的社会和政治资源，为其提升社会影响力创设了普通国际智库所无法比拟的先天条件。同时，ECFR 还积聚了一批在对外政策研究领域内世界首屈一指的研究人员从事各项目的研究，这保证了 ECFR 学术成果的高水准与高质量,为ECFR提升自身的影响力打下了坚实的学术基础。另外,ECFR中还有相当多曾经担任或现在仍然担任其他基金会或国际组织的高级成员,这些成员具有极其丰富的智库或基金会工作经验,为ECFR的高效运作奠定了基础。ECFR独特的人员构成,是其取得成功的关键。二是项目专业。ECFR依据欧盟对外政策需要以及国际形势的变化,已经设立了9大特色研究项目,如"欧洲对外政策计分卡"、"中国和亚洲"和"中东与北非"等项目,这写独具特色的研究项目,容纳了欧洲对外政策的主要领域,为ECFR展开欧洲对外政策的研究提供了具体的路径,其研究成果已逐渐成为ECFR的品牌。ECFR设立的9大研究项目是其成功的支柱。三是运作方式专业。ECFR与世界知名媒体的深度互动以及对现代网络技术的高效运用,是其品牌塑造的主要途径。ECFR积极与欧洲甚至世界一流知名媒体展开深度互动,大大提升了其社会知名度和影响力。同时,ECFR高效运用现代网络技术,以包括博客、推特、脸谱和视频等形式向世界各国网友传播其研究理念与学术成果,成功地塑造了ECFR的品牌形象。因此,先进的理念和有效的机制,有赖于专业的团队和项目支撑,通过专业的运作方式实现智库发展目标。如果理念是智库的灵魂、机制是智库的经脉,专业的团队和项目则是智库的肌肉,专业的运作则是智库的血液。

三、影响力是检验智库的标准

ECFR的成功经验,具有一般成功智库的共性,也具有其泛欧色彩的个性。但不管怎么说,它提醒我们,影响力是检验智库成败与否的标准。

中国智库建设,必须牢记"理念至上"的原则,非简单模仿西方,尤其美国,而应从古老中华文明汲取智慧,从中国现代化与民族复兴历史进程和改革开放伟大实践中总结经验,着眼于思考、解决中国问题过程中为思考、解决世界问题提供智力支持。李克强总理说过,改革开放是人类最大的创新;中国医改,是以中国方式解决世界性难题。因此,中国智库应该而且能够做好两篇文章:一是世界对中国的期待,二是中国对世界的影响。为此,传播好中国声音,讲好中国故事,为解决全球性问题、各国关心的问题提供中国方案,展示中国智慧,一句话,"源于中国而属于世界",正是中国智库的时代担当。

同时,中国智库建设要按照现代运作方式,加强机制建设,同时全社会也要创造有利于智库发展的机制与环境,为通过智库而拓展中国的全球影响力服务。"一带一路"是跨区域、跨文明的经济发展带、文化交流带,可借鉴 ECFR 经验,建设丝路智库(Silk Road Initiative)。

最后,专业是智库的生命力,也是中国智库的软肋。打造专业的团队,明确专业的项目分工,按照专业的运作方式,就必须按照让智力市场在智力资源配置中起决定性作用原则,改革教育体制、培育创新文化,明晰智慧产权,尊重智库劳动、尊重研究成果。

总之,理念、机制、专业,是 ECFR 带给中国智库建设的鲜明启示。先进的理念、现代的机制、专业的人才,一定让中国智库做出无愧于中国改革开放伟大实践的时代贡献,兑现中国应当为人类做出较大贡献的历史承诺。

第十章 助力韩国外交:峨山政策研究院

一、峨山政策研究院简介

峨山政策研究院(The Asan Institute for Policy Studies)是一个独立的、非党派、非官方的政策性智库,于 2008 年由韩国现代重工集团总裁郑梦准①(Chung Mong Joon)一手创办。之所以将其命名为"峨山",或是为了纪念其父对韩国经济繁荣、朝鲜半岛的和平统一所作出的巨大贡献。同时也正是由于峨山政策研究所创始人郑梦准的学术背景,加之其丰富的从政经验,使峨山政策研究院能独树一帜,成为韩国智库中重量级的"明日之星"。

(一)宗旨和目标

峨山政策研究院的成立宗旨是从事相关政策研究,致力于营造良好的国内、地区和国际环境,从而推动朝鲜半岛的和平与稳定,并最终实现半岛统一。② 正如峨山政策研究院院长咸在凤(HAHM Chaibong)所言:"我们的目标在于,为拥有与峨山政策研究一样的愿景并对真正的政策选择分析和解释充满激情的学者、政策专家和决策者创设一个聚会交流的场所。"③

---

① 郑梦准是郑周永先生的第六子,是韩国现代重工集团(曾是全球最大的造船公司)的最大股东,曾就读于美国约翰霍普金斯大学高级国际研究所,并取得国际关系博士学位。曾连续 7 次当选韩国国会议员,是前大国家党主席,并于 2002 年成为韩国总统候选人,与原韩国总统李明博有着密切的关系,2012 年曾参加总统大选。
② The Asan institute for policy studies, http://asaninst.org/eng/.
③ The Asan institute for policy studies, *Asan brochure 2011*, *the Asan institute for policy (studies ideas&praxis)*.

同时,"峨山政策研究院的目标不仅在于提供可供选择的政策方案,也致力于不断地培养和训练在公共外交和相关领域的专家,从而为加强韩国更好地应对影响国家、地区和世界的一些紧迫性问题的能力"①。总之,峨山政策研究的目标是四维的:"第一,分析、批判并提出关于公共领域的政策。包括外交事务和经济。其二,充当政府和私人部门的政策咨询员。第三,在政府不能执行的某些领域承担部分公共外交任务。例如,建立联系,保持合作关系,达成合作协议等。第四,峨山政策研究院在培养政府和学术界的专家方面发挥着重要的作用。"②峨山政策研究院成立之初所具有的高端愿景创设也注定了其必将在韩国地区和全球掀起"智力风暴",并最终走向国际化。

(二) 初步影响

虽然峨山政策研究院没有像美国布鲁金斯学会拥有一样悠久的历史积淀和国际影响力,同时,几年的时间还不足以使峨山成长为成熟的智库,但是峨山在前五年中举办了300多场大型会议活动,邀请数千位专家学者参与会议,讨论国际热点问题,并出版了多本及时性的报告,为相关政府人员、学者以及政治家提供了重要的决策参照。依据2012年由宾夕法尼亚大学开展的"智库和公民社会项目"的全球调查结果,峨山政策研究院的国际影响力正在不断攀升,并被列为地区(包括中、印、日、韩四国)第五大智库③,且是前五位中唯一的非官方智库。此外,峨山政策研究院各个研究中心的相关学者和院长咸在凤等人频频发布相关研究报告与书籍,接受各国媒体采访,并积极参与各种国际会议与各种论坛研讨会。峨山正在通过自己的力量,向地区及国际社会发出属于他们的声音,为地区的安全与稳定,半岛统一及全球治理贡献出力量。

---

① The Asan institute for policy studies,Press kit 2013.
② The Asan institute for policy studies,*Asan brochure 2011*,*the Asan institute for policy (studies ideas&praxis)*.
③ James G. McGann, Ph. D, Think Tank and Civil Societies Program,*2012 Global Go to think tank report and policy advice*, P57, http://www.asaninst.org/eng/04_news/news_detail.php? seq=100227&ipage=1&nums=0,排名前四位智库分别为:中国社会科学院、日本国际事务研究所、韩国发展研究所、中国现代国际关系研究所。

二、韩国峨山政策研究院的发展状况

(一) 韩国峨山政策研究院的历史追索

韩国峨山政策研究所成立于2008年2月,至今才数年的发展历史。总体上来说,该智库还较为年轻,还未达到成熟阶段。从历史发展的角度来说,可以将峨山政策研究院的发展分为两大阶段:

1. 第一阶段(2008年—2010年):始创阶段

2008年2月11日,峨山政策研究院正式成立,并任命韩国前外交部长韩升洲(Han Sung Joo)担任峨山政策研究院的首任院长兼主席。在峨山政策研究院成立一周年之际,任命宋永实(Song Young Shik)为研究院第二任院长,同时举办了峨山研究院新建筑奠基仪式。2010年1月,新建筑正式落成,其为峨山研究院召开会议,举办研讨会、论坛等活动提供了重要平台,同时也标志着峨山研究院正式步入正轨。2010年,峨山政策研究院实现了"研究所研究员由3位增至13位,包括6位博士研究员和4个项目专员,并举办了2次峨山纪念讲坛,17次会议和18次圆桌研讨会。同时与纽约、华盛顿以及上海的研究所和智库共同合作组织了多次会议"①。连院长咸在凤也称"2010年是峨山政策研究院奠定基础的一年"②。

2. 第二阶段(2011—今):发展阶段

2011年,峨山政策研究院经过三年的积淀,实现了从始创阶段向发展阶段的过渡。2011年和2012年是东亚和全球动荡,态势紧张的两年。2011年,日本地震海啸以及随之而来的福岛核泄漏事件引起地区紧张,朝鲜领袖金正日逝世对半岛局势造成影响,"阿拉伯之春"席卷整个中东,欧洲主权债务危机仍在继续。为了实现峨山政策研究院的宗旨,峨山政策研究院顺应时势分别成立了外交政策研究中心、国际法和冲突解决中心、中东和北非研究中心,并主持了100多场大型活动,邀请了400多位来至各国政府、智库、

---

① The institute for the policy studies, *Asan annual report 2010* (ideas and praxis), P5.
② The institute for the policy studies, *Asan annual report 2010* (ideas and praxis), P5.

学术界和媒体的专家参与。① 2012年全球进入"选举年",中日钓鱼岛争端激化,中国与东南亚国家的南海争端日趋激烈,日韩竹岛(独岛)之争重现。为了进一步加强政策研究能力,峨山政策研究院增设了六大研究中心:峨山核政策技术中心、美国政策中心、东盟和太平洋研究中心、中国政策中心、安全政策中心、科学和技术政策中心。其所举办的会议和研讨会受到国际社会的普遍关注。2013年,峨山政策研究院还在努力为创设稳定和平东亚,促进朝鲜半岛统一作出贡献。也是在这一阶段,峨山政策研究院的国际影响力不断攀升,成为东亚地区具有影响力和权威性的智库之一。

(二)韩国峨山政策研究院的国际化路径

峨山政策研究院的影响力主要基于其"硬件"和"软件"的优良配置,其中,位于首尔的峨山政策研究院为举行大型会议、论坛等提供了平台,多样的组织形式和研究中心成为核心依托,充足的资金确保了项目中心的正常运转,优秀的青年人才为峨山提供了不竭动力。从短短几年多的发展历程来说,峨山政策研究院主要从三个方面走向国际化。

1. 设立中心,召开会议,云集知名学者形成影响

峨山政策研究院从事的是独立的外交政策研究,致力于半岛稳定与统一。其主要通过设置研究中心,召开会议等方式塑造影响力。在定位上,"峨山研究中心将研究主要集中于三个方面:外交和国家安全、治理、哲学和社会公共政策"②。在外交和国家安全上,2010年,"天安号事件"、"延坪岛炮击"事件、"中国和平崛起"成为地区关注重点,峨山政策研究院因此分别对"中国崛起以及对东北亚地区展望"、"天安号事件后的地区安全"、"怎样应对朝鲜"、"朝鲜权力交接和东北亚安全"③等议题进行了深入探讨。2011年"阿拉伯之春"对突尼斯、埃及、叙利亚等中东和北非国家的政治稳定造成重创,峨山政策研究院顺势成立了中东北非研究中心,意在增强民众和政府对该地区的关注。2012年为了顺应美国总统选举,以及关注中国十八大的召开,峨山政策研究院成立了美国政策研究中心和中国政策研究中心,并将中

---

① The institute for the policy studies, *Asan annual report 2011 (ideas and praxis)*, P70.
② The institute for the policy studies, *Asan Plenum 2011—our unclear future*, P4.
③ The institute for the policy studies, *Asan annual report 2010 (ideas and praxis)* P13.

美作为研究院重要领域进行研究。

在治理方面,峨山不仅注重国内治理,研究例如国内出生率、移民、网络对公共舆论的影响等问题,而且还特别设立了全球治理中心,研究 G20 机制以及韩国等中等国家如何在全球治理中发挥更大作用等问题。

在哲学与公共政策方面,其研究的范围加广泛。例如,2010 年研究主题为儒家思想对当代韩国和东亚的影响[①],2011 年则对民主与人权政策、全球化背景下的韩国历史[②]等问题进行了探讨。迄今为止,在三大研究重心之下,随着地区和国际态势的不断变化,峨山政策研究院正在不断扩大其议题并新设研究中心。目前,峨山政策研究院已经形成了 11 个具有代表性的研究中心(详见表 1),且各个研究中心之间并非相互独立,自成体系,而是相互合作,相互影响,共同研究,服务于峨山政策研究院的目标与宗旨。

表 1 峨山政策研究院成立的研究中心

中 心	成立时间	主 要 宗 旨	形 式
民意研究中心	2010 年	旨在为政治领导者和公众提供可靠的数据分析,并为政治决策提供依据。	以民意报告的形式展现
全球治理中心	2010 年	分析现存多边机制的优缺点,为适应新的全球环境提出改革方案。	会议
中东和北非中心	2011 年	开展四方面研究:1. 民主 & 国家建设。2. 市场 & 石油。3. 市民社会 & 伊斯兰运动 4. 地区安全与恐怖主义问题。旨在为政策制定者、专家和普通大众提供讨论中东北非地区民主,资本主义和全球化的途径。	会议
国际法和冲突解决中心	2011 年	旨在分析和理解国际法以及全球治理如何促进国际冲突的和平解决和管理,并发现基于法律作用的新的外交政策选择。	论坛+会议
外交政策中心	2011 年	为专家,决策者和公众讨论全球政治的重要问题问题提供便利,最终形成外交政策。	会议
安全政策中心	2012 年	为朝鲜半岛和东北亚地区拥有更安全的环境提供有效政策选择。	会议

---

① The institute for the policy studies, *Asan annual report 2010*(*ideas and praxis*) P24.
② The institute for the policy studies, *Asan annual report 2011*(*ideas and praxis*) P42 - 45.

续 表

中 心	成立时间	主要宗旨	形 式
科学&技术政策中心	2012年	旨在为组织和政府在科学技术方面的政策提供建议,并助公众更好的了解科学,技术和创新。	会议
东盟和太平洋研究中心	2012年	该中心的研究重点为:发展合作,非传统和人类安全,中等国力外交。聚焦东盟和太平地区的国际关系,包括地区国家与韩国的双边关系,以及多边合作。	会议
中国政策中心	2012年	通过分析中国的关键性政策,致力于提升中韩之间的相互理解和信任,同时为促进两国的下一代交流提供便利。	论坛
美国政策中心	2012年	他们的使命在于促进关于教育公众和告知领导者对美国有关的重要政策问题的相关研究和项目。	论坛
峨山核政策和技术中心	2012年6月	旨在为促成朝鲜半岛的无核化提供政策选择,促进核能的和平使用。同时会促进双边、地区和国际核能合作。例如:美韩核能合作,东北亚核安全合作以及全球核能安全合作。	会议+论坛

资料来源:峨山政策研究院官方网站

依托于这些研究中心,峨山政策研究院采取了多样化的会议和论坛组织形式,邀请并吸引了来至世界各地的知名学者、政策专家、政府官员以及公众、媒体的关注和参与。在2010年之前,峨山活动的形式还比较单一。当时,峨山政策研究院主推的是"峨山纪念讲坛系列"活动,其通过邀请来至私人和公共部门的专家对世界面临的紧迫性问题发表演讲。以2010年为例,峨山研究院究邀请了美国前国务卿基辛格对"中国崛起"及"美国相对衰弱",以及未来中美关系发表了观点。另外还邀请了哈佛大学哲学教授桑德尔发表了题为"正义:做什么才恰当?"的演讲。[①] 经过几年的发展,峨山政策研究院在延续"峨山纪念讲坛"活动之外,新增了多样的会议与活动组织形式,例如"峨山年度会议"、"峨山战略对话"、"峨山研讨会系列"、"峨山支持系列"、"峨山杰出演讲者系列"、"峨山领导力讲座系列"、"峨山道路展示系

---

① The institute for policy studies, *Asan annual report 2010 (ideas and praxis)* P9-11.

列"、"峨山华盛顿论坛"、"二轨对话(Track Ⅱ dialogue)"、"峨山中国仁智讲座(Asan China Inji lecture)"等活动。① 会议关注主题丰富广泛,有关注对外援助、俄罗斯外交、美韩关系、东亚地区合作、日韩关系、朝鲜核问题、全球治理、公共外交、东亚儒家文明、世界核安全机制问题、中国外交政策、人权问题、G20机制、中东问题、欧洲外交等多个方面。

其中别具特色并具有较大影响力的是:"峨山全体会议"、"峨山中国论坛"及"峨山核论坛"(见表2)。其中"峨山核论坛"是东亚地区唯一一个以核问题为主题的峰会,对解决朝鲜问题,建立东亚地区核安全机制,并实现峨山政策研究院的宗旨有着重要作用。

表2 峨山政策研究院特色活动

活动形式	简介与活动
峨山全体会议 Asan Plenum	峨山全体会议是于首尔举办的,集结全球顶级智库的学者讨论世界所面临的挑战的年度盛会。其目的在于影响决策进程,确保全球社会更好地解决面临的挑战。 活动:2011主题"我们的核未来";2012主题"领导力";2013主题"新的全球混乱"。
峨山中国论坛 Asan China Forum	峨山中国论坛是一个云集全世界150多位顶级中国专家和政策分析专家的年度盛会。 活动:2012主题"转型中的中国";2013峨山北京论坛主题"韩中关系:未来二十年"。
峨山核论坛 Asan Nuclear Forum	峨山核论坛是云集200多位来自世界各地的顶级核科学家、工程师、政策分析专家和公共学者共商核问题的年度盛会。 活动:2013峨山核论坛。

资料来源:峨山政策研究院官方网站

此外,峨山政策研究院在举办相关会议和活动时,总会邀请大量国际顶级的研究学者。例如,峨山政策研究院曾邀请美国前国务卿基辛格,前助理国务卿克里斯托弗·希尔(Christopher Hill),前国防部长(小布什当政时期)唐纳德·拉姆斯菲尔德(Donald Rumsfeld),诺贝尔得主及芝加哥大学杰出教授詹姆斯·赫克曼(James J. Heckman),兰德公司研究员布鲁斯·贝

---

① The institute for policy studies, Institute activities, http://www.asaninst.org/eng/02_events/scholarship_list.php?ipage=2&type=scholarly_action&ca=0.

奈特(Bruce Bennett)与欧维伦(William Overholt),伦敦国际战略研究所研究员马克·菲茨帕特里克(Mark Fitzpatrick),北京大学高等人文研究院院长杜维明,中国北大教授王缉思、朱峰,人大教授金灿荣、时殷弘,以及比尔·盖茨等人与会或发表演讲。这些高层精英就像一张"活动的名片",为峨山政策研究院形成影响提供了"传播渠道",峨山也借名人之力而成为了高端思想碰撞之地。

2. 多边合作,借力媒体,发表独立成果拓展影响

除了举办大型会议活动之外,政策研究也是峨山政策研究院的主要目标。

首先,峨山政策研究院通过出版发行相关及时性报告拓展其影响。目前,峨山政策研究院主要的公开发表的出版物有:"峨山问题简介——发布及时性研究报告"、"峨山时事通讯——国外研究机构了解峨山政策研究院动态的通道"、"峨山舆论调查报告——韩国国内月度和年度舆论调查报告"、"峨山书籍系列——翻译有影响力的著作,促使韩国更好的了解世界",以及"峨山会议——峨山政策研究会议议程和结论总结报告"等。相关的出版物可以在峨山政策研究院官网站直接下载阅读,真正做到了资源共享。

以"峨山问题简介"为例,2011年峨山政策研究院发布出版了17份关涉国际和国内事务的问题简介,其主要包括:"1月中美峰会"、"阿拉伯之春暴动"、"天安号事件"、"福岛核危机"、"六方会谈"[①]等议题,备受国际关注。2012年峨山政策研究院发布了24篇简介,内容涉及:"美国重返东亚"、"缅甸政治改革"、"中韩自由贸易前景展望"、"韩国公共外交"、"韩国总统选举分析"[②]等。到目前为止,峨山政策研究院已经发布了73份"峨山问题简介",其报告的影响力不容小觑。峨山政策研究院在2012年出版的《中国外交政策》、《日本危机:什么将带领日本再次崛起?》、《"阿拉伯之春":它能带来民主转型吗?》、《中等国家和G20治理》这四本书也得到了国际社会的广泛认可。另外,峨山政策研究院出版活动中比较有特色之处在于其充分运用网络优势,于2013年7月发布了第一份网上在线期刊《峨

---

① The Asan institute for policy studies, *Asan annual report 2011(ideas and praxis)* P82.
② The Asan institute for policy studies, *Asan annual report 2012(ideas and praxis)*.

山论坛》,旨在深度分析亚太地区所发生的巨大变化,紧抓地区学者对地区问题,全球热点问题的主流观点以及外界学者对该地区发展的评论。杂志的主题主要涉及"国家安全,人类安全,地区主义,国际关系理论,国家身份认同等多个方面"①,以韩、朝、中、日、美、俄作为最主要的研究国家,同时与这些地区知名学者有密切的合作关系。目前,中国北京大学国际关系学院教授朱峰、王缉思,复旦大学教授任晓,斯坦福大学教授史蒂芬 D. 克拉斯纳(Stephen D. Krasner),莫斯科国际关系学院教授亚历山大·鲁金(Alexander Lukin),日本京都产业大学教授多哥一彦(Togo Kazuhiko)等知名学者都为其供稿。这不仅使峨山被越来越多的地区知名学者熟知,增强了其影响力,也使得峨山政策研究的结果能及时被外界分享,促进了各领域研究的发展。

其次,峨山的研究成果并不仅仅基于自身的研究,而是注重与本国和世界知名智库建立起国际交流网络,共同参与研究。至目前为止,与峨山政策研究院建立伙伴关系的智库、研究所和大学已经达到55所,且分布广泛,其中与美国智库和研究所建立合作关系的居多,据统计有28所。②（见图1）一方面,峨山政策研究院采取共同举办会议的方式在美国、日本、中国等地开展一系列合作活动。仅以2010年为例,随着中国和平崛起概念的提出,加之地区安全中中国地位的不断凸显,"峨山政策研究院在上海发起举办了两场'韩—中—美'三边对话的活动,其合作的对象为美国国际战略研究中心、上海国际问题研究所,以及复旦大学"③。同时,美日韩关系在2010年也备受关注,峨山政策研究院组织了两场三边对话,其主要的合作伙伴是:美国外交政策全国委员会,美国国际战略研究中心,日本国际事务研究所。通过这样的形式,峨山政策研究院发挥着政府的部分公共外交的职能,同时也为拓展其影响的深度和广度奠定了基础。另一方面,峨山政策研究院的研究员还与其他研究所知名学者进行合作,通过共同出版及时性的研究报告来拓展其影响。

---

① The Asan Forum, Topics, http://www.theasanforum.org/topics/national-identity/.
② The Asaninstitute for policy studies, Asan Network, http://asaninst.org/eng/05_about/organization.php.
③ The Asan institute for policy studies, *Asan annual report 2010(ideas and praxis)* P13 - 14.

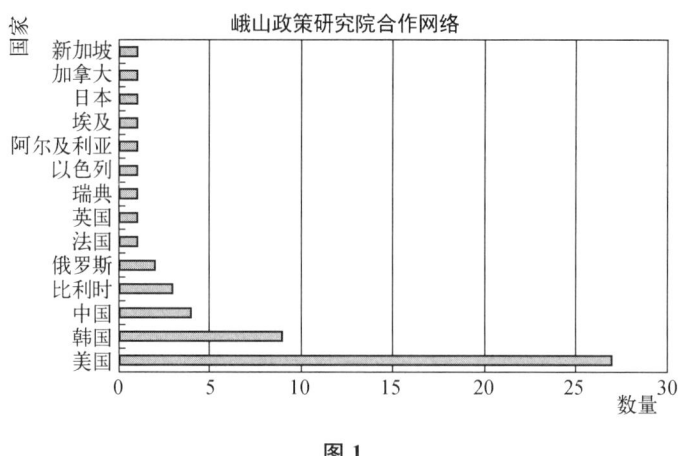

图 1

最后,峨山政策研究院借力媒体拓展其影响的广度与深度。在 2008—2010 年,峨山政策研究的相关报道并不多见。到了 2011 年,峨山的相关活动被国内和国际广播、电视、网络媒体——例如《经济学人》《华尔街日报》《韩国时报》及美国之音、《外交家》等大量报道。据统计,"在 2011 年,峨山政策研究院的相关活动被报道的数量达到 260 多篇"[①]。2012 年与 2013 年峨山政策研究院被报道的频次不断上升,且不仅限于韩国国内媒体。另外,在国际上其辐射的范围拓展,报道层次上升。例如,2012 年峨山政策研究院舆论研究中心的相关报告被《卫报》《中国日报》《华尔街日报》等引用,以其用于分析韩国国内的总统选举。当中日钓鱼岛争端之际,峨山政策研究院相关研究员对事件的发展态势发表的观点被中国媒体转引。4 月朝鲜发射导弹之时,其研究员接受 CCTV 采访,并对朝鲜如何触犯联合国安理会的相关决议进行了分析。2013 年,峨山政策研究院的相关活动在《纽约时报》《经济学人》《华尔街日报》《环球邮报》《金融时报》《华盛顿邮报》《日本日报》《洛杉矶时报》等其他国内和国际知名媒体上的报道更是数不胜数。[②] 除此之外,在法国的法新社,澳大利亚《悉尼先驱晨报》,中东地区的《阿曼日报》上都可以看到峨山政策研究院的相关报道,可见峨山政策研究的国际影响力在不

---

① The Asan institute for policy studies, *Asan annual report 2011*(*ideas and praxis*) P48.
② 关于峨山在新闻媒体的曝光率在其官网有详细报道:http://asaninst.org/eng/04_news/news_list.php?ipage=4&type=media_news。

断拓展。

3. 引进人才,储备培养,积蓄人才力量延续影响

为加强韩国更好地应对未来所可能面对的紧迫性问题,峨山也将培养精于公共外交以及相关领域的专家人才为己任。峨山政策研究院院长咸在凤强调:"研究院对人才的要求不尽限于学术背景,还要求研究人员具备独立思考的能力和全球化的视野,能够以批判的眼光审视所处的社会。"①此外,从目前峨山政策研究院的人员结构也可以看出,峨山政策研究院的重在培养青年学者,13位研究员中都是毕业于哥伦比亚、剑桥、哈佛、宾夕法尼亚、斯坦福等名校的海归博士,留学的经历使这些研究员能与国际嫁接,并与相关大学建立起合作关系。这种高质量的研究团队为保障研究质量提供了"智力基础"。

但是别具特色的是峨山并没有止步于引进精英人才,而是在2012年独辟蹊径地办起了峨山书院。峨山书院以培养韩国未来的领袖级人才为目标,每学期通过择优选取的方式,将优秀的大学生引入峨山书院。由峨山书院首先对其进行长达15周的高强度培训,内容涉及"韩国历史、东西方哲学、政治学、国际政治、国际政治经济、经济学、英语等学科内容"。② 课程之外,峨山书院的学生还将被派往国外著名智库和非政府组织进行3个月的实习培训。2012年第一批峨山书院的学生就被派往了美国国际战略研究所、卡内基国际和平基金会、韩国经济研究所、美国传统基金会以及特赦国际等顶级智库学习。这些经历对青年开拓视野,了解第一手资料,参与研究都有所帮助。峨山书院以理论加实践的方式,培养青年人才,这些举措不仅为峨山政策研究的长远发展注力"新鲜血液",而且也在为韩国政府、学校等培养后备力量中发挥着重要作用。

除了峨山书院项目之外,峨山政策研究院还通过"实习生计划"③,为其未来的发展储备力量。该计划一年举办三次,每批实习生要实习满16周,并根据相关表现决定是否留用。峨山政策研究院的实习生一方面通过计划,

---

① 张尼:《韩国峨山政策研究院为国家优化对外政策出谋划策》,《中国社会科学报》,2013年8月7日。
② The Asan institute for policy studies, *Asan annual report 2012 (ideas and praxis)* P60-61.
③ 该计划的详细内容可参见峨山政策研究院2012年年度报告,第90—91页。

组织和主持峨山研究院的圆桌讨论、会议和论坛等活动提升能力,另一方面,其还可能参与到峨山政策研究院的相关研究之中,参与研究资料的翻译、编写等,并对峨山的相关出版物和研究报告进行网络宣传等。同时,依托峨山政策研究院这一平台,实习生还将接受相关领导力培训并与顶级智库与国际组织的著名学者、政策专家等进行讨论。一切活动将有助于实习生切实从实践中提升能力,这也是培养后备人才的重要途径,为峨山政策研究院发挥持续影响奠定了人力基础。

峨山政策研究院凭借上述方式,逐步地形成、拓展和积蓄其国际影响力。现今,峨山政策研究院已被真正打造为高端思想碰撞之地,其在韩国国内、东亚地区甚至全球的影响力不断显现。

三、经验与启示

一个成功的智库需要什么呢?布鲁金斯学会理事会主席约翰·桑顿认为:"能够成为顶级智库关键在于三个核心价值:质量、独立性和影响力。"[①]笔者认为一个成功的智库首先需要一种理念的力量,这是一个智库发展的灵魂和支撑。其次需要外部环境的支撑,例如良好的政治环境、资金基础、人才储备等因素。最后,还需要的就是完善的运行模式。当然这种模式不是千篇一律的,可能在美国智库适宜的模式在其他地区就行不通,所谓的模式是一种适合本土智库发展的模式,这也是区别于其他智库的重要因素。峨山政策研究院就具备以上的因素,其也为中国智库的发展提供了相关借鉴经验。

(一)理念:全球视角下的整体利益观

峨山政策研究院虽由企业出资创办,但是其不像企业类智库止步于企业利益,而是以长远和战略性的眼光着眼于国家和全球利益。正如峨山政策研究院主席李仁浩(Lee In-ho)所言:"峨山政策研究不仅致力于研究影响韩国和地区的问题,例如和平、安全和国家统一问题,同时也关注人类安全

---

① 《智库的核心价值是什么?——访布鲁金斯研究院理事会主席约翰·桑顿》,《决策和信息》,2009年第8期,第50—52页。

问题,例如环境、人权、自然资源和文化多样性等。"①其所独特的全球视野和思维,使其能抓住全球势态发展的动脉,在瞬息万变的国际环境中相继成立适应全球治理需要并符合韩国、地区和全球利益的研究中心,召开并邀请知名学者参与全球热点问题的相关会议和研讨会。也正是这一点推动了峨山政策研究院的国际影响力不断凸显。

(二)支撑:人才引进和自主储备并存

峨山政策研究院发展的独特之处在于其人才的培养、配置模式。人才是智库提升其影响力的有力依托。一方面,峨山吸纳了优秀的海归青年学者为研究院提供"智力支持";另一方面,还通过峨山书院的方式为研究院和政府的未来直接提供了优秀的人才储备。

(三)模式:研究独立,成果共享,借"势"使力,塑造影响

另外,峨山政策研究的国际影响力还要归功于其独特的模式。

首先,峨山政策研究院是一个独立性的智库,"研究院的资金提供者清楚地知道,研究院是服务于社会公众利益的,不会站在资方立场说话。其尽管有权监管研究院的财务状况,但却不能左右研究的过程和结果"②。此外,峨山还通过提供及时和有力的政策研究,发布相关报告和出版物的方式——例如"峨山问题简介"、"峨山舆论调查"、"峨山报告"、"峨山会议议程"等,为政府、学者、公众了解国际前沿动态和研究提供了重要途径。

其次,峨山政策研究院的特色在于充分做到了"四个借势"。第一,借国际环境之"势"。例如,在2011年之际,紧跟"阿拉伯之春"势态发展成立了中东北非研究中心,并出版了相关研究报告,为政府制定政策提供了依据。特别是在2012年,峨山政策研究院借核安全峰会在韩国首尔召开之际,顺势设立了核政策技术研究中心,为其发展"造势"并积极参与到首尔核安全峰会之中。2012年,借中国十八大召开,新领导集体成立之际,峨山举办了第一届以"转型中的中国"为题的首届峨山中国论坛,因其实时性而倍受关注。第二,借国际知名学者之"势"。峨山近六年来,邀请了例如基辛格、杜维明、詹姆斯·赫克曼等国际政治、经济、文化等相关领域的学者和政治人物参与

---

① The Asan institute for policy studies, *Annual report 2010*.
② 张尼:《韩国峨山政策研究院为国家优化对外政策出谋划策》,《中国社会科学报》,2013年8月7日。

到会议之中,借"力"造势。第三,借各种国际会议和组织之"势"。峨山除了自身举办各种大型活动之外,还与美国、日本等研究所合作举办会议,借各种成熟的研究组织之"力"为拓展自身影响造势。第四,借媒体传播之"势"。峨山凭借自身的官方网站实时发布最新报告,依托《峨山论坛》网络杂志追踪地区思想动态,同时峨山政策研究院在媒体出现的频次为扩大影响造势。

峨山政策研究院正充分发挥其自身的优势,借鉴其他成熟智库的发展经验,不仅为其在东亚地区拓展影响,促进半岛和平统一目标努力,同时也为全球应对各种挑战提供智力支持。

中国民间智库的障碍与制约

李 巍[*]

智库的本质工作就是研究国家和社会遇到的各种公共问题并提出相应的政策药方,以供政府决策者选用。当前中国改革和开放所面对的问题变得日益复杂,政府单方面已经无法驾驭,特别是对那些具有长期性的、战略性的公共问题,善于应急性和事务性的政府总是显得鞭长莫及,因此就特别需要向智库"购买"各种思想和政策产品,以帮助提高决策的质量。

需求产生供给。中国的智库正是在这种背景下迎来了发展的春天。当前,中国的智库格局基本还是以官办智库为主,它们占据了绝大部分资源和渠道,在政策影响力和舆论影响力上都处于压倒性优势地位。但是,中国的智库发展不能单靠官方智库,因为官方智库天然存在官僚主义和本位主义的缺陷,无论是在政策生产的效率上还是政策本身的中立性上,都有很大的不足,难以有效参与思想竞争。因此,鼓励民间智库的发展,特别是通过培育民间智库来对官办智库形成竞争压力,以达到两者相互补足相互促进之效,就显得意义十分重大。

笔者曾多次应邀参与韩国峨山政策研究院的学术活动,同时又担任中国民间智库察哈尔学会的研究员。不仅如此,笔者本人还曾参与其他多个国内外各种智库的交流活动,对智库建设和运作有一些了解。特别是对比峨山政策研究院和察哈尔学会这两个颇具代表性的民间智库的发展历程,对于中国民间智库发展所存在的障碍和制约,笔者有一些切身体会。

第一,中国民间智库发展目前阶段首先要解决"物质层面"的问题。峨山

---

[*] 李巍:察哈尔学会研究员,中国人民大学国际关系学院副教授。

研究院成立时间不长,目前也就七八年时间,但它之所以能在韩国乃至世界智库界异军突起,很重要的一个原因就是资金实力雄厚,其知名度很大程度上是靠钱"砸出来"的。峨山的金主是现代重工,作为现代集团重要组成部分的现代重工是韩国最大的几个财阀之一,它对峨山进行了源源不断的资金支持。"不差钱"是峨山政策研究院敢于放手组织活动、招聘人才的基石。不仅如此,峨山还专门有自己独立的办公楼,能够为研究人员提供良好的办公条件,办公楼有会议室、会客室、资料室等等。因此,一个好的智库需要有一定的硬件条件作为支撑。

目前中国大多数民间智库还达不到这个水平。首先,中国没有形成稳定的捐赠体制,民间智库大多在财务上显得捉襟见肘。中国最有能力对民间智库提供资金支持,也是最需要智库产品的就是那些超大型的国有企业,但是由于种种原因,国有企业对民间智库的资金支持非常少,这导致中国民间智库的发展从总体上缺乏雄厚资金的支持,大多数始终面临着生存危机的压力。其次,也因为没有雄厚的资金基础,不少民间智库缺乏基本的办公条件,这构成了硬件上的重大制约。

第二,中国民间智库发展在"人才层面"上也障碍重重。智库要出思想,而出思想关键需要人才,思想是一种比较昂贵的产品,这意味着智库领导人核心的工作内容就是"找人"。峨山政策研究院在全球层次招聘专职研究员,积极培养年轻人才,还与各种知名学者和专家建立起学术联系。大量人才的聚集是峨山研究院能够有效开展各种研究和活动的重要保障。

相比之下,中国的民间智库还只能向官方智库和大学"借人",很少具有有较高研究能力的专职人员,民间智库更多是以一种平台和网络的形式存在。导致这种局面的原因有二:一方面,能出好思想的研究人员价格都比较高,中国民间智库养不起;另一方面,受中国特色的户籍制度和编制制度的约束,大多科研人员更愿意待在体制内。完全依靠兼职人员存在的缺陷就是,他们不会将主要精力用于该智库的工作,因为他们有更加重要的本职工作要做,同时,智库也难以对这些兼职研究人员进行有效的管理。

第三,中国民间智库在"制度层面"上也需要完善。智库不是媒体也不是学术机构,智库的核心使命是生产政策产品,这些政策产品可能是通过直接诉诸决策者来发挥作用,也可能是通过影响大众来发挥作用。这需要智库要有明确的定位,即本智库主要生产那些政策产品,以及如何对这些政策产品的质量进行有效评估。峨山政策研究院有一个强大的行政团队,围绕如何生产高质量的政策产品,有一套运作完备的制度体系。

目前,中国民间智库普遍需要加强内部制度建设。具体而言,这些制度包括:课题发布制度、报告递交制度、报告评价制度、报告传播制度等等。

对比峨山政策研究院与察哈尔学会,虽然前者在各个方面都要领先一步,但后者在近年来都处于不断发展完善之中。中国有自身的国情,智库发展也不必完全照搬外国的模式。笔者在察哈尔学会身上看到了中国民间智库发展的各种希望,衷心祝愿察哈尔学会能够以自己的实践为中国民间智库开辟一条新的道路。

后　记

▍本书以察哈尔学会内部研究报告为基础

2013年初，察哈尔学会创会主席韩方明指示，由秘书处组织专门团队研究外国智库国际化的成功经验和做法，为下一步察哈尔学会的国际化提供借鉴。

时任学会秘书长的柯银斌担任课题主持人，并邀请学会研究员、北京师范大学吕晓莉博士担任共同主持人。吕晓莉当时发表一部基于调查研究的著作《民间外交的基层力量》，这是中国第一部社会组织国际化的案例研究作品，由她来担任共同主持人是非常合适的。

案例研究的第一步是选择合适的研究对象。我们先确定了一下全球30家智库的名单，并了解其基本情况。基于研究目的是为了察哈尔学会国际化提供借鉴，可学习性、业务领域近就成为案例研究对象的首要标准。在征求学会研究员们和外部专家（如清华大学朱旭峰教授）的意见之后，我们确定了一个20家外国智库的名单。最后由韩方明主席确定15家智库为案例研究对象。

掌握并运用好案例研究方法是案例研究的第二步。柯银斌拥有10多年的工商管理案例研究经历，这些经验和方法可以用于本课题研究。2013年7月，课题正式启动，柯银斌专门为课题组成员讲授案例研究方法及其在本课题中的应用。

本课题研究仅基于文献资料,缺少实地调查和访谈,这主要是由于资源条件所限。课题组的工作分工如下:案例选择及主要内容由我们共同商定,案例资料收集及写作部分由吕晓莉具体负责。2014年2月,吕晓莉团队提供了研究报告的初稿。之后,根据柯银斌的意见,吕晓莉团队又进行了补充和修改。到2014年底,本课题结束。

江苏人民出版社总经理徐海使本书得以问世

2015年1月20日,中共中央办公厅、国务院办公厅印发《关于加强中国特色新型智库建设的意见》。柯银斌开始筹划将研究报告编辑成书出版。首先,我们共同确定10个案例;第二,吕晓莉团队进行内容补充和调整;第三,学会秘书处向研究员们征集每个案例的评论文章。

2015年4月,由案例及评论组成的书稿完成。柯银斌联系北京多家出版社,未果。

2016年1月,江苏人民出版社总经理徐海、编辑卞清波访问学会北京办公室。在谈及他们刚刚出版的《经营智库:成熟组织的实务指南》一书后,柯银斌提供了本书稿。3月25日,柯银斌接到通知:选题已通过。徐海总经理的慧眼使本书得以问世。

本书是集体创作的成果

我们虽署名共同主编,但本书的确是集体创作的成果。主要有两个团队:一是吕晓莉的案例研究团队(北京师范大学2014级国际关系专业硕士研究生),各人贡献如下:袁正平(布鲁金斯学会、挪威人权研究中心),张秀燕(韩国峨山政策研究院),伍锡正(瑞典斯德哥尔摩国际和平研究所),张梦仙(美国阿斯彭学会),吴赛(日本野村综合研究所),宫伟双(英国"更安全世界"),张晗(全美亚洲研究所),高艳(印度中国研究所),杨继龙(欧洲对外关系理事会)。总论的架构由柯银斌拟定,吕晓莉执笔完成。二是察哈尔学会研究员团队,各人贡献如下:柯银斌(阿斯彭学会),刘成(斯得哥尔摩国际和平研究所),贺文萍("更安全世界"),余万里(全美亚洲研究所),王义桅(欧洲对外关系委员会),赵新利(日本野村综合研究所),李巍(韩国峨山政策研究院),赵瑞琦(美国印度—中国研究所)。

欢迎读者与我们共同探讨中国新型智库的战略定位与经营管理问题,可发电子邮件至柯银斌(13911051649@163.com)或吕晓莉(lxlnk@126.com)。

柯银斌　吕晓莉
2015 年 5 月

凤凰文库·智库系列

已出图书

《经营智库:成熟组织的实务指南》　[美]雷蒙德·J.斯特鲁伊克 著　李刚 等译　陆扬 校
《日本经济:演进与超越》　[日]谷内满 著　杨林生 王婷 译
《新加坡发展的经验与教训》　[新加坡]严崇涛 著
《国企改革十大难题》　江苏省国资委课题组 编著
《灾难2.0:新媒体与现代应急管理》　[美]丹尼斯·S.米勒提 著
《双重国籍问题与海外侨胞权益保护》　李安山 等著
《儿童保护:美国经验及其启示》　杨敏 著
《智库是怎样炼成的?——国外智库国际化案例研究》　柯银斌 吕晓莉 主编

待出图书

《韩国经济:60年腾飞之路》　[韩]司空一 高永善 主编
《德意志联邦共和国:一个成功的例子》　[德]乌拉福利德·魏塞尔 著
《"刑九"修改中的争议问题》　赵秉志 著
《共同现代化》　柯银斌 著
《西藏社会稳定与中国国家安全》　宋德星 著
《县域治理实践智慧》　尹卫东 著
《军事胁迫之道》　[荷兰]罗布·德·维克 著
《为影响力而战:俄罗斯在中亚》　[俄]阿列克赛·马拉申科 著
《大贯通:从一带一路到世界大陆桥》　[美]黑尔佳·策普-拉鲁什 威廉·琼斯 主编
《亚投行:世界经济新格局》　[美]黑尔佳·策普-拉鲁什 威廉·琼斯 主编
《中东的宗教与政治》　[美]罗伯特·D.李 著
《中国智库研究》　杜骏飞 主编
《全球智库指南》　杜骏飞 主编
《中国智库管理指南》　李刚 主编